语言学及应用语言学系列丛书

教育部人文社会科学重点研究基地

广东外语外贸大学外国语言学及应用语言学研究中心

U0819158

翻译学理论系统整合性研究

A Systematically Integrated Study of Translatology

曾利沙 著

外语教学与研究出版社
FOREIGN LANGUAGE TEACHING AND RESEARCH PRESS
北京 BEIJING

图书在版编目（CIP）数据

翻译学理论系统整合性研究 / 曾利沙著. — 北京：外语教学与研究出版社，2014.12（2015.6 重印）
（语言学及应用语言学系列丛书）
ISBN 978-7-5135-5497-8

I. ①翻… II. ①曾… III. ①翻译学－理论研究 IV. ①H059

中国版本图书馆 CIP 数据核字（2015）第 008864 号

出 版 人 蔡剑峰
责任编辑 赵东岳
封面设计 覃一彪 孟耕宇
出版发行 外语教学与研究出版社
社 址 北京市西三环北路 19 号（100089）
网 址 http://www.fltrp.com
印 刷 北京京华虎彩印刷有限公司
开 本 650×980 1/16
印 张 19
版 次 2014 年 12 月第 1 版 2015 年 6 月第 2 次印刷
书 号 ISBN 978-7-5135-5497-8
定 价 59.90 元

购书咨询：（010）88819929 电子邮箱：club@fltrp.com
外研书店：http://www.fltrpstore.com
凡印刷、装订质量问题，请联系我社印制部
联系电话：（010）61207896 电子邮箱：zhijian@fltrp.com
凡侵权、盗版书籍线索，请联系我社法律事务部
举报电话：（010）88817519 电子邮箱：banquan@fltrp.com
法律顾问：立方律师事务所 刘旭东律师
中咨律师事务所 殷 斌律师
物料号：254970001

本书的研究和出版得到教育部人文社会科学重点研究基地重大项目【08JJD740065】的资助。

同时受到广东省普通高校人文社会科学重点研究基地广东外语外贸大学“翻译学研究中心”的资助。

编委会

顾问：桂诗春

主任：刘建达　董燕萍

编委会成员（按汉语拼音排序）：

陈建平　董燕萍　杜金榜　何晓炜　黄国文

李绍山　李行德　刘建达　亓鲁霞　冉永平

沈家煊　束定芳　王初明　温宾利　文秋芳

吴旭东　徐　海　曾用强　章宜华　郑立华

总 序

“语言学及应用语言学系列丛书”是广东外语外贸大学外国语言学及应用语言学研究中心（教育部人文社科重点研究基地）策划出版的一套丛书。

改革开放以来，我国迎来了科学的春天。1981年国务院学位委员会把语言学和应用语言学列入学科目录，并开始逐步在我国建立硕士和博士学位授予单位。这是学科发展的需要，也是历史的必然。从《圣经》“通天塔”故事到今天网络的蓬勃发展，都说明语言和语言交往（包括语言的习得和教学）是人类社会不可或缺的一个极为重要的元素，也预示着语言学和应用语言学的强大生命力。语言和人类生活休戚相关，往往被称为人们身边的科学。每一个人都有学习和使用语言的经验和体会：就怎样使用语言而言，凡是受过教育的人大都可以判断哪些话可以或不可以这样或那样说；就语言习得而言，每一个没有生理障碍的人都经历过大致相同的过程，最后都学会了说话。至于怎样学另一种语言，大多数人也都有一些自己怎样学习的门道，有自己的话语权，可惜的是学习的结果似乎没有母语学习那么简单和显而易见，而是有成功有失败。这里面有些什么玄机呢？Dave Willis（2003: 1–6）在他的近著里指出：作为教师，我们看到学习是以一种难以预测的方式进行的，我们**“所教的东西不一定就是［学生所］学到的东西”**（What is taught may not be what is learnt）。而学生往往又会学到一些不是教师所教的语言现象。他曾做过一个小试验，把一个在职的师资培训班里的教师分为两组，让它们分别列出一年级学生和三年级学生最常犯的10种英语失误。事后再把失误加以比较，发现有7种竟然是完全一样的（例如不会使用冠词、第三人称动词的现在时态，不会使用do 助动词来提问，等等）。这自然引起一些关于课堂教学的严重问题：教师是否真正用了2年时间才能减少3种失误？是否3年级学生并不比1年级学生好多少？我们怎样解释这种可怕的失败？Willis所提出的这些问题发人深思，一个简单的回答是：学习者在学外语的时候面临着和母语习得很不相同的问题，包括语言学习观、学习动机、学习态度、学习方法、学习策略、注意、智力、情感、学能……等等因素。学习者的这些差异性在不同时候会在学习者的个体身上产生不同的作用。而另外一方面，我们作为实施教学的一方（从教育部门的领导者、组织者到教师等）往往以为**“所有的受教育者都是一样的”**（Skehan, 1998: 260–261），因而忽略了他们的差异性，只顾制定和使用统一的教学大纲、教材，提出统一的要求；连教师的培养都是为了“巩固这些隐含的权力关系”。

这个例子说明，应用语言学已经发展成为一门跨学科的科学，必须从语言学、心理语言学、社会语言学、神经语言学、语用学、语篇分析、教育学等角度去综合解决语言教学中所出现的种种问题。现再从语言学中的语言起源这一个特殊问题来说明其多学科性。大家都知道，巴黎语言学会曾于1886年明令拒绝接受关于语言起源的论文，因为虽然这个问题曾经不断激发许多代人的想象力、兴趣和注意，但是所有的研究都陷于无休止的、无结果的思辨性讨论。可是到了20世纪50年代以后，由于语言学家、认知科学家、脑神经学家、心理学家、分子生物学家、进化生物学家、解剖学家、人类学家、考古学家的共同协作，这个问题的研究取得了很大进展，大大地开拓了人们的视野。哈佛大学心理学家Hauser、Fitch和麻省理工学院语言哲学家Chomsky（2002）在*Science*所发表的他们的语言机能新观（语言机能有广义和狭义之分，而狭义语言机能则只有递归）就是基于这些研究。在文章里，他们提出语言进化的比较方法——根据现存物种的实证性数据来详细地推断灭绝的先祖。这篇文章引起了一场热烈的讨论。Pinker和Jackendoff（2005）是他们的对立面，也提出很多甚有见地的看法。他们并不反对语言机能有广义和狭义之分，而且对Hauser和Fitch关于别的物种语言的相似性（analogs）和同源性（homologs）的研究表示赞赏。但是他们坚持主张语言是人类在进化过程中自然选择的结果，是为了适应交际的需要而产生的。他们也同样是在多学科的背景下展开讨论。并非针对Hauser等人的文章，而单独从不同的角度对语言和交际起源而展开富有成果的研究的，还有哲学家 Dan Dennett（1995）、生物学家 Richard Dawkins（1976）、Peter McNeilage（2008）、人类学家 Gordon Hewes（1973）、进化生物学家 Robin Dunbar（1997）、发展心理学家 Michael Tomasello（2008）等。

正是基于这种秉承“质量高、彰显‘新’”（新议题、新视角、新观点、新方法等）的理念，广东外语外贸大学外国语言学及应用语言学研究中心组织了这套“语言学及应用语言学系列丛书”，第一个系列有4本著作，它们是《英汉双及物结构的生成语法研究》（何晓炜）、《计算机化考试研究》（曾用强）、《英语学习型词典研究》（徐海）、《词汇语用探新》

(冉永平)。从这几本新著来看，篇幅都不是很长（十多万字），但却要言不烦，有血有肉；少的是泛泛之谈、言不及义，多的是个人的实际观察和亲自试验。而且选题得当，又经过爬梳剔抉、信而有征，对推动我国语言学研究，起了添砖加瓦的作用。该系列丛书是一个开放的系统，希望通过第一系列的投放，能够吸引更多的作者的注意，踊跃支持该套丛书，使我国语言学研究能够绽放出更多的奇花异草，春色满园。

桂诗春

2011年8月

序

曾利沙教授是我国应用翻译理论研究的开拓者之一，是国内最早招收应用翻译方向研究生的博士生导师。我参与主持的“全国应用翻译理论研讨会”最近几次都请他作主旨发言。在“第三届全国应用翻译研讨会”（北京，2009）上他的主旨发言的题目是：论应用翻译系统理论建构的概念表征；在“第四届全国应用翻译研讨会”（上海，2011）上的题目是：从语境参数看范畴概念“活动”英译的虚与实——兼论应用翻译研究的经验模块与理论模块的建构；在“第五届全国应用翻译研讨会”（西安，2013）上的题目是：应用翻译理论范畴构建与拓展的方法论。以上发言稿均在《上海翻译》发表过。这一时期，他还在其他刊物上发表相关的系列论文。他的研究引领国内应用翻译理论研究，独树一帜，引起国内研究者的普遍关注。

曾利沙教授的这本《翻译学理论系统整合性研究》专著是他多年研究的深厚积淀。从他已发表的文章中虽已略知端倪，但这是翻译学的整体性研究，亦是应用翻译理论研究的上层研究，高屋建瓴。读罢大作，方知作者的研究思想又有提升。

曾利沙教授的《翻译学理论系统整合性研究》以其学理性基础（第1章）为发轫；以对翻译学的意义理论、范畴理论和研究取向的认识论、价值观为哲学基础（第2章至第4章）；以译者主体性和主体间性研究的阐释、描写、拓展（第5章至第7章）为阵地；最终凝成了总结性的“翻译学理论逻辑范畴体系的整合与拓展”（第9章）。本书宗旨是对现有翻译理论范畴进行重构，以基础逻辑范畴体系为立论基础，对应用逻辑范畴作整合和拓展，形成开放性的理论范畴体系。本研究的创新和教益良多，我感触颇深的有以下方面。

一、哲学的整体观

总体来说，我国翻译研究中哲学思维比较薄弱，感悟强于思辨、生命体验强于逻辑分析。但曾利沙教授哲学思考贯穿他的研究，逻辑分析成主流，彰显语言哲学、逻辑与翻译研究的关系，从现象学、阐释学等不同的角度或解释翻译活动的现象，或给翻译理论研究以形而上的启迪，全局筹划。

本研究的意义理论、范畴理论和研究取向基于厚实的哲学基础。辩证唯物主义认为，人的认识基于实践的对客观事物的能动的反映过程。曾利沙教授从“经验”和“理智”相统一的认识论出发，围绕翻译学理论的系统性、范畴化、逻辑论证和区间规律性等进行了一系列研究。价值观是对所作研究对象的价值判断。本书第4章从价值哲学观入手，专门论述了“价值特征论是基于实践的翻译学原则理论范畴研究的重要哲学基础”，认为“探讨翻译理论与实践的关系必须研究客体的价值属性”，并以目的—需求原则、策略原则和价值原则的相互关系，以及翻译实践选择行为为例对宏微观层面的价值论作了解析。曾利沙教授将哲学的方法论用于翻译学整体体系的建构：“体系的科学性在于要求它具有一系列相辅相成的逻辑范畴体系；体系的逻辑性体现于各理论范畴的相互联系、相互推论、相互印证性；体系的学理性要求对基础理论概念、核心理论概念、外围理论概念和辅助性理论概念（保护带）的结构要素性进行梳理，明确自身的理论目标、理论特点、研究对象、研究任务、研究范围、研究方法等，在此基础上衍生出次范畴化的结构体系”（见前言）。

二、宏—中—微方法论

本研究采用一分为三的方法论，摆脱了二元思维定势。采用宏—中—微的方法论有利于翻译理论和翻译实践的桥接，平衡综合和分析的运用，便于描写、解释和揭示翻译活动的内在规律，从策略上促使理论和实践相结合。宏—中—微理论范畴的互动和联系，系统中同一层次概念的整合和拓展使整个系统纵向贯通、横向连缀。

本研究创造性地提出“技术理论范畴”。这是保证宏—中—微系统上下贯通的中介物，其核心内容是“理论模块”和“经验模块”的建立。在翻译理论宏—中—微的系统研究中，模块的技术理论居中，它既受宏观理论的指导，又受微观技巧的检验，是宏观理论通向翻译实践、开展微观技巧研究和指导翻译实践的中间环节。

三、理论联系实践

曾利沙教授的翻译理论研究的实践指向最明，无论是哲学层面，还是技术理论层面，都植根于翻译实践。曾利沙教授说：“翻译理论源于翻译实践，源自于主体对客体及其环境条件关系的认识，……从学理性看，只有将各种有关主体和客体的经验感性和理论感性认识上升为理论理性，即将其整合在一个开放性的逻辑范畴体系内才能统筹兼顾性地解释复杂而丰富的翻译实践”（见前言）。无论多么深奥的理论，曾利沙教授多用实例来佐证，或通过翻译模块“中间物”来桥接，抵达翻译实践的彼岸。

反观某些翻译理论，往往只强调理论的认识功能、解释功能和预测功能，对翻译实践无补。从报刊上，我们经常可以发现不同专业、不同界别的学者拿翻译说事，对译事发议论、做研究，都想解开翻译这把锁。两年前，我有位学中文的朋友突然对翻译产生兴趣，看了几本有关翻译的书和一些文章，写下了谈翻译的归化/异化的研究心得，笔法上没有破绽。一个既不做翻译，平日里也不搞翻译研究的人，居然凭他的学养、思路和判断，畅谈对翻译的认识，写出基本靠谱的文章。更不用说我们外语圈内搞语言的、搞文学的客串翻译研究了。这可算是由翻译概念的泛化带来翻译研究的泛化，当然不全是坏事，起码可提高认识。不过，要触及翻译本质，要解决翻译的实际问题，还是要有源于实践、又能指导实践的翻译理论。

四、创建模块理论

曾利沙教授在宏—中—微相统一的系统性研究中，找到了理论联系实践的中介物——技术理论范畴，创造性地建立与之相适应的开放式经验模块与理论模块，即在实践主体的主观认识和实践客体的区间形成认识结构、实践结构和方法论结构的统一。模块理论以大量实践研究为基础，以典型的译例进行归纳整理，具有方法论意义和实践意义。他提出技术理论范畴拓展的可行性——开放式理论模块和经验模块建构法，在本专著中以“引申法”开放性技术理论范畴为例。

我在20世纪80年代初期曾发表过有关翻译引申的文章。文章从常见的局部经验出发，归纳了几种引申的现象，列出了几条规定性原则。但从模块理论来看，这种归纳只是局部的、初步的，不能覆盖翻译引申的普遍现象，即没有上升到技术理论的高度。局部的、分散的归纳与整理，其效度和信度远远不及模块的效度和信度，这也是目前大部分翻译技巧只有启示和示范意义，没有实用价值或操作意义的原因。

此外，本研究重构了译学系统的理论形态，提出新的现代译学研究“示意图”，具有科学研究的学理性价值。又如，在第6章“主体性艺术创造典型体现的可描述性”中提出“译眼”的新概念。“译眼”来自“文眼（literary eye）”——最能体现文学创作的一种语言表现形式，译眼指译文恰如其分地传达“文眼”的美学特征、再现“文眼”的艺术形式和内容的语言形式。

总之，本研究深邃的哲理与典型的实例共现，创新的译学思想与具体的操作并存。我们期待本研究的另一组成部分，即“应用翻译学理论体系的建构、拓展与整合”，早日面世，以飨读者。

方梦之

2014年春节于上海梅城

《翻译学理论系统整合性研究》序

《翻译学理论系统整合性研究》(以下简称《整合性研究》)是曾利沙教授的又一部力作，也可以说是其2012年出版的《翻译学理论多维视角研究》的姐妹篇。十分明显，《整合性研究》大大超越了《多维视角研究》。该书从逻辑范畴体系建构的研究路向出发，以问题—解决模式为理论发生论，从桥接宏—中—微观理论范畴的经验模块建构入手，结合语境参数理论通过典型案例“逻辑引申法”的分析，不仅探讨了翻译学“技术理论范畴”的研究方法，而且融通了现象学、阐释学、逻辑学、价值哲学、系统论、语言学等相关学科理论观，比较系统地论述了翻译学理论体系建构与拓展的理论基础与方法论。概括地说全书是对现有翻译理论范畴进行重构，将其整合于以基础逻辑范畴体系为立论，以应用逻辑范畴为两翼拓展的系统框架内进行阐释，并予范畴化拓展，形成开放性的理论范畴体系。可以说，这部《整合性研究》专著是当今学者对翻译学及其分支翻译学的理论建构的突破性发展，真是可喜可贺!

全书分为两大部分，共十三章。第一部分，为“翻译学理论范畴系统整合性研究”，包括第一至第九章，分别论述了九个方面的理论与方法研究问题。每一章里都分别指出其立论目的、主要学术观点、主要学术内容或研究方法等方面的基本思想。

例如，第一章论述了“翻译学基础理论概念研究应明确学理性要素”；第二章论述了“现象学视角下意义充实理论问题的可证性”；第三章论述了“翻译学理论体系应具有逻辑范畴体系的可推演性”；第四章从价值哲学观入手论述了“价值特征论是基于实践的翻译学原则理论范畴研究的重要哲学基础”；第五章讨论了“译者主体性与意义形态的语境化再现与表现”的理论和方法论研究；第六章从可证性角度讨论了“主体性艺术创造典型体现的可描述性”，突出了理论与实践研究的典型性问题；第七章从实践主体论哲学观入手讨论了“翻译主体性理论研究范畴体系拓展应明确其内涵与外延”问题；第八章讨论了“翻译伦理学研究范畴体系拓展”的原理与方法(主要由利沙教授的博士生杨洁撰写)；第九章论述了开放性“翻译学理论逻辑范畴体系的建构与整合的可行性”问题。作者认为，翻译理论源于翻译实践，源自于主体对客体及其环境条件关系的认识。作者以大量的篇幅，阐释了复杂而丰富的翻译实践以各种语言文化差异、认知思维差异、社会历史影响等制约因素使得翻译行为所追求的理想形态面临多种选择，而任何选择都有其特定的理据和所从属的逻辑范畴体系，因而才能统筹兼顾地充分解释复杂而丰富的翻译实践。书中梳理了中、西翻译理论研究的主要内容、特点、方法和有关翻译理论体系的观点，并对其理论局限和不足进行了评述。在科学方法上强调研究的可阐释性、可描述性、可推论性、可印证性和可操作性。在综合书中各章的主要研究内容和观点的基础上，用简明的图解方式整合并拓展出"开放式翻译理论逻辑范畴体系"。作者在其逻辑范畴体系中，从始项范畴、基项范畴、中项范畴、终项范畴出发，又拓展出四大子项范畴："文体特征范畴"（始项范畴）、"文本义—意论范畴"（基项范畴）、"价值论范畴"（中项范畴）、"区间规律性范畴"（终项范畴）。各项范畴之下，都有其主要而清楚的研究内容，例如，终项范畴，主要研究"可操作准则与规则论"、"方法技巧论"、"译者主体论"、"译者主体间论"、"译者规范论"。这些从经验走向理性，又从理性回归经验实践的路径，是翻译学理论研究的必然走向。由于作者把握住翻译研究的总目的，又擅于将各分目的阶段中所把握的课题的不同层面和不同性质的问题进行了全面深入、多维度、经验性的研究，从而上升到"以类度类"和"以道观之"（荀子·非相）的思想境域，使所获得的理论成果得到升华，即理智地形成原理、原则、准则、方法、技巧等理论范畴体系认知。这一系列开放式经验模块和理论模块，形成认知结构、实践结构、价值结构和方法论结构达到融会贯通的统一。这些理论成果，对解释复杂的翻译现象和解决翻译实践问题，都有深刻的指导意义。

全书第二部分，是对中国古典诗词英译意义阐释理论整合研究。这部分的四章同前面九章的逻辑思维一样，按照分章顺序来说明每章的研究立论、研究理据和研究方法。例如，第十章论述了"中国古典诗词英译本体论意义阐释框架"，提出"主题与主题倾向"、"历时性社会文化语境关联"、"认知语境结构链"等理论，解析了古汉语诗词本体论意义、批评的阐释框架及其运用的描述方法。第十一章论述了"历时社会语境下的主题及其倾向关联性融合"，阐明诗词之意统摄于情，情受制于诗人的历时社会文化语境及其社会关系与情感经历。第十二章讨论了"历时性社会文化语境制约下的主题与主题倾向关联性融合"（由杨贵章博士执笔）。阐述了古汉语诗词微观意象内涵往往受其主题倾向关联性融合所统摄，其情境相依，意随情转，境转情变。第十三章讨论了"阐释之循环之于古典诗词英译解读的方法论”（主要由利沙教授指导的访问学者吴慧坚教授撰写）。以上四章分别结合金晶绪的《春怨》、张继的《枫桥夜泊》、《虞美人》（宋词）、李白的《早发白帝城》、孟浩然的《春晓》和李清照的《声声慢》等诗词英译的不同版本和不同解读，引入钱钟书提出的文本理解“阐释之循环”思维，拓展了对古典诗词英译解读的艺术性与理论性。

以上是笔者先睹为快，对《翻译学理论系统整合性研究》（以下简称《整合性研究》）作了一个扼要介绍。我想广大读者从中不难看出该书的研究内容、深刻的学术思想和创新的现实意义。这里，笔者仍想再发表一点浅见。

其一，《整合性研究》的学术性价值，值得我们共同来高度关注。是对我国传统翻译理论研究的突破和拓展，即对翻译系统理论形态的研究和重构，是全书的一大特色，也是我们译坛一大亮点。多年来，古今中外对翻译学的研究，都花费了许多精力。远的不必多说，1995年图里（Gideon Toury）依据霍尔姆斯（James S. Holmes）的说明，勾画出“翻译学”结构图。翻译学派研究创始人霍尔姆斯的翻译研究（Translation Studies）框架曾把描写翻译研究分为纯翻译理论和应用翻译理论。前者指导翻译研究，后者指导翻译实践。“但应用理论在霍尔姆斯的分类法中却没有位置”（参见《中国译学大辞典》2010: 544）。自改革开放以来，我国译坛引进和讨论过的国外译家，不下数十位。《20世纪西方翻译理论在中国的接受史》（杨柳，上海外语教育出版社，2009: 12），展示了西方翻译理论的原貌，精确地分析了它在“中国化”过程中面临的问题。中国学者也从来没有寂静过，一直非常活跃，国际翻译家联盟论坛（FIT）会上，每次都少不了中国的声音。在国内，翻译界更是活跃。有的认为翻译学需要建立一种“范畴界定清晰、前后一致、逻辑严密”（杨自俭）的体系。谈“翻译学”的专著，就不下百余种。例如，《意态由来画不成？》（翁显良）、《翻译的艺术》（许渊冲）、《翻译：思考与试笔》（王佐良）、《翻译学》（谭载喜）、《科学翻译学》（黄忠廉、李亚舒）、《变译理论》（黄忠廉）、《翻译论》（许钧）、《中国传统译论经典诠释》（王宏印）、《科普与科幻翻译：理论、技巧与实践》（郭建中）、《新编当代翻译理论》（刘宓庆）、《余光中谈翻译》（余光中）、《文学翻译原理》（修订版，张今、张宁）、《翻译研究的功能途径》（张美芳）……不胜枚举。无疑，这些专著和宏观原理认知对建构翻译学进行翻译研究，都具有积极的指导意义。但是，《整合性研究》在肯定了前人和当代学者所作的贡献和积极努力的同时，又更进一步加强了哲学思想的指导，提升了逻辑思维的能力。该书所认知的“体系”、“范畴”不是从唯原理出发，而是遵循“原则只有在适合于自然界和历史的情况下才是正确的”（恩格斯）这一唯物主义观点的。

其二，《整合性研究》是在翻译学理论与翻译学实践相结合的大视野下所进行的一种创新性研究，其方法论特色，也应特别值得我们关注。我们译坛许多学者对翻译方法论问题进行的研究，之所以受到译坛的重视和欢迎，就是因为在培养翻译人才上有其特别需要。有些青年学子在选题、开题上感到困惑，原因尽管是多方面的，但与我们指导偏少、或指导不力、浮躁风刹不住、有的不读书、少读书或读书不求甚解也是不无关系的。现在我们从利沙教授近年来的论著和对博士生的指导上，能得到一些有益启示。他的翻译学理论范畴体系建构、拓展与整合的哲学基础和从应用翻译学理论范畴体系的建构、拓展与整合，是环环相扣，紧密联系，是宏观与微观思想有机的统一。系统理论研究既考虑到它的知识性、结构性、层次性、预测性和范畴化，又考虑到它的动态性、发展性和开放性。作者以大量的实践研究为基础，进行典型译例的归纳与次范畴化，建构起“经验模块”和“理论模块”，拓展出“技术理论范畴”，就是突破传统宏观纯理论与微观翻译实践相脱节的局限性，这一“理论桥接”的创新意义，受到了学者同仁的鼓与呼，就不言而喻了！

其三，《整合性研究》是在中国学术“走出去”面临挑战、机遇与美梦成真的大好形势下，即在羊年到来之际就要面世了。我国译坛学者的探索意识历来是很强的，在大家追求学术创新的大好形势下，如何更快地摆脱传统的认知模式，敢于提出中国译学理论研究新模式；如何鼓励不同学科背景的学者从自身的学科视角切入到翻译研究领域，从而给翻译研究注入新的活力，带来新的启发；如何认识翻译研究发展的方向是跨学科的综合性研究，对翻译研究的综合素质有哪些必须的要求；译学领域的博士生如何学研结合；随着中国的崛起，我们如何对近十年、近百年中国学研究的发展成果和中国过去几千年的学术传统有机融合在一起，形成一种具有自身文化传统特征的话语体系、学术规范和学术理念，“走出去”热情地开展交流，……凡此种种，都十分重要，也很有意义。

最后，笔者还想重复地说，拓展翻译学研究，关键在人才。翻译人才培养主要在高等院校和有关科研单位。如何系统地、有针对性地加强译才培养，十分重要。中国译学研究面临的问题，是原创性不足，学术专著外译和学术语境的移植问题，值得同仁们特别关注。做好了这些基本工作，就更有利于在国际学术界发出中国声音，用中国声音说出中国道理，就更容易畅通中外沟通渠道，这就需要我们全国学者携手、共同努力。

总之，在马年春节里读到《整合性研究》，感到心情舒畅，愿马年吉祥如意，常与同行共勉励。

是为序！

李亚舒

2014年2月于中国科学院

前言

翻译学理论研究是近二十多年来译学界的热门话题，国内外有不少学者先后从体系性、条理性、逻辑性和范畴化等特征去认识翻译理论的性质及其建构与拓展。哈提姆和梅森（1990）认为要探讨翻译活动的普遍规律，有必要建立一套可供分析的范畴系统，确立一种可供描述的元语言；图里（1995）依据霍尔姆斯的说明勾画出“翻译学结构图”；谭载喜在《翻译学》（2000）中讨论了翻译学研究的文艺学、语言学、交际学、社会符号学、翻译学等途径；王宏印在《中国传统译论经典诠释——从道安到傅雷》（2003）中指出我国传统译论缺乏基本范畴，认为理论体系建立需要若干基本理论范畴，只有对范畴间的逻辑联系作出明晰综述才能进行有效判断和推导；杨自俭（2005）认为翻译学需要建立一种“范畴界定清晰、前后一致、逻辑严密”的体系；辜正坤在《译学津原》（2005）中提出“玄翻译学”的概念，认为评价翻译理论要看其是否具有“系统性、内在关联性和独特性”；刘宓庆（2005）呼吁对翻译学理论进行整合性研究；方梦之（2008）指出，“任何学科要取得独立的地位,一个重要的因素是要有一个定义清晰的、结构严谨的术语体系和一个稳定的知识系统”。这些宏观原理认识对建构翻译学具有积极指导意义，但如何认识“体系”和“范畴”，如何从原理出发进行整合与建构，拓展出一个可描写、可阐释、可推论、可印证和可操作的翻译学研究体系仍值得深入探讨与论证。

从人文学科性质与特点看，“翻译学”的重要特征就是历时与共时性理论与实践研究成果的有序集成，是一种从宏、中、微观理论范畴体系去深入探索、建构、拓展与整合的群体性学术活动。“翻译学”名称的提出有助于从学科目录上确定它在学科体系中所处的位置以及与其他学科之间的隶属关系，也有助于从学理上对其内涵与外延进行认识。“翻译学”理论成熟与否不构成否认其存在的逻辑前提，学术群体提出“翻译学”的初衷是为了确立一种理论学科研究的努力方向，明确其性质、目标与任务等，为人才培养和相应的理论与实践研究提供一个广阔的平台，为深化该领域研究打下坚实的学理性基础。值得译学界争议或讨论的问题应该是围绕构建一种什么样的翻译学体系而展开，或如何进行逻辑论证，或探讨其哲学基础及其理论与方法的效度问题。康德认为：任何一种学说，如果它可以成为一个系统，即成为一个按照原则而整理好的知识整体的话，就叫做科学，而当这些原则可以把作为知识经验性地或理智地联结于一个整体之中的原理时，那么不论是作为物体学说还是作为灵魂学说的自然科学，似乎都应划分为历史的自然科学和理智的自然科学。康德提出认识“科学”的“知识整体性”原则，包括了经验性内容（经验感性认识）和理智的联接（理论理性认识），二者以“知识”结构形式有机地统一于整体之中。科学的本质特征就是对自然或社会现象的规律性认识或预测之学说既可被证实，也可被证伪，科学是在试错中发展前行的。列宁认为，事物发展的规律是一个区间，并非一个“一”，规律体现于一级和二级本质。这对探讨翻译活动的规律具有重要的指导意义，也为翻译学的科学性研究提供了重要的哲学基础。近十余年来，我从“经验”和“理智”相统一的认识论出发，围绕翻译学理论的系统性、范畴化、逻辑论证和区间规律性等进行了一些专题研究，形成了《翻译学理论多维视角探索》（2012）一书，探讨了翻译学的若干理论与实践问题，也对理论学科的性质和特点获得了一些粗浅认识。

首先，翻译学需要哲学指导和科学方法论。体系的科学性在于它具有一系列相辅相成的逻辑范畴体系；体系的逻辑性体现于各理论范畴的相互联系、相互推论、相互印证性；体系的学理性要求对基础理论概念、核心理论概念、外围理论概念和辅助性理论概念（保护带）的结构要素性进行梳理，明确自身的理论目标、理论特点、研究对象、研究任务、研究范围、研究方法等，在此基础上衍生出次范畴化的结构体系，形成层次逐渐有序、结构逐渐明晰、维度逐渐扩展、内容逐渐丰满的学科理论体系。就范畴理论的思维发生学特点看，它可以基于某种理论观念或假说而生成相关的理论范畴。如在爱因斯坦的思想中，每种想法都可能形成一些想象，这些想象抓住一个新的观点就会形成一种理论。爱因斯坦相对论包括狭义相对论和广义相对论，其相对论理论的发生并非出于试验或源于经验，而是基于一个原理或一种比拟（analogy）引发的联想，偶然补充了一个假想的试验：想象按光速进行旅行会发生什么样的结果。在其理论中，时间和空间不再被认为是绝对值，而被视为是与一个参照系相关的量值。又如在语义学范畴理论发展中，语义最早起始于哲学，可以说，没有语言哲学就没有语义学。传统意义上的语义学在语言观和描述方法上以语言哲学和逻辑学为其渊源，形成了形式语义学，也称真值条件语义学派。在逻辑学家R. Montague和哲学家D. Davidson 等人的推动下，语义学逐渐与人工智能、认知科学等研究相辅相成。20世纪60年代后，语义学因语用学的发展而将语义研究范围扩大到研究自然语言中的话语（utterances）范围。20世纪50年代后期，由于乔姆斯基（N. Chomsky）开创了转换生成语法理论，促进了认知语义学派的发展，并已成为一个重要的学派。从语义学理论范畴的发展史看，一门理论学科的范畴研究有可能是从其他学科理论的观点或假说中触发的，并且能深入和丰富该学科理论的认识。在学术群体中，由于众多研究者的兴趣和研究对象的层次及其视角维度的不同，有可能形成同一理论学科中不同的研究学派。翻译学的发展与建构也理应如此，可以借鉴相邻相关学科理论观点或假说拓展相应的理论范畴。在研究目标一致的大方向下，研究方法和所循的理论路向可以不同，但“经验”和“理智”，或“知识”与“整体”以及“区间规律”这些本质要素都应该在翻译学系统理论研究成果中得到充分体现。目前，我国翻译界应倡导翻译学理论研究学派的发展。学派可看作是若干持大约相同理论观念的研究者在对相同理论研究范畴拓展中进行互补性研究的学术群体。在各门学科的发展中，不同研究者对相同研究对象从不同的本质属性层面，或从内部与外部认识出发，提出互补性理论概说，衍生出不同研究方法和概念体系，形成不同但又相互联系的理论范畴，以此丰富翻译学研究的外延与内涵。国内外译学界倾向于从现象出发认识不同翻译“学派”或“主义”的形成，如“语言学派”、“文化转向”、“霸权主义”、“殖民主义”、“解构主义”等。这种认识是从外部看待学科发展，没有从学科理论的内在逻辑联系与发展观审视学派之间研究对象（针对相同的研究对象）的关联性（研究内容的承上启下与互补性）和差异性（以不同方法对不同层面研究得出的不同认识），或者说没有将一门学科的学派看成是该门学科一系列相互联系、相互制约、相互印证的逻辑理论范畴的发展。后来者的研究内容与范围应在一定程度上是对前人理论认识的深化与拓展或补充，在对同一研究对象总的目标上更具认识上的全面性和深刻性，而非对翻译学理论研究问题的对立或异化。

基于此种认识，我在后续研究中将重点放在基于体系建构与拓展的整合性研究方面。本书《翻译学理论系统整合性研究》就是继专题性理论与实践研究的《翻译学理论多维视角研究》之后在一个更大视野下的翻译学理论与实践研究相结合所做的一些努力，形成了一些相对成熟的经验和理智的认识。本书宗旨是对现有翻译理论范畴进行重构，将其整合于以基础逻辑范畴体系为立论基础，以应用逻辑范畴为两翼拓展的系统框架内进行阐释，并予以范畴化拓展，形成开放性的理论范畴体系，希冀“翻译学”及其分支“应用翻译学”的理论建构得到突破性发展。本书研究内容受近几年个人研究兴趣和博士生培养需要的影响，主要从“翻译学理论范畴体系建构、拓展与整合的哲学基础”、“应用翻译学理论范畴体系的建构、拓展与整合”、“古汉语诗词英译批评理论框架的建构、拓展与整合”三个方面进行了比较系统的研究。因受篇幅限制，本书根据研究内容分为两部分：第一部分主要讨论翻译学理论范畴系统整合性研究的一系列理论与实践问题：第二部分主要探讨中国古典诗词英译意义阐释理论框架的整合性研究。

曾利沙

2014年3月

目 录

绪 论

第一部分 翻译学理论范畴系统整合性研究

第一部分包括第一至第九章，分别论述了九个方面的理论与方法研究问题。第一章论述了“翻译学基础理论概念研究应明确学理性要素”这一命题。本章立论：在翻译学理论范畴体系建构中，任何一个基础理论概念都有必要从学理性结构要素入手进行梳理，以便全面深入认识翻译理论的本质特征及其关系特征。学理性要素包括对理论概念、理论假说、理论性质、理论依据、理论特征、理论方法、理论职能、理论目标、理论任务、理论条件、理论局限作出描述和相应规定。如在“理论概念”要素中，研究者必须对特定理论概念是否成型（雏型或成熟型）作出甄别，进而考察概念内涵与外延是否得到明晰的界定（或科学定义，或辅助性定义，或外延定义，或描述性定义，或工作定义等），对概念的静态特征和动态发展是否具有辩证认识等；从“理论性质”要素看，研究者须定其“性”和明其“质”，明确该理论是否属于孤立的封闭性理论范畴，或是属于开放的宏—中—微观层次的理论范畴，继而将其纳入需求、目的、原则、策略、准则、标准、规则、方法、技巧、意义形态、外部环境制约因素等范畴体系内进行定位；“理论假说”要素要求研究者能辩证地甄别翻译原则、标准、译者主体性、艺术创造、意义建构（二度创作）、价值凸显等基础性概念，考察这些理论研究是基于何种假说，有无哲学基础，有无逻辑基础，理论与实践是否相一致等。学理性结构要素的提出就是要全面科学地审视现有的翻译理论概念，为其向现代科学理论转化提供可阐释或描述的参照框架。

主要观点：传统理论缺乏从上到下或从下至上的理论范畴推演，或横向间的理论次范畴化拓展。如近百年来围绕“信、达、雅”进行的争论基本上就是在“标准”或“原则”这两个孤立的、容易混淆的概念层面展开的，由于难以得到普遍性翻译事实印证而产生翻译标准和原则的理论危机。学理性要素研究要求对传统翻译理论进行批判性继承，深入思考一系列理论问题：翻译原则或标准有何发生学成因？有何公理性推论？其制约性因素有哪些？有何理论职能？作为原则的“信”或“忠实”如何解释复杂的翻译事实及其和事实相一致？理论研究如何化解原则或标准与实践之间的矛盾或不可译性的悖论？“原则”和“标准”是可互换的相同概念还是相互区别的概念？二者之间有何辩证关系？我国翻译界将“信、达、雅”既视为翻译原则又视为标准（范畴混淆），甚至将“神似”和“化境”也视为翻译标准，那么是主观标准或是客观标准？什么是主观标准或客观标准？二者有何区别与联系，有何形态化特征，如何重构，等等。

研究方法：提出技术理论范畴拓展的可行性——开放式理论模块和经验模块建构法，并以“引申法”开放性技术理论范畴为例，对各学理性要素的内容和方法论表征进行了图解式描述，并概述了理论模块与经验模块的表征方式。这些模块既保留或继承了传统基本理论概念及其部分研究内容，又有现代交叉学科理论的融入和创新拓展，旨在说明翻译学理论系统整合研究如何体现继承与创新的研究路向。本章进而对“源语文本理解过程研究范畴拓展维度”和“目的语表达过程研究范畴拓展维度”的模块化研究内容做出了较全面的总结性说明。

第二章讨论了“现象学视角下意义充实理论问题的可证性”这一命题。本章立论：意义研究是译学理论研究的基础内容，系统性理论探讨必须包括意义理论范畴化研究及其哲学基础，应从发生论、本体论、认识论、价值论、方法论层面进行全面认识，力求形成认识结构、实践结构、方法论结构的统一。主要观点：1）人类语言表达的抽象性、间接性、经济性、不完整性、缺省性、语境性、关系性、丰富性、发展性、求新性、暂构性等使得语言有限的概念与语句的运用变得不稳定，往往发生多义、歧义、模糊、变异、陌生化而具有动态性特点，使得人们对“语义”与“语意”的理解往往需经过一定的直观感知、知觉、分析、推论、加工、综合和建构过程；2）语言意义的这些特点构成翻译学意义研究中的重要理论范畴，是深入研究宏观理论生成的重要内容，只有将微观认识层面的意义研究与宏观层面的抽象翻译原则或标准的规约性关系联系起来，才能从整体上作出更充分的解释。

研究方法：交叉学科理论的运用转化。本章借用胡塞尔的现象学理论，将“意向性”、“意指”、“含义”、“含义充实”、“统摄物”、“构形”、“激活”等若干理论概念用以解释翻译过程中有关文本意义的理解、生成、建构、确定、转换等理论与实践问题。这是将交叉学科理论转化为理论方法的运用，能为翻译学理论研究提供富有启迪意义的研究路径。本章对现象学视角下意义的属性特征进行了论述：观念形态的语词或概念语义具有静态性和动态性，静态语义是一种历时给定的、共享的、有待含义充实的观念性产物；动态语义是一种基于静态意向的指向辨析、析取、充实、构形的语义形态；（话语或文本）语义是一种有待于参与主体通过统摄关系的导引而赋予其意向的一种凸显化了的含义充实，具有空泛非确定性、指向凸显性、统摄赋予性、充实确定性、主客互动性的属性特征。本章将意义研究与“忠信”原则研究结合起来进行范畴化拓展，区分“静态性忠实”和“动态性忠实”两大次范畴，前者主要研究“原文基本意义的选择与移译及其客观依据”和“弱语境或有限语境下意义表达的忠信度”；后者主要研究“原文指向的含义充实与现时化语境义构造”和“强语境统摄下意义指向含义充实的忠信度”。在这两大次范畴之下衍生出忠信的“自证性”和“他证性”翻译批评理论范畴，由此再上升到本体论批评、认识论批评、价值论批评、方法论批评、整体论批评的理论层面。这是因为“忠信”原则必然关涉到翻译实践过程中译者个体自身对意义的把握与判断或价值甄别（自证性行为），而翻译活动具有社会性，必然会受到翻译群体的检验，对他人实践结果的肯定或否定性批评必然涉及到对意义的忠信度的论断，这种批评性论断又必然是一种他证性行为，既具主观性又具客观性，故由此衍生出一系列相应的理论研究次范畴。

第三章讨论了“翻译学理论体系应具有逻辑范畴体系的可推演性”这一命题。本章立论：翻译学理论认识是对复杂的翻译实践现象与问题的反映，但我们不能直接而完全地把握这些动态发展的、整体性的翻译实践，只能通过一个个概念与范畴，一条条规律，有条件地、近似地描述动态发展的翻译实践。主要观点：1）翻译学理论体系的建构、拓展与整合必须走理论范畴化的研究路向，各理论范畴之间必然具有体系性的内在逻辑关联；2）在理论研究范畴发展中，随着学术共同体研究视野的扩大和实践认识的进步，原有范畴会不断深化和扩展其内涵与外延，或为新的范畴所否定、所摈弃而形成有关认识对象的新的概念；或在保留原有范畴的条件下，修正其不能反映新情况和新事实的内容，以新的研究成果去纠正它、完善它，使之更加精确化；3）逻辑范畴体系就是一种相互关联、相互印证的次范畴化的有机构成，从最高基本范畴中推衍出若干子范畴，再从子范畴中推衍出若干次范畴，根据需要还可从次范畴中在推衍出次次范畴来，各范畴在深化研究中得到理论充实。本章以钱钟书的“化境”说和金隄等提出的“等效”原则为例，对其逻辑范畴化推演的内在联系与拓展的程序性进行了图例式解析，指出从范畴概念的理论职能看，“化境”和“等效”不能作为孤立的理论范畴而存在，必须联结本体论、认识论、方法论、审美需求论范畴的内容，将其转化为现代翻译理论范畴化表征，才能成为翻译学相辅相成、相互印证的范畴体系中的理论范畴。

研究方法：本章运用荀子的“以类度类”和“以道观尽”以及现代逻辑范畴论思想用以剖析翻译学理论范畴建构的逻辑基础。“以类度类”要求用道德观点来认识事物、把握事物，要求从统一的正道来考察万事万物，这是从一般到特殊的演绎；“以道观尽”则要求善于抓住一个类型、一个典型来考察所有同类的事物，也就是“欲知亿万，则审其一二”，这是从个别上升到一般（即归纳法）。二者是以类度类和以道观尽的统一，也是归纳与演绎的统一。翻译活动是一种十分繁复的语际转换活动，无论是对翻译实践现象的典型归纳——上升为类概念的一般性经验认识，或是对翻译理论的阐发——对翻译某类实践现象本质特征的演绎性阐发，都会使用到基本概念——对翻译现实的摹写和规范。宏观或微观层面的基本概念都具有类的特征，当其与事实或现象相对应时就是从一定的角度或方面对现实的默写和规范。黑格尔指出：每一门科学都是应用逻辑，即一切科学范畴都蕴含着逻辑范畴，其理论概念的运用对于现实都有某种摹写现实和对现实的规范性。在具体学科理论范畴发展过程中，各范畴之间具有相互制约、相互印证的逻辑关联性。本章从始项范畴→基项范畴→中项范畴→终项范畴的推论关系出发，对翻译学理论逻辑范畴的建构及其主要研究内容进行了图例式说明。

第四章从价值哲学观入手论述了“价值特征论是基于实践的翻译学原则理论范畴研究的重要哲学基础”这一命题。本章立论：翻译学所论的“忠信”等原则和标准具有规约性理论特征，本质上应体现为价值规约，具体表现为翻译实践中的价值选择；译者主体的主观能动性或艺术创造性在本质上都受制于客体价值属性特征及受众主体的价值需求。主要观点：1）探讨翻译理论与实践的关系必须研究客体的价值属性，翻译活动客体（语言材料或文本）具有显性或隐性的多重价值属性特征；2）对翻译客体价值属性的确证必须将其意义形态化，进而对其作出定性概括，只有当客体属性能够被主体以意义的形态所把握才能对其作出价值甄别，未能被主体所认识和需求的客体属性就不是价值属性；3）价值属性在一定程度上左右着翻译活动主体的选择行为，并由于主体需要，它们的价值再现和表现也就成为翻译活动过程中艺术创造或主体性发挥的理据。本章以目的—需求原则、策略原则和价值原则的相互关系以及翻译实践选择行为为例，对宏微观层面的价值论作了解析。本章以典型实例分析为依据，指出为主体所需而被凸显、强化的客体属性是价值属性，为主体所摒弃或被虚化、弱化或加以改造的属性是负价值属性。在翻译实践中，译者主体对客体价值属性所作的评价以对意义形态的把握为依据，针对意义形态的价值取向所作的选择是以“目的或需求”原则为决定论的。本章拓展了意义论范畴，总结了20种意义形态作为客体潜在价值属性的概念化表征，并作了简略概说。

研究方法：主要运用比拟式论证法和归纳—演绎法。本章在论述原则的价值规约特征时，将“原则”次范畴化为目的论原则、策略论原则、价值论原则。为论证三种原则的不同规约性及其相互关系，本章通过比拟法，对中美两国在国防军事战略发展过程中的目的、策略、价值原则的具体规约性内容和相互联系特征进行了对比概说，以此说明针对于主体行为的规约是通过不同范畴的原则体系加以规约的，不同性质的原则对主体行为的阶段性发展具有相应的规约性特征。本章指出，从理论上看，除非外部条件发生变化，属于内部的目的性原则一旦确定后则在一定时期内是不变的，策略和价值原则可随目的性原则以及外部条件变化而发生变化。原则次范畴化能说明严复所论的译事三难“信、达、雅”中的“信”属于价值原则范畴（并非目的论原则），“达、雅”则属于策略原则范畴（具有可选择性特点）。为了说明客体的功能属性具有质与量的特点以及客体属性有无价值取决于它是否对主体具有意义或符合主体需要，该章通过实例进行了价值特征辨析，并对如何进行典型归纳和理论研究问题的演绎性给予了论述。

第五章讨论了“译者主体性与意义形态的语境化再现与表现”的理论与方法论研究。本章立论：一切翻译理论与实践问题均通过众多译者主体的经验认识和理论认识的互动性而成为具有一定普遍意义的研究范畴，而属于主观观念范畴的原则、策略、技法等亦在此基础上产生。然而，一切翻译理论与实践方法论问题都归结于对客体价值属性，即对意义形态的把握以及语言文化制约条件下的再现或表现。脱离了意义，脱离了对客体价值属性的系统认识，也就是脱离了对主体和客体之间互动的本质认识，翻译理论与实践研究则是不完善的、主观而片面的。主要观点：(1) 翻译活动的实践主体在认识客体价值属性——意义形态过程中具有主体间性特点，因为任何主体都具有局限性，需要主体间的互补性。如对意义形态的定性概括问题，以及实践主体对文本的多义性、歧义性、隐晦性、结构缺省性、召唤结构等的准确把握都涉及对语境化意义在译文中的含义充实等的认识方式或认知机制的揭示等。(2) 翻译实践的客体被译者主体改造，它凝聚了主体的本质力量，成为受众的美感对象。这种主体性常常体现在文学翻译互动中的艺术再造或创造性，是审美价值再创中的译者主体性的本质展现。(3) 客体主体化或为我之物是真、善、美的统一，其转化过程是达到真善美的过程。真、善、美是价值体现，人是一切价值的尺度和根据。(4) 从理论研究角度看，探讨这种译者主体性发挥的本质特点就是考察译者主体在双语语言文化思维差异中协调审美与思维方式、意识结构、认识方法或观察视角，从根本上提高主体认识客体价值属性的能力，洞悉不同社会文化历史对改造客体（凸显其价值属性）的制约性，改善认识主体的素养，改造主观和客观、思维与存在的关系。主要内容：本章主要从实践出发，针对典型意义形态如主位意义、述位意义、外延语义、内涵语义、预设意义、语义蕴含、话语含意以及译者主体性发挥的思维路径的可描述性等方面进行比较详细的论述。

第六章从可证性角度讨论了“主体性艺术创造典型体现的可描述性”，突出了理论与实践研究的典型性问题。本章立论：在翻译学理论研究中，探讨译者主体性的本质特征必须从实践出发考察其典型体现，而非笼统地将其泛化。缺乏典型性问题的翻译理论研究容易倾向于进行就事论事的主观印象式的认识，难以深窥实践客体的本质特征。研究者只有深入实践挖掘复杂的翻译现象后面那些具有典型特征和典型意义的实例，才能揭示出翻译活动的本质特征，从而总结出对策性的经验技法，从翻译活动目的、方向、条件等多维视角推衍出相应的具有公理性质的原则理论。主要观点：(1) 对于翻译理论研究而言，针对典型问题必须对研究对象进行定性和典型概括，这种定性概括又必须是对客体的本质特征的一种认识论意义上的阐释，并且能揭示出主体与客体之间互动的辩证关系，以及对主体的思维运作作出描写，以此反映主体艺术创造的典型体现；(2) 翻译理论与实践研究不是局限于对个别具体对象表象的把握，而是透过个别认识一般和通过现象看本质，是在一定抽象层面上对带有普遍性和规律性的操作规程的反映，或是理性地探索这种操作规程中主体的思维运动轨迹，揭示行为主体对客体的一种整体性的认识与思考方式；（3）在文学作品翻译的艺术表现或再现中，只有那些具有频率性并且可以定性的语言风格特征，或在塑造人物形象、表达人物情感、刻画人物性格、揭示社会关系冲突等方面具有感人的美学效果的独特语言表达形式才能体现出典型的艺术性，这些风格特征或艺术形式是以类似于“文眼”的“译眼”体现出来的，译者对“译眼”的艺术创造性操作便称为“译‘眼’”。“译眼”分为“显性译眼”和“隐性译眼”两大范畴，后者范围要大于前者。这两类范畴的区分旨在为文学翻译评析或批评提供一种反映文学翻译艺术创造性本质特征的概念表征工具，以便明晰地考察在文学翻译活动中译者的艺术创造性是在何种层次、何种程度、何种范围，并以何种形态表现出来，并通过对译者操作显性和隐性“译眼”的理据分析，揭示“译‘眼’”动态过程中译者的思维特征和形式，如知觉思维、形象思维、情感思维、认知逻辑思维、情景思维、经验思维、逆向思维、比拟思维、多维思维、整体思维、文化干涉等思维等。主要内容：（1）显性“译眼”与“译‘眼’”。主要通过实例阐释了风格层面的显性“译眼”，即具有频率性的可定性概括的美学风格特征的艺术再现特点与方法；（2）隐性“译眼”与“译‘眼’”。主要通过实例解析了主题及其主题倾向统摄下作品中隐含着的主题关联性之“译眼”的艺术表现，尤其形象与情感相统一的表现方式；（3）“译‘眼’”的艺术再现和表现。主要从形象思维、情感思维、艺术思维、经验思维、情景思维、逻辑思维与创造性思维角度论述了“译‘眼’”的艺术表现手法，并从意象重构与虚实相生、变化视角与情景交融、化动为静与以情寓意几方面对操作的程序性描写进行了分析和经验总结。

第七章从实践主体论哲学观入手讨论了“翻译主体性理论研究范畴体系拓展应明确其内涵与外延”这一命题。本章立论：主体性的规定内在地包含着观念和认知的因素；人要取得主体地位，就必须先成为客观世界规律和本质的认识者。认知功能首先表现为能动地反映客体的功能，主体能动地反映客体的功能集中表现为主体意识对客观世界的摹写和规范。主要观点：（1）理论研究的科学性要求首先对相关概念给予内涵与外延界定，翻译主体的界定取决于内涵规定性，对主体性和主体间性的认识也须基于主体概念内涵的明晰性；（2）科学理论研究要求它阐述内容应具有逻辑明晰性和经验的可推演验证性，对翻译主体可有不同界分，但在研究中必须明确不同主体间的共性与殊性，应能分别对其本质特征进行实证描写；(3) 哲学上所规定的一般意义上的主体（性）要素应在翻译学主体（性）中得到全面体现和衡量，即实践性（实践是主体产生或存在的前提）、目的性（主体实践以认识和变革客体为旨归，无客体变革即无主体性）、主—客体关系性（二者只存在于一定关系或条件范围内）和主观能动性与创造性。主要内容：本章将翻译学主体性理论研究范畴体系区分为"主体类型论"、"主体间性论"和"主客互动元理论"三大子范畴。在"主体类型论"之下区分常态主体（译者主体）、非常态主体（特殊作者主体）、参照性主体（参与性读者主体）、关涉主体（译者主体的延伸式主体）、交往主体（互动性译者主体）五个次类；在"翻译主体间性"子范畴下推衍出"常态—非常态主体间性"、"常态—参照主体间性"、"常态—关涉主体间性"和"交互主体间性"四个次范畴；在"主客互动元理论"子范畴下推衍出"翻译主体客体化和客体主体化"、"主体价值选择论"、"翻译客体规律认识论"、"翻译主体性伦理"四个次范畴。各次范畴研究内容分别涵盖翻译实践中的相应事实，能为进一步的客观实证研究提供理论依据，本章对不同次范畴的研究目的、任务、内容与方法作了简要说明。

第八章讨论了翻译伦理学研究范畴体系拓展的原理与方法，主要由笔者的博士生杨洁撰写。本章立论：翻译活动是一种社会交往活动，是翻译主体间的对话，涉及到包括委托人、译者、读者、评论者、政府管理部门等多个主体因素的共同作用和相互协调，故有必要拓宽研究维度，建立有效的翻译伦理学体系。主要观点：翻译伦理学拓展应建立一个比较全面的基本理论范畴框架，进而明确各范畴的理论性质、对象与内容、研究任务、研究目标、研究方法、理论阐发等，并作出系统描写，以体现出翻译伦理学研究的学理性与科学性。方法与主要内容：本章主要运用批判与继承、(范畴化) 拓展与建构、整合与论证法，在总结前人有关翻译伦理研究的基础上，对存在的问题进行了辨析，对相关概念进行了廓清，对狭义观进行了范畴化拓展，将翻译伦理学拓展为翻译管理伦理、翻译操作伦理、翻译批评伦理、翻译伦理的理论研究四个子范畴。在翻译管理伦理子范畴下推衍出翻译赞助人伦理、管理人伦理、出版机构伦理；在翻译操作伦理子范畴下拓展出内向型伦理与外向型伦理两个次范畴，再在外向型伦理下推衍出译者—作者伦理、译者—读者伦理、译者—文化伦理、译者—赞助人伦理、原译者—管理机构伦理和译者—出版机构伦理六个次次范畴；在翻译批评伦理下推衍出理论批评伦理和实践批评伦理两个次范畴；在翻译伦理的理论研究下拓展出翻译元理论研究、翻译伦理方法论研究和译学学风伦理研究三个次范畴。

第九章论述了“开放性翻译学理论逻辑范畴体系的建构与整合的可行性”问题。本章立论：翻译理论源于翻译实践，源自于主体对客体及其环境条件关系的认识，复杂而丰富的翻译实践以及各种语言文化差异、认知思维差异、社会历史影响等制约因素使得翻译行为所追求的理想形态面临种种选择，而任何选择都有其特定的理据，这种理据就是一种内化了的理论，或是关于客体方面的，或是关于主体方面的，或是二者的统一；从学理性看，只有将各种有关主体和客体的经验感性和理论感性认识上升为理论理性，即将其整合在一个开放性的逻辑范畴体系内才能统筹兼顾性地解释复杂而丰富的翻译实践。主要观点：(1) 翻译学理论的整合性（整体意识）是指从一种宏—中—微观贯通的全景视域去把握翻译活动理念的各个层面，将不同译论或译观纳入该范畴体系内进行拓展与充实，要求从宏观到微观、从主观到客观、从系统到要素等各方面进行全面的探索，以便为比较研究不同理论范畴的性质、特点、内容、关系等提供一个参照性的理论框架；(2) 整体意识的实质就是从纵向与横向交叉视角去认识和把握：纵向体现为体系性，是宏观—中观—微观理论范畴的有机统一，也是对研究对象理论理性认识的逻辑构造；横向体现为从经验感性认识到理论感性认识，或从理论感性到经验感性认识的层次性展开，是对研究客体或对象本质定性和关系定性的逻辑要求，针对的是不同性质的翻译实践或理论问题的阐发；(3) 不同形态的翻译学都应有共同的理论旨归，都是从历时或共时性的较广范围内的社会翻译活动中去发现实践结构、认识结构、方法结构、价值结构相统一的区间规律性。

主要内容：本章首先回顾了中、西翻译理论研究的主要内容、特点、方法以及有关理论体系的观点，并对其理论局限和不足进行了评述，认为翻译学系统理论研究的宗旨在于发现和总结翻译活动的实践结构、认识结构、方法结构、价值结构相统一的区间规律性，在理论基础上突出学科性质、特点、形态、建构与可拓展性问题，在阶段性研究中侧重于宏观—中观—微观理论范畴的互动性以及内部与外部的联系性，在科学方法上强调研究的可阐释性、可描述性、可推论性、可印证性和可操作性；继而在综合前几章中的主要研究内容和观点的基础上，以图解的方式整合和拓展出“开放式翻译学理论研究逻辑范畴体系”。该体系从始项范畴、基项范畴、中项范畴、终项范畴出发，拓展出四大子范畴：“文本特征论范畴”（始项范畴）、文本义—意论范畴（基项范畴）、价值论范畴（文本义—意论范畴）、区间规律性范畴（终项范畴）。**始项范畴**之下的“文本特征论”范畴主要研究语言符号特征、语言形式特征、语篇结构特征、辞章修辞特征、语言美学特征、文体风格特征、民族思维特征、文化差异特征、语言个性特征，研究这些特征的目的在于发现那些制约翻译选择活动的诸种客观因素，形成翻译知识和翻译条件论次范畴，在此范畴内形成一个综合的文本特征论集合：文本特征论= ∑{抽象性、间接性、经济性、不完整性、缺省性、语境性、关系性、丰富性、发展性、求新性、形象性、情感性、社会性、文化性、美感性、暂构性、多义性、歧义性、模糊性、变异性、陌生化、……}。之所以称之为始项范畴，是因为对于任何一个译者或理论研究者来说，首先就必须经验地或理智地正确了解和把握翻译活动客体的重要特征，没有这种知识结构，译者就难以译出成功的作品，研究者则缺乏理论研究的依据。**基项范畴**下的“文本义—意论”范畴将翻译的基本问题视为“意义”的问题，离开了意义讨论翻译也就没有本体论基础。此范畴研究将传统的“意义”解构为“义”与“意”的复合体，将“义”视为词句意义的基体，称为“义基”(meaning—base)。任何一个语词概念或语句都有一个义基，体现为指称义或逻辑义，是一种约定俗成的、相对确定性的语义特征，在同一语言社群中具有相对稳定性和共享性；在义基之上可以附加各种“意”(senses)，是指语言使用和交际过程中基于某些词句义基之上的可以被感知的、可分析的含意特征，具有主观性和不确定性。此范畴主要研究“义—意本质论”、“义—意形态论”、“义—意主客认识论”、“义—意辨析心理过程论”、“义—意生成认知机制论”、“义—意语境参数论”（包括了外部社会文化语境参数）。此范畴的深化研究可继而拓展出次次范畴“译者行为理据论”，主要研究译者自证论、译者他证论、互文论等。**中项范畴**以“价值论范畴”为核心内容，主要研究“客体价值属性论”、“客体价值特征比较论”、“义—意价值凸显论”、“形式—风格价值凸显论”、“价值选择目的—需求论”、“价值选择策略论”、“价值（艺术）创造论”。此范畴的深化与拓展可推衍出次次范畴“内部动因与制约论”（研究“审美倾向论”、“译者职责论”、“译者局限论”、“译者人格论”）与“外部环境干涉论”（研究“意识形态论”、“社会伦理论”、“赞助人制约论”、“受众因素论”）。**终项范畴**的核心内容是“区间规律性范畴”，主要研究“可操作准则与规则论”、“方法技巧论”、“译者主体性”、“译者主体间性”、“译者规范论”，这些研究内容最终又必然回到翻译实践，接受翻译实践的检验、扬弃和修正。这是翻译学理论研究的旨归，是从经验走向理智又从理智回归经验实践的必然途径。逻辑范畴论要求终项范畴必须包括前面始项范畴、基项范畴和中项范畴的全部内容，故此范畴的深化研究是通过建构开放式经验模块和开放式理论模块的统一（技术理论范畴）来实现的，模块建构是实践与理论高度统一，包括了前三个范畴的内容。

上述逻辑范畴体系可推论的内在逻辑联系是：一个由经验和理智构成的翻译学系统研究始于文本典型特征论范畴，获得开放式文本特征论集合——能揭示不同文本各种典型属性的结构性经验知识，这种典型特征论一旦进入翻译学理论范畴体系，就转化为“义—意”的形态来表征自己，成为研究的核心内容，即“文本义—意论”范畴，这是翻译活动实践和理论研究最本质的内容，因而也构成基项范畴的研究内容。基项范畴与中项范畴之间的逻辑联系是：“文本义—意论”反映了主体对客体的观念性认识和把握，体现于译者主体对文本不同形态的义—意的选择、加工与协调等行为——或凸显，或虚化，或强化，或弱化，或淡化，或轻化等，其行为背后隐含的理据就是针对主体需要的价值特征的反映。在价值论范畴内，传统所论的“形式”被转化为具有价值特征的“意”，不具有价值意义的形式不进入翻译理论范畴内进行讨论，只有具有价值特征的形式得到理论阐释并赋予其理论表征，才赋予其可推论的公理性，才能与忠信等宏观层次的原则或标准发生内在的理论联系和客观可证性。中项范畴与终项范畴之间的逻辑联系是：研究翻译理论目的不在于构建理论本身，认识文本典型特征、把握义—意的形态和功能特征、探讨翻译客体的价值特征与主体需求关系都属于不同阶段的分目的，而非总目的。翻译学系统研究的总目的在于将各分目的阶段中全面深入地、多维度地、经验性地所把握的客体不同层面和不同性质的问题，上升到“以类度类”和“以道观尽”（荀子·非相）的境界，即将所获得的成果理智地形成原理、原则、准则、规则、方法、技巧等理论范畴体系性认识，并通过研究群体的努力，建构出一系列开放式经验模块和理论模块，形成认识结构、实践结构、价值结构和方法论结构的统一，用以解释复杂的翻译现象或指导实践中的困难问题，以便在更广范围内的翻译实践中获得理想形态。

第二部分 中国古典诗词英译意义阐释理论整合研究

第二部分探讨了中国古典诗词英译的多种译本批评理论资源的整合、建构与拓展的理论与方法。多年来，古汉语诗词英译实践非常丰富，有不少优秀诗词都有多种译文，有的一首诗词甚至有数十种英译文，不同译者往往有不同的解读倾向。然而，诗词翻译的批评理论研究有限,大多数囿于原则性认识或主观印象式评说，少有理论建构性研究，尤其是宏观—微观理论贯通的理论体系。2006年，我因出于研究兴趣撰写了《古典诗词互文性解读的“阈限”问题》一文，发表于《修辞学习》当年第一期，提出古典诗词英译解读的阈限——“主题与主题倾向”。后因课题研究需要，作了些后续性研究，整合了海德格尔有关语言与诗的真理观、施莱尔马赫的意义整体观、伊瑟尔的“召唤结构”观、中国传统文论“唤象托意、以象托情”观、“情之经”、“理之纬”立文之本观（刘勰）、语篇修辞主题论以及社会语境参数观等理论资源，并将其转化为现代译学理论术语，提出了“历时社会文化语境下的主题与主题倾向关联性融合”的理论阐释框架。

该研究的整体思路可从研究立论、研究理据、研究理路与方法三个方面体现出来。研究立论：在多种译本中，古汉语诗词英译的差异性体现了译者主体性，也反映了其局限性，如何对多译本进行评析需要建构一种宏微观互通的、可阐释、可描述、可推论、可论证、可操作性的综合理论框架，既要能整合各种可行的理论视角或方法，又要能反映古汉语诗词的文本特征，并且能回答现有研究中存在的一系列问题。我国古汉语诗词研究的书刊文章较多，大多数是从音美、形美、意美、美学修辞、接受美学、互文性等视角切入，其特点是倾向于经验感性认识，缺乏一种具有统摄性理论体系，未能回答以下问题：古汉语诗词英译的音美与形美具有直观可感性，容易评析，但如何评价其“意美”？能产生“互文性联想”或能产生“非常独特新颖的互文感受”的文学语言解读是否就是有效的？有效解读是否有个特定的“阈限”，其阈限又是什么？对译文的不同解读应建立何种带有主观—客观兼顾的评价体系？怎样正确评价诗词译文解读过程中的译者主体性发挥及其理据性？如何识别与建构古汉语诗词文本显性与隐性主题？如何把握诗词情态主题及其倾向的内在认知关联性结构以及次级主题之间的认知机制并作出理论表征？如何认识英译过程中概念（语词）的义—意嬗变与主题与主题倾向性制约的理据？如何考察微观概念义—意生成的社会文化语境和主题与主题倾向制约的内在与外在关联性？对这些问题的解答要求建构一种有效的综合分析框架。

研究理据：中国译论必须着力建设有汉语参与的、有针对性的、有科学系统的、可操作性的意义理论和文本解读理论（刘宓庆）。提出古汉语诗词英译统摄性批评理论框架的理据在于：翻译理论研究发展的有效性必须将宏观理论阐释与微观实践研究结合起来探讨，而对诗词文本翻译理论的系统整合性研究，必须将微观现象纳入文本类型的整体性理论框架内进行融合性研究。翻译的本质就是文本的翻译，脱离了文本讨论翻译问题固然可以形成若干经验或理论认识，但这种认识只能是若干散乱的“点状理论”，并非系统理论。故若无对文本类型的范畴特征进行深入全面的框架性理论探讨，并将“点状理论”有机地纳入其中，就无从建构起科学而稳定的翻译学理论基础。西方文化翻译学派将翻译的文化研究从文本中抽出来，将其与整体割裂开来，过分夸大了翻译的文化属性，实质上形成了片面的文本翻译研究学派；多元学派主张翻译研究的多元化，拓展了研究维度，丰富了研究内容，但脱离了文本翻译的整体性理论研究，多元化就会容易导致缺乏内在有机联系认识的多面化，同样也是片面的。从学理上看，翻译学系统理论研究应基于文本翻译的整合性理论研究，应给主客体有一个科学的定位，不宜走极端，使主客双方按自己的功能进入一个良性互动的关系中。我国古汉语诗词译论较少分析客体，较少将诗词文本自身的系统特征分析纳入理论建构范围，忽视了从具体的文本翻译实践或事实出发对主体与客体之间的互动关系作出可阐释性与可描写性研究。上述理论框架的提出，旨在深入探讨整体性古汉语诗词英译的宏观理论范畴及其具体运用的可证性，并从社会文化语境的认知关联性角度将其与微观分析和宏观理论阐释结合起来研究，将文化等因素纳入整体性理论框架内予以论证，以便能为译学理论的拓展提供一条可行的创新途径。

研究理论与方法：确定古汉语诗词这一特定文本类型及其翻译的目的—需求论与策略论原则，进而明确宏观理论与微观层次义—意形态的互动性制约关系，即主题与主题倾向及其与历时性社会文化语境之间的认知关联性融合对古汉语诗词翻译的概念义—意生成的制约性。基于此，研究者可在“历时社会文化语境制约下的主题与主题倾向关联性融合”这一理论框架下考察同一诗词不同译文之间概念（语词）选择的差异性及其客观理据性与主观性艺术表现之间的关联性理据，并对其作出理论感性认识，寻求建立一个可参照性的诗词文本翻译理论范畴阐释框架和宏微观互动的认知关联模式，也能为多种译本批评的理论方法提供借鉴性作用。在理论方法层面突出可描写性、可阐释性、可推演性、可印证性特点，并形成认识论方法结构——方法、理念、理据、概念、认识、对象、性质、变化、条件，即作出条分缕析的分析和概念化表征，佐以事实性论证，使宏观理论认识能在微观（实践）层次得到印证，微观层次问题能在宏观—中观层次得到阐发和理论提升。

第十章主要从伊瑟尔提出"召唤结构"入手，探讨古汉语诗词英译的意义本体论视角，从认识论意义上揭示出诗词文本意义存在方式的一系列本质特征：结构空白性、图景空缺（片断）性、本文潜能性、读者完形性。本章将"召唤结构"纳入本体论意义批评阐释框架，以便有助于把握诗词意义结构的解读及其与读者（具有不同历史文化背景的受众）接受的关系，涉及古汉语诗词结构空白的意义建构和意象意境等审美再现的理论问题，提出"主题与主题倾向"、"历时性社会文化语境关联"、"认知语境结构链"、"呈现结构"、"图景空缺"等理论表征，以此拓展召唤结构理论。本章通过对金昌绪的《春怨》和张继的《枫桥夜泊》两首唐诗的辨析，阐述了"唤象托意"与"情经理纬"在具体诗词中的体现及其英译中存在的问题与艺术性诠释再现的整体观，解析了古汉语诗词本体论意义批评的阐释框架及其运用的描述方法。

第十一章主要从诠释学和接受美学角度进一步探讨了"历时社会文化语境下的主题与主题倾向关联性融合"理论的可阐释和可描述的方法论，以此论证古汉语诗词英译诠释的翻译批评理论应向本体论、认识论和方法论相统一的综合批评模式拓展。本章通过对宋词《虞美人》三种英译本的评析指出：由于社会语言文化差异，对古汉语诗词的本体论意义言说或去蔽是历时社会文化语境制约下的主题和主题倾向之关联性融合的境景之"象"与情系之"意"；当古汉语诗词被蔽或模糊的意象与情态美感链条因历时性社会文化语境隔阂不能为英语读者感受，译者则应出场对诗意给予"澄明的投射"，若刻意保留诗意的结构空白而导致意义隐晦与模糊，不展示缘在的本真美，其意美就不能为英语民族受众所体验，无法有效传达古汉语诗词的艺术意境。本章认为，在对外文化传播中，古汉语诗词英译只有音美、形美、意美的统一才能体现出其艺术的整饬之美，只有表现出深刻的思想情感与丰富的社会性才能感染读者，译作才具有艺术生命力。诗词之意统摄于情，情受制于诗人的历时社会文化语境及其社会关系与情感经历。综合批评模式要求批评者把握诗词情经理纬所揭示的主题及主题倾向，并在建构出历时社会认知语境参数结构链的前提下，才能从整体上对诗词唤象托意或情景交融之意义诠释作出可描写、可阐释、可印证性的批评。

第十二章主要由笔者的博士生杨贵章撰写。本章通过对若干典型实例的分析，讨论了“历时性社会文化语境制约下的主题与主题倾向关联性融合”这一本体论意义批评模式的可阐释性和可描述性的具体运用，并进行了实证性阐发。本章针对对孟浩然的《春晓》、金昌绪的《春怨》、李白的《早发白帝城》等古汉语诗词中的同一情态意象“啼”的不同英译文存在的问题，在主题与主题倾向关联性融合的理论框架下进行了批评性解析。本章的主要观点是：1）我国古汉语诗词中“猿声”的意象情态虽有“哀啸”的互文倾向，但一般都由诗词中若干趋同性关联意象触发和烘托，即其互文性意象的情态特质必然由特定的触发和烘托性意象符号为纬理，形成“关联性意象束”；2）古人所谓的“哀景”或“乐景”之说其实是指意象束之间的纬理关系，烘托着特定环境下特定人物的情态抒发。在古汉语诗词的关联性意象束中，文化符号之象具有互文性特点，其“意”虽相对固定，但绝非一成不变，而取决于诗人所处特定境况（包括关联性社会文化语境）及其诗词中关联性意象束之间的情态趋同或融合性，即“情经理纬”；3）诗人境况与情态相辅相依，境转情变，意随情转。古汉诗词微观意象内涵往往受其主题与主题倾向关联性融合所统摄，使其原有概念或文化内涵意义发生语境化嬗变。

第十三章主要由笔者指导的访问学者吴慧坚教授撰写，探讨了阐释之循环之于古典诗词英译解读的方法论。本章在结合主题及主题倾向和次级主题结构链建构的基础上，进而引入钱钟书提出的文本理解“阐释之循环”说，进一步深入拓展了对古典诗词英译解读的理论与方法论意义。本章通过对李清照的《声声慢》四种英译文的辨析，运用循环阐释之法探求该诗词英译的词句语境化意义的嬗变问题，以此说明译者或批评者对诗词意义的解读与翻译再现若能在循环阐释框架内“交互往复”地进行，就能更好地做到“义解圆足而免于偏枯”。本章立论：正确解读语篇意义须得“积小以明大，而又举大以贯小；推末以至本，而又探本以穷末；交互往复，庶几乎义解圆足而免于偏枯，所谓‘阐释之循环’者是矣”（钱钟书，2001）。本章主要观点：（1）任何文本都是特定社会历史文化语境下的产物，烙有历时性文化语义特征，语词概念往往具有历时演变的互文性，故今人英译古汉语诗词若不考究其历时性文化语境，往往难免有歧解或歧见；（2）古汉语诗词中的多数语词概念在历时阶段中或在某类文体中有其常用义项，只有通过探源溯流才可确定；

诗词之解应重视词义之立，词义之立必唤象托意，托意则情系之意；词象之立在于烘托境景，而词意之功在于寓情；（3）任何语篇都受其主题控制和支配，主题规约下的认知逻辑导向即为主题倾向或次级主题，各次级主题之间具有内在认知关联性。主题与主题倾向对语篇的统摄加上语境关联性融合而形成的认知整合性框架，是考察微观层次词句意义的重要理据。

值得指出的是，本书在力图整合、建构与拓展翻译学理论范畴体系的同时，也提出若干带有观念性的目的——需求论、策略论、价值论、方法论等原则或原理性的理论观点，对翻译实践具有一定的规约性，但这些主观性原则或原理都是从翻译实践中通过对现象或事实的本质特征的经验感性认识总结出来，再上升为理论范畴层面予以建构的，其理论规约性职能是建立在其合理的解释功能之上的，具有一定的客观性和公理推论性。恩格斯指出：原则不是研究的出发点，而是它的最终结果；这些原则不是被应用于自然界和人类历史，而是从它们之中抽象出来的；不是自然界和人类去适应原则，而是原则只有在适合于自然界和历史的情况下才是正确的。这是对事物的唯一唯物主义的观点。”（《马克思恩格斯选集》第3卷，第74页）。故这些原则或原理性认识仍需要接受丰富而复杂的翻译实践的检验与修正，以便能正确地摹写和规范翻译活动的现实。

本书具有科学理论研究的学理性学术价值：突破了我国传统翻译理论研究局限，重构了翻译学系统理论形态，对其进行学理性认识。首先阐释了理论概念的发生、依据、性质、特征、条件、任务、职能、局限等结构性特征，剖析了各理论范畴概念的本质特征、内在关系和外在联系，继而演绎出翻译学理论的基础逻辑范畴体系及其相应的应用逻辑范畴，然后从宏观—中观—微观层次论述了翻译学系统理论范畴的结构与内容及其系统的开放性原理。本书重视对研究对象本质定性和关系定性的研究，试图对涉及翻译现象、翻译过程、翻译客体、翻译主体、翻译目的、翻译原则、翻译标准、文本特征等的一系列范畴的理论感性和理论理性认识做出系统性阐释，并从学理结构上对传统基本翻译理论概念和命题给予了厘定、继承、整合、拓展，建立起宏观—中观—微观层次相互推演、相互制约、相互联系、相互印证的理论范畴体系。再从翻译事实和实践出发，衍生出相应的理论次范畴，有效地说明了翻译理论与翻译事实之间的互动关系。

本书具有创新的方法论意义：本书创新性地从逻辑范畴化角度对翻

译学进行了系统理论建构，论证了整合传统理论的可行性途径。理论范畴化既是理论认识问题，又是方法论运用问题；它能对拓展翻译学理论的可行性作出阐释和论证，并能从学理上继承、拓展和创新传统翻译理论。系统理论研究既要考虑理论的知识性、结构性、层次性、稳定性、范畴化和预测性，又要考虑理论的动态性、发展性和开放性，尤其是如何做到将微观实践层次的种种问题上升到宏观理论层次予以阐发，而宏观理论又能在微观层次中得到印证，突破传统宏观纯理论与微观翻译实践相脱节的局限等。为此，本书创新性地拓展出“技术理论范畴”，其核心内容就是“经验模块”和“理论模块”的建构。翻译学技术理论范畴化研究的意义在于以大量的实践研究为基础，进行典型译例的归纳与次范畴化，具有一定的理论方法论意义和实践意义，目前在国内外翻译研究中仍然是一个空白。“技术理论范畴”是译者主体的“实践结构性”与理论认识的“规律区间性”之间的理论桥接和形态表征，是纯理论得以向下延伸而拓展的系统性的有机融合，是翻译活动规律的范畴化形式表征。“技法与对策是从纷繁多变的实际中归纳、抽象出来的触类旁通、以一当十的规律，而这种归纳和抽象又必须是紧紧依靠对翻译行为的多视角的经验观察，由此产生科学推论，从而获得规律”（泰勒）。从这种意义上说，本书所论的理论范畴化研究具有坚实的实践基础，具有创新的方法论意义以及对翻译实践的指导意义。

本书的理论研究目标与局限：拓展理论范畴体系，即从基础逻辑范畴推演出应用逻辑理论范畴体系，以期能拓展翻译学核心理论范畴的涵盖性，尽可能解释普遍的翻译事实，促进理论与实践之间的桥接，推动我国翻译学系统理论的创新发展，加强对翻译事实的解释力，提高理论对翻译实践的指导性。由于本书的研究内容属于阶段性研究成果，还有许多翻译学理论与实践问题未能给予应有的、充分的阐释和印证。如未能从学理性要素角度全面地对中西翻译理论中的基础概念“信、达、雅”、“神似”、“化境”、“直译”、“意译”、“归化”、“异化”、“等值”、“等效”等作出条分缕析地描述和次范畴化拓展与重构，也未能对精彩纷呈的西方翻译中的基础理论从整体上作出学理性梳理和重构，这些问题将在下一个阶段的研究课题中展开系统讨论。

第一部分

翻译学理论范畴系统整合性研究

第一章
翻译学整合性研究的学理性基础

任何一种学说，如果它可以成为一个系统，即成为一个按照原则而整理好的知识整体的话，就叫作科学，而当这些原则可以把作为知识经验性地或理智地联结于一个整体之中的原理时，那么不论是作为物体学说还是作为灵魂学说的自然科学，似乎都应划分为历史的自然科学和理智的自然科学。

——康德

1.1 引言

近二十余年来，国内外翻译理论研究在理论视角、研究维度、方法拓展等方面取得了很大成绩，如国外翻译研究中的文化转向、多元论、操控论、女权/性主义、解构主义、殖民主义、话语霸权论、功能—目的论等翻译流派或翻译观，以及国内有关译者主体性、翻译伦理学、诠释学等研究。这些研究从某些特定的翻译现象出发，从不同视角进行了理论阐发，从经验感性上升到理论认识，即对这些现象的性质和特点作出定性概括，形成不同的翻译观点，从一定的深度和广度上说明或解释了不同的翻译现象，受到译学界的重视。这些研究无疑丰富了翻译学内容的理论维度，拓展了翻译学理论范畴，从历时和共时的纵横之轴展开对翻译现象的认识或论述。在这些热点研究现象和论观背后，不少有识之士也指出了其学理上的不足。刘宓庆（2005: xii–xvii）认为西方翻译理论“大都是在文学翻译的对策研究上兜圈子”，虽流派纷呈，却有“流”无“源”，缺乏相互联系，乃至本末倒置，片面而偏激，理论“含金量”不高。吕俊（2008）指出，我国翻译学科研究缺乏完整深入的系统理论研究，除引进和译介外，十分缺乏自己的理论建树和创新。尤其是解构主义多元研究范式以来，就始终处于零散状态。至于如何深化和拓展翻译学理论，专家学者们纷纷献计献策，如刘宓庆（2005）呼吁翻译学亟待进行整体整合性研究；杨自俭（2005）认为本学科独有的方法论和严密的逻辑范畴体系是学科理论成熟的重要标记之一；吕俊和侯向群（2006: 2–3）提出翻译学建构主义视角；方梦之（2008）指出："学科要上去，首先是基本概念的科学化、系统化"；曾利沙（2007b）提出从理论范畴化拓展翻译学；王宏印（2008）倡导要"革新中国译学"，"对古今中外的翻译理论进行反思和批评"，"把中国传统译论中最有价值和特色的理论加以整理，提炼加工"。这些带有建设性的译学发展观说明了两点：一是译学理论研究若缺乏本体观、整体观、统摄观、核心观、范畴观、建构观，翻译学科的成熟是不可思议的；二是必须对传统翻译理论进行批判基础上的继承、加工与提炼，形成范畴化的理论体系。笔者认为，我国翻译学理论的发展必须从学理上对现有基础理论概念和命题给予厘定、继承、整合、拓展及系统化，建立起宏观—中观—微观层次相互推演、相互印证的理论范畴体系。本章旨在论述翻译学系统整合性研究的学理性基础及其要素，以期为我国译学理论体系拓展与建构提供方法论思路与可拓展性维度。

1.2 翻译学理论研究的学理性要素

一门学科理论发展必须经过萌芽雏形期、创立期、成长期、成熟期、壮大期，这一过程必然要形成前后相继、互为联系的理论概念体系。从理论思维发生学特征看，理论是主体通过一定实践活动而形成的特定观念的概念表征，是对特定实践对象从理解与表达的语际转换操作过程中的主观认识，并对特定实践对象从意义与形式的矛盾统一上作出一定程度的本质认识，最后达到在一定范畴内揭示翻译活动的规律性。"概念所反映的只是大量现象中本质的、必然的和规律性的东西"（肖前等，1981: 454），是主体对客体属性进行感知、知觉、抽象、概括的思维过程，是主观认识的产物。Pym（2000: 1）认为，当一个译者在翻译过程中碰到实践问题而面临着不同选择，并对自己的选择行为和结果具有解释性的理据时，翻译"理论"也就产生了。当然，这种只为译者所感知的理据化了的认识是译者的一种内化理论，只有当译者将这种内化理论外化为一定形态的概念或命题性表征，以便在众多的译者群体中形成主体间性认识，或成为群体所共享的经验认识时，这种理论才具有学术价值。不过，这种反映译者主体性特征的翻译实践范围必须具有较大的深度和广度性，译者对双语语言和社会文化都具有深刻的理解和坚实的基础，才能作出具有典型意义或普遍意义的理论认识。如严复在《天演论》的《译例言》中提出的“信、达、雅”是基于对大量的社会学类理论著作方面的英汉翻译实践；钱钟书提出的“化境”是基于对若干具有显著语言文化差异特征的英汉翻译实践而提出的一种译文追求的转换效果——化入之境；傅雷提出的“神似”论是基于大量的法国文学作品的法汉翻译实践，等等。他们讨论所提出的抽象概念时往往基于对若干典型实例的感悟，说明译者的理论认识是基于自己实践中经历的选择而形成的理据化了的经验感性认识。这种经验感性认识首先是译者兼理论认识者的一种直观的、自觉的、有理据性行为的反映，或者说是一种内化的经验感性认识过渡到外化的理论认识，其次才在群体中得到普遍的认同和接受，并对其进行深度阐发和建构，或者说是批评基础上的继承或扬弃。从他们所例举的事实说明看，这些译者的经验感性认识无疑是针对一定范围内实践的选择理据，针对的是特定实践范围内的对象，客观上要求体现出一定的主体性，故在一定程度上既反映出其主观能动的一面，也反映出其客观条件性的一面，在对客体的特殊性认识中同时也蕴涵着一定的普遍性。这就是为什么在后来的译者群体或学术群体中得到某种程度上的共鸣，并对此展开了经久不衰的讨论、批评、修正、完善或拓展，继而成为翻译学理论研究中潜在的研究范畴。然而，就这些译者兼理论者的概念化认识而言，有些并非严格意义上的学术性理论概念，经验感性认识并不能代替理论感性和理论理性认识，还需要后人作进一步的系统性的加工和提升，才能逐渐成为成熟的理论范畴。

成熟的学科理论不会只囿于几个孤立的理论概念或命题，应是一个前后相继、相互推演、相互联系和相互印证的概念体系。康德（2003: 2）指出：“任何一种学说，如果它可以成为一个系统，即成为一个按照原则而整理好的知识整体的话，就叫作科学，而当这些原则可以把作为知识经验性地或理智地联结于一个整体之中的原理时，那么不论是作为物体学说还是作为灵魂学说的自然科学，似乎都应划分为历史的自然科学和理智的自然科学”。若从知识整体要求看，罗新璋（1984）所认为的我国传统译论体系“案本—求信—神似—化境”还不足以构成一个“理论整体”，仍有待于从基础逻辑与应用逻辑范畴化予以拓展。因为，上述四个概念在译学界均被认为是“原则”或“标准”的理论概念，而原则或标准均属于宏观层次的理论范畴，只是译者群体自身的主观认识的产物。我们若认为“案本—求信—神似—化境”是一个体系或整体的话，那么就预设着翻译理论体系可以是由有限的几个孤立的纯粹反映主观性的宏观理论概念构成，而不需要知识的整理。这种翻译学的译论体系无疑是不具有学理性的，也是不科学的。“知识”是主观与客观的统一，反应出一定的客观规律性，对客体的属性特征应具有价值判断和系统性的概念化表征，才能科学地反映翻译活动复杂的本质特征。

国内一些以翻译学命名的著作未能对我国传统译学理论概念进行批判继承上的梳理，也未拓展出翻译学的逻辑范畴体系，或者说梳理出一个知识整体来。学科理论体系的建立必然经历一个从经验感性和理论感性到理论理性认识，再到实践理性认识的螺旋上升的长期过程。经验感性是指基于直观和知觉基础上的有理据的翻译操作行为所作的经验总结，如对概念的语境化选择、语句结构的调整、对语言文化差异的协调和处理所作的经验性概括；所谓理论感性认识是指对认识对象的特征、性质、关系等所作的一般性的概念化表征和抽象化认识，如“信、达、雅（切、贴）”、“神似”、“化境”、“归化”、“异化”等。它们是“人们在实践之前，以理论认识为基础，联系实践对象（包括实践手段）的具体情况，经过主体思维的能动作用而形成，用来指导其实践过程的意见、计划、方案、蓝图、战略、战术、方针、政策、部署、方法、措施等东西”（姜井水，2003: 467）。而理论理性认识的表现形式除了对客体的概念化表征外，还有对体系性原理（包括定义、定律和规律）的学理性基础的深入认识，我国传统翻译理论最薄弱之处就在于此。传统译学理论长期以来基本上围绕翻译标准或原则或策略的概念或命题展开争论，且都停留在理论感性认识和孤立的概念认识之上，既无从上到下的深化，也无从下到上的拓展，见不到横向联系和纵向关联。毛泽东（1991: 280）曾指出，“要完全地反映整个事物，反映事物的本质，反映事物的内部规律性，就必须经过思考作用，将丰富的感觉材料去粗存精、去伪存真、由此及彼、由表及里的改造制作功夫，造成概念和理论的系统，就必须从感觉认识跃进到理性认识”。同理，我国翻译学研究要有所深化和拓展，必须加强理论理性认识，必须对现有的一系列基础理论概念的学理性要素结构进行全面剖析与描写，这是翻译学得以成熟发展的理论基础，亦是系统整合性研究的前提。概说如下：

翻译学基础理论概念研究的学理性要素	
理论假说	理论研究基于何种假说，有无哲学基础？ 有无逻辑基础？理论与实践是否相一致？
理论依据	其依据有无心理现实性，或是否为公理性推论？是否纯粹主观性或具有客观可证性？
理论概念	概念是否成型，是否给予概念内涵与外延以明晰界定（科学定义、外延定义、描述性定义、工作定义等）？对概念的静态特征和动态发展是否具有辩证认识？
理论特征	是否经验感性（理论知觉）？或理论感性（理论抽象）？或理论理性（理论具体）？
理论方法	属于归纳，或演绎，或抽象与概括，或定性与定量，或分析与综合性，抑或是描写性，或规定性，等等？
理论性质	是否孤立的封闭性理论？或开放性的宏观—中观—微观上下互通的理论范畴体系（目的—原则—策略—准则—标准—规则—方法—技巧—本体意义形态）？其“质”或其“性”如何？
理论任务	理论研究者是否旨在建立理论范式或模式、认知模型或探究心理机制？或解决何种理论或实践问题？或对翻译现象作出区间规律性或法则描写？
理论职能	该理论是否只解释单个现象或解释众多对象的关系特征？或只为实践提供经验性方法参照，或揭示客体价值属性特征？或纯粹是理论反思和哲学性思辨？
理论目标	是否建立可阐释性、可实证性、可描写性、可操作性理论范畴体系，发展学科理论？
理论条件	是否只着眼于共时性或历时性现象（事实）研究，或基于二者之结合性研究？
理论局限	理论者是否明确该理论自身的局限与不足，或是否明确其互补性理论范畴？

1.3 传统翻译理论学理性匮乏特征

1.3.1 宏观理论学理性匮乏特点

科学研究的性质在于认识的真理性与方法的有效性。认识的真理性是指理论、概念、范畴体系反映客观现实的正确性，标志着阶段性认识成果。冯契（2003: 23）认为把握具体真理的思维形式是具体概念，其主要特征有：a）具体概念是作为思维内容固有形式的概念，具有活生生的内容；b）是作为思维辩证运动形式的概念，是能动的、灵活的、在对立中统一的概念；c）是体现“具体的一般”的概念，是具体与抽象、个别与一般相结合的概念；d）是具有理想形态的概念。一般情况下，概念必须有其确定的内涵与外延，概念和对象必须有确定对应关系，即“同则同之，异则异之”（《荀子·正名》）。表明概念都有其相对静止的状态，都有其相对固定的形式。我国传统理论研究之不足主要有：a）理论概念内涵不清，容易发生认识混乱，达不成共识；b）缺乏理论概念体系，无法把握具体真理，不能从整体上认识复杂的翻译事实，难以对纷繁的翻译现象作出相应解释、描写与印证；c）对理论概念的发生及其理论认识存在学理要素上的模糊不清。如自从严复提出译事三难“信、达、雅”的百多年来，我国翻译界一直将其视为翻译“原则”或“标准”，同样将“神似”、“化境”也视为“标准”，有的还认为“化境”是“最高标准”。与此同时，还伴随着一系列二元对立的理论概念，如“直译—意译”、“异化—归化”、“忠实—不忠”、“形似—神似”，满足于几个孤立抽象的理论概念对实践的直接指导作用，或满足于运用相关概念对译文作出非此即彼的价值评判。下面将我国传统译学理论概念学理性要素与科学性匮乏特征图示如下：

我国传统译论概念	传统译学理论学理性要素匮乏特征	学科的科学性匮乏特征
文/质	理论假说？	整体（合）性？
信/达/雅/美/切/贴	理论依据？	体系性？
忠实/通顺	理论概念？	逻辑性？
直译/意译	理论方法？	范畴性？
神似/形似	理论特征？	价值性？
化境	理论性质？	知识性？
异化/归化	理论任务？	术语性？
艺术创造/艺术再现	理论职能？	规律性？
美化（形/音/意美）	理论目标？	应用性？
使人知之/好之/乐之	理论条件？	互补性？
……	理论局限？	开放性？

上述概念的理论性质大多缺乏科学的定性研究，或被称为原则，或被称为标准或策略等，或既称为原则又视为标准，并赋予其规范翻译实践和价值评判的理论职能。由此引出的一切复杂而又相悖的理论或实践问题都成了实践者或理论者个人经验感性认识层面的东西，一种只能意会不能言传的感觉。这些概念只是抽象化了翻译观念，缺乏相应的横向

或纵向拓展的辅助性概念，对复杂的翻译现象不具可阐释性与可描写性。现有翻译研究文献对这些概念仍未能作出全面的学理性要素剖析或辨析，甚至对基本概念的界定和概念性质都还没有给予明晰的认识和描写。如对“原则”和“标准”概念的认识发生混淆，将“信、达、雅”既视为原则又称为标准，不少研究者甚至在同一文章或著作中交互使用。从学理看，“原则”和“标准”是否为可互相替换的两个相同概念？其内涵和外延有何区别？若为标准，是主观标准还是客观标准？何谓主观标准和客观标准？几个观念性的理论概念能否作为客观标准？一个缺乏或至今未能明确客观标准的翻译“标准”是否完整自足？不自足的翻译“标准”能否具有客观可证性和可阐释性？若为“原则”，又是什么性质的原则？是目的论原则，或是价值论原则，或是策略论原则？这些不同原则之间又有何本质区别和何相互联系？原则和标准之间是一种什么相辅相成的关系？如何考察它们各自的理论依据、理论任务、理论职能、理论条件、理论局限等？

若从概念出发，作为原则的“信”与“忠实”（统称“忠信”），其内涵和外延如何？是否简单地停留于忠实原作的“思想内容（意义）+形式+风格”的内涵规定？能否对其内涵规定域作进一步次范畴化拓展，以揭示主体对客体价值属性特征的认知结构？对于普遍性翻译活动的规约性，译者究竟为何要“忠信”或是否为了“忠信”而“忠信”（“忠信”是目的吗）？这在理论上如何阐发？在特殊的翻译实践中如何得到客观实证？如果在基于双语语言文化思维差异之上的翻译实践中得不到实证，那么又如何在理论认识和建构上化解这种理论与实践的不一致性，以确保这种悖论性理论的有效性？显然，孤立的原则或标准的概念都是不自足和不完整的理论概念，无法在具体实践层面得到实证，必须予以发展和重构，以便化解理论的矛盾性。就“忠信”原则的普适性前提而言，首先面临着解决翻译的特殊性和普遍性之间的矛盾问题：“忠信”是基于不同语言文化思维共性上的“忠信”，或是基于不同语言文化思维差异上的“忠信”？若两种语言具有不可译的差异性，其客观理论依据或基础何在？它还有自身的理论价值和地位吗？其次，若从译文检验或批评角度审视“忠信”，还会产生更大的理论危机。王宗炎（1984）曾指出“辨义为翻译之本”，对译文概念语义或命题真值辨析求解的忠信与否的判断由谁作出？由译者自证或由权威人士他证？权威人士自身又如何给予客观可证的说明？下断言者可有多大的主观性或多大的客观性？若不同权威人士对同一译文的忠信与否或忠信度发生分歧，各执己见，“忠信”岂不成了一个相对主义的、纯粹主观性的理论概念，或者说“忠信”只是一个只能自证、不能他证的孤立的理论概念？由此可见，从学理性要素入手全面剖析“忠信”这一基础理论概念，就可以发现其巨大的研究空间，不仅可以生发拓展出相应的辅助性理论准则等次范畴来，还可以深入具体到属于本体论和认识论的哲学范畴“意义形态论”和“主—客互动论”等翻译理论范畴。宏观层次的原则和标准理论范畴（如发生论⟷本体⟷认识论⟷价值论⟷方法论⟷控制论⟷系统论）必须具有与之相论对应的中观—微观层次的中介逻辑范畴将其桥接贯通起来，并由此衍生或推演出一系列相辅相成的概念体系作为辅助性保护概念，用以说明或解释基本概念的理论不足或矛盾性。关于原则、标准、策略等理论概念的范畴化及学理性描写，我们在后面相关章节将深入阐述。

1.3.2 微观技术理论的学理性匮乏特征

成熟的学科理论体系由一系列宏观—中观—微观层次相互贯通的理论范畴所构成。译学研究的微观理论一般体现在实践层面，体现于实践操作与相应的理论认识的桥接层面，包括文本意义生成认知机制与意义形态理论范畴和技术理论等范畴。在我国译学理论研究中，宏观理论研究与翻译实践研究缺乏系统范畴间的桥接性，无论是意义范畴研究或是技术理论范畴研究，都不具学理性基础。如对意义介绍跳不出Leech（1974: 23）划分的七种意义类型，翻译教科书对翻译技法的介绍千篇一律，大同小异，先列出概括性技法概念如增词法、减词法、引申法、正说反译法等，给出简要说明，然后各举三五个译例。以张培基、喻云根等（1981: 39–41）等编的《英汉翻译教程》对“引申法”的介绍为例，该教材将“引申法”分为“将词义作抽象化引申”和“将词义作具体化引申”两大类，然后再各分为两小类：“将具体形象词译为形象所代表的属性的词”、“将特征化形象词译为形象所代表的概念词”和“将抽象概念作具体化引申”、“将特定上下文中含义清楚的词作具体化引申”。这种技法介绍具有随意性、笼统性和局限性，其分类并没有建立在对“引申法”所作的尽可能详尽的范畴化了的经验研究之上，未能较全面地归纳概括出不同形态的引申法表现特征；再者，其分类缺乏相对明晰的特征概括，如什么叫“特定上下文中含义清楚的词”？这等于没有作任何特征概括，怎么能揭示并把握引申对象可感知的形态特征，形成知识结构体系？又怎能形成学理性的技术理论？这种“概”而不“括”的归纳性技法介绍又怎能为翻译实践者把握？或怎能上升到理论感性认识？故从学理性要素入手剖析传统翻译技法理论，我们会发现也有着巨大的拓展空间。笔者认为，译学技术理论必须对大量的翻译实践进行尽可能的归纳概括，并加以技术特征描写，予以经验法则范畴化，即荀子所论的“以道尽观”、“以类度类”或“以一知万，以一行万”（《荀子·非相》），形成一定范围内的区间性规律认识，使其具有可阐释性、可描写性和可操作性的具体化概念体系。下面试以“引申法”为例，从揭示引申对象特征的技法和概括入手，形成技术理论范畴“引申法”的经验模块。图示如下（箭头→表示“引申为”）：

翻译学微观技术理论范畴的学理性要素内容及其经验模块建构 [示例]	
引申法 （开放性技术理论范畴之经验模块）	下位概念→上位概念 抽象概念→具体概念 部分概念→整体概念 单个概念→复合概念 事因概念→结果概念 总称基本概念→上位概念 泛指概念→特指/具体活动概念 行为属性概念→主体+行为属性特征概念 事态概念→特指概念 单独概念→关联性复合概念 行为（活动）概念→关联特征概念 物质实体概念→表物态特征概念 职业特征概念→表职业行为性质概念 物理属性概念→情感属性概念 特征概念→关系概念 抽象概念→形象概念 概括性概念→品质概念 普遍概念→特称概念 ……
技术理论范畴之经验模块“引申法”的学理性要素内容描述	
理论假说	任何一种基于语际转换的技术理论（翻译技巧或方法）都有其特定的思维特质和理据性，这种思维特质与理据都是某种基于经验法则认识的规律性反映，其规律性特点在于它的实践（知识）结构性，并具有认识论和方法论意义上的规律区间性。规律必须通过具体概念予以表征，以便能揭示范畴内认识对象自身属性的本质特征及其相互之间的关系本质特征。

（待续）

（续表）

理论依据	具有经验感知性与心理现实性，以及对现象本质特征的可直观性认识或辨析，并能从感性认识出发，通过概念或命题结构的理论表征，达到对翻译实践客体的理想化要求的规定性。
理论概念	科学定义：引申法是指翻译过程中译者主体对概念固有的语义特征在特定语境中沿着一定维度发生概念语义迁移或嬗变或跨域的能动性操作处理的思维方法； 描述性定义：引申法是指在翻译过程中，当一个概念或命题在转换过程中受语言文化或思维差异的制约时，原语文本的概念或命题在译文语境中发生多维度语义嬗变，原有语义特征发生扩大、引申、增生、转换等； 工作定义：引申法是一种针对意义的语境化流变而辅以相应的技术理论方法论特征的翻译方法，具有可次范畴化（类）的特点，由一系列相互区别、相互联系的范畴家族成员构成。
理论方法	包括特征分析、归纳、抽象、概括、分类、范畴化等。
理论特征	经验感性与理论感性研究相结合，具有下位理论范畴的特点，从属于宏观理论范畴。
理论性质	开放性的微观技术理论范畴，具有可描写性、可阐释性、可印证性和可操作性。
理论任务	揭示语际翻译过程中概念语义发生迁移的种种嬗变现象及其关系特征，并作出描写。
理论职能	解释实践现象、解释对象关系特征、明示操作理据、为翻译实践提供可参照性方法。
理论目标	建立可阐释、可描述、可印证、可操作性的技术理论范畴系统的子范畴和经验模块。
理论条件	需要从大量的实践感性认识出发而获取相应经验法则，共时与历时性研究相结合。
理论局限	局限于对概念语义迁移特征的可解释性、可描写性和可操作性描写等，还需要依赖中观与宏观理论范畴从目的—需求论原则和辅助性准则上给予互补性阐释。

1.4 翻译学技术理论研究范畴的整合与拓展维度

翻译学宏观理论研究范畴着眼于针对翻译活动的基本原理、原则、标准、策略、辅助性准则、可操作性规则以及外部环境制约性等理论研究范畴的公理性推论与建构，而宏观理论的研究与具体阐发依赖于研究者对各种文本类型的功能性特征与目的—需求论特征之间的关系把握。关于宏观理论范畴的整合、建构与拓展，我们将在后几章中进行扩展性讨论。本节着重讨论微观技术理论范畴的整合、建构与拓展维度的基本原理。技术理论范畴与传统教材所介绍的翻译“技法”有所不同，一般翻译教材所列出的技法基本上都是根据翻译现象所作的简单枚举性归纳，如对“增词法”、“减词法”、“引申法”等的介绍基本上是根据翻译现象给出有限的几个译例。其不足之处有四：a）对所归纳对象的本质特征缺乏深入细致的考察与描述；b）对所归纳的对象缺乏开放式技术范畴化建构；c）实例解析缺乏典型性与非典型性说明，单纯为说明技法而运用技法；d）对技法缺乏科学严谨的界定。这种对讨论对象的笼统抽象的概说让学习者只见树木不见森林而难以把握客体的区间规律性。技术性理论范畴侧重于对区间规律性的反映，即研究者对大量的翻译实践或现象（尤其是利用语料库）进行尽可能的归纳概括，并加以技术特征描写，予以经验法则范畴化。例如，翻译过程涉及译者对源语和目的语的语言、文化、思维以及文本等诸种研究对象的属性特征的认识和把握，这就形成“源语理解过程思维形态与理据”和“目的语表达过程思维形态与理据”两大范畴，前者可拓展出文本特征、概念命题、认知激活、语境建构、图式建构、社会文化、关系体验、认识思维等次范畴研究维度，后者可拓展出译语体系、译语语境、译语建构、译语价值、译语文化、译语加工、译语体验等次范畴研究维度。这些开放式的次范畴研究任务在于尽可能揭示和描写不同层次的翻译过程中所关涉的影响和制约形式与内容的意义判断和选择的种种因素，而对诸种因素的区间规律性的把握是以经验模块和理论模块的形式予以表征的。如任何一个文学文本都反映不同历史时期的社会生活、反映特定社会阶层中的人物关系、人物形象及其情感经历以及性格的矛盾冲突等，那么就构成了对源语文本的体验性研究内容，进而形成可拓展的次范畴研究维度。其次，英汉语言中充满了大量的基于各种身体或情感体验所衍生出的表达方式，除了一些约定俗成的、固定的语言形式外，文本中的独特用法往往要求译者在对概念基本含义的准确理解之上，还必须从可体验性或可经验性的层面对其语义的变化作出概括性认识（王寅，2005a; 2005b）。从开放式经验模块建构角度看，其研究内容可构成一个开放性的集合，表征如下：

体验性经验模块 = ∑ { 社会体验、人生体验、情感体验、形象体验、感官体验（味觉/触觉/嗅觉/视觉/听觉）、精神体验、经验体验（间接与直接）、时空体验、关系体验、心智体验、动感体验、角色体验、工作体验、文化共性体验、文化差异体验、视角变换体验，……}

复杂的翻译过程体现为一系列相互关联的思维形式，并具有不同的形态与特征，是一个十分重要的微观理论研究范畴，对翻译学宏观理论范畴的建构与拓展也具有积极的意义。比如宏观理论范畴中所包括“准确”和“忠实”的原则性规约是以翻译实践为对象的，但具体的翻译实践是否忠实或正确必须涉及到源语和目的语概念和命题语义的把握，以及特定语境中概念或命题语义的语境适应性。这就要求一个合格的译者必须熟悉概念与命题思维的特点，而把握概念内涵与外延之间的关系思维对其判断概念或命题语义的语境化意义嬗变具有决定作用。然而，概念的语境化意义嬗变是在种种不同语境制约下生成的，如何探讨这种语义变化的区间性规律并上升到理论模块认识，研究者必须借鉴运用相邻相关学科理论的概念与方法作为认识工具，如概念、定义、外延、内涵、义素、命题、种属、前提、预设、蕴涵、范畴、属性、认知图式、语义场、上义、下义、语义激活、关联推理等。若将思维作为一个开放式经验模块进行建构，其研究内容可形成一个开放性集合，描述如下：

翻译思维形式经验模块 = ∑ { 概念思维、逻辑思维、认知思维、情境思维、形象思维、情感思维、经验思维、关系思维、抽象思维、具象思维、概括思维、关联思维、联想思维、创造思维、变通思维、全景思维、主题思维、文化思维、多维（综合）思维，……}

这些关系思维都可以通过对具体实践内容特征的归纳与演绎，作出一定的区间规律性理论表征。例如下面汉语语句中的概念“介绍”的英译及其英语的对应性概念“introduce”的汉译问题均涉及“关系思维”，我们可通过对若干翻译现象的观察及对其在具体语境中的语义变化特征的辨析，进而以典型归纳为基础，演绎出相应的经验模块。剖析如下：

【例1】老师傅把自己多年的经验介绍给了我。

【例2】市政府官员向他介绍了对塌方事件进行联合调查的进展情况。

【例3】服务员向顾客介绍菜单上最美味的佳肴。

【例4】*Dressing designers* keep *introducing* new *fashions* into the market each year.

【例5】The next *TV program* was to be *introduced* by *Davidson*.

【例6】Last week, a *bail—out Bill* of was *introduced* before *Parliament of the U.S.A*.

汉语“介绍”的词典基本释义为：1）沟通使双方相识或发生联系；2）使了解；英语相应概念introduce的词典释义外延框架为make sb known formally to sb else by giving ... to the other。我们知道，词典所提供的语词概念的基本义是词典编撰者从其最常用的方式中抽象概括出来的，语词概念的特殊用法取决于其特定的语境关系，即使是词典给定的义项的抽象概括也是从特定语境中抽象概括出来的。这种特定用法的语义往往与概念的外延语义结构特征有着紧密联系，而语境化意义则是对该概念基本词义特征的抽象与充实。如我们可将英语“介绍”和“introduce”的基本词义抽象为外延框架：X make Z known to Y, 其中X 与Y就是两个关系参数，Z可称为“对象关系参数”（当指人时），也可为“关联参数”（当指事物时）。我们可称X，Y，Z所占的位置为该概念语义结构中的“义槽”（slots），在不同语境使用中，义槽X，Y，Z均可被具体的身份特征的“某人”替代，Z亦可被不同的内容所置换。其区间规律性认识是：在翻译选词择义过程中，不同身份的X，Z和Y之间的关系特征或与Z的关联性，都能从经验常规语言表达（Empirically Conventional Expressions, 简称ECEs）上制约或影响着译者对make ... known（沟通）的方式与性质的认识，从而使动词V（=introduce/介绍）其获得相应的语境化含义充实，从而形成不同的意义形态（meaning forms），可表征为M1, M2, M3, ... M—n。我们将这种经验常规性的语言表达形式视为翻译“介绍”和“introduce”的过程中选词择义的语境“适切性”。如：

【1】{X=[具有经验的] 老班长；Y=[徒弟] 我；Z=经验} →ECEs
ECEs = 介绍→ M1（pass on，传授）

【2】{X=[市政府] 官员；Y=[上级官员] 他；Z=事故调查进展情况} →ECEs
ECEs = 介绍→ M2（report, 汇报）

【3】{X=[餐馆] 服务员；Y=顾客；Z=最美味佳肴} →ECEs
ECEs = 介绍→ M3（recommend, 推荐）

【4】{X=时装设计师；Y=[消费者] 市场；Z=新潮时装}→ECEs
ECEs = introduce → M4（推出，promote）

【5】{X=[电视台主持人] 戴维森；Y=[观众]；Z=电视节目}→ECEs
ECEs =introduce → M5（主持，host）

【6】{X=[美国政府]；Y=美国议会；Z=救助方案}→ECEs

ECEs =introduce→M6（通过，pass；get through）

(* 中括号 [ ] 内的语词角色表示语境中的隐性关系角色)

这样，我们就可以根据这些典型实例所体现的关系思维特征，对凡是通过以人物的社会关系身份特征及其关联性参数影响或制约动词概念的语境化含义充实（CR）的翻译现象演绎出抽象化的经验模块建构：

Rs{（X,Y, Z）+（Z）} → V（CR）= ECEs {M_1，M_2, M_3, ··· M—n}

*（Rs=social roles;（Z）表示或然性关联参数；CR=contextualized meaning replenishment; M=meaning form；箭头表示制约关系或映射机制）

上述形式化经验模块可演绎性表述为：

设语句S有动词V, 且该动词V在语句S中受制于带有身份特征的关系参数X，Y和Z或关联参数Z, 则动词V原有的基本语义结构中的义槽（slots）X和Y和Z被填充（具体化），其原来抽象化了的基本语义结构的义槽得以获得语境化含义充实，这种关系参数使得语句S中的动词V产生关联性的经验常规语言表达式ECEs, 并以形式M1或M2或M3等呈现于目的语译文中。

上述经验模块的形式化建构旨在反映一种对翻译活动区间规律性的认识，使此类翻译现象的译文形式具有可预测性。即：

在特定语境C下，必定有若干关联性参数Ps将其语义特征SF（Semantic Features）或关系特征RF（Relational Features）映射给操作单位U，使其获得符合经验常规意义ECEs的表达式M。

它不仅揭示了翻译现象背后的本质特征，同时也解释了译者选词择义的经验性理据。同时，该经验模块还可以上升到理论模块建构层面予以深入认识，如我们可从语境参数论理论框架内作出进一步理论表征。关于语境参数论，可参看本书后面相关章节讨论。翻译活动的技术理论范畴涵盖十分广泛，尤其是经验模块的建构涉及理解与表达的方方面面，其研究内容十分丰富，能有效地将对微观翻译实践的区间规律性认识与宏观翻译理论阐释紧密结合起来，不仅从主观与客观两方面揭示翻译活动的本质特征，而且可凭借无数的经验模块和理论模块充实翻译学学科理论体系，使其获得坚实的客观基础。下面将经验模块和理论模块可能涵盖的研究层次与内容图示如下：

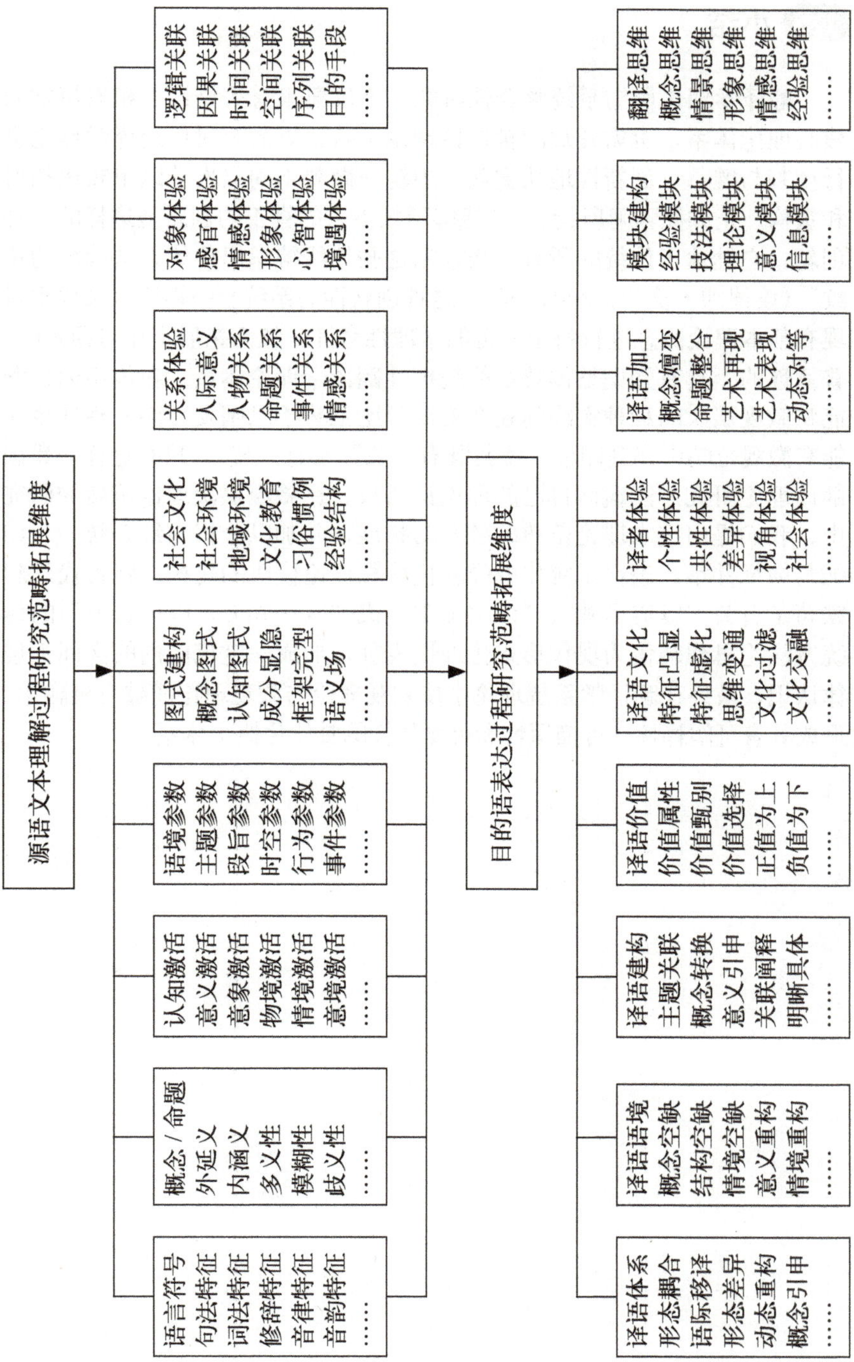
源语文本理解过程研究范畴拓展维度
语言符号
句法特征
词法特征
修辞特征
音律特征
音韵特征
……
概念 / 命题
外延义
内涵义
多义性
模糊性
歧义性
……
认知激活
意义激活
意象激活
物境激活
情境激活
意境激活
……
语境参数
主题参数
段旨参数
时空参数
行为参数
事件参数
……
图式建构
概念图式
认知图式
成分显隐
框架完型
语义场
……
社会文化
社会环境
地域环境
文化教育
习俗惯例
经验结构
……
关系体验
人际意义
人物关系
命题关系
事件关系
情感关系
……
对象体验
感官体验
情感体验
形象体验
心智体验
境遇体验
……
逻辑关联
因果关联
时间关联
空间关联
序列关联
目的手段
……
目的语表达过程研究范畴拓展维度
译语体系
形态耦合
语际移译
形态差异
动态重构
概念引申
……
译语语境
概念空缺
结构空缺
情境空缺
意义重构
情境重构
……
译语建构
主题关联
概念转换
意义引申
关联阐释
明晰具体
……
译语价值
价值属性
价值甄别
价值选择
正值为上
负值为下
……
译语文化
特征凸显
特征虚化
思维变通
文化过滤
文化交融
……
译者体验
个性体验
共性体验
差异体验
视角体验
社会体验
……
译语加工
概念嬗变
命题整合
艺术再现
艺术表现
动态对等
……
模块建构
经验模块
技法模块
理论模块
意义模块
信息模块
……
翻译思维
概念思维
情景思维
形象思维
情感思维
经验思维
……

1.5 小结

翻译学理论亟需系统整合性研究，不仅要求有统摄性、相对恒定的核心理论体系，也需开放的辅助性理论范畴，更需要对传统译学理论进行批判与继承，创新性地从宏观—中观—微观不同层次予以范畴化拓展和重构。正如佩索阿所指出："能够延续下去的真正的创新是这样的一种创新，它继承了传统的所有纱线，用这些纱线编织出传统无法编织的花纹"（埃德加·莫兰，2002: 90）。这种创新性的系统整合性研究又要求对现有基本理论概念进行科学规范的学理性考证，继而拓展出相对稳定的、普适性的、具有知识整体特征的统摄性翻译学理论体系。在体系内，既能将微观层次的种种实践问题在宏观理论范畴予以阐发，而宏观理论又能在微观范畴中得到印证，使其既有"源"又有"流"，只有这样，我国翻译理论研究才能赢回自己的理论话语权。在微观层次理论范畴的研究中，我们提出技术理论范畴的整合与拓展，并加以分析与综合统一、归纳与演绎并举，进行系统化的经验模块和理论模块的建构，将古代思想家荀子有关"以道尽观"、"以类度类"或"以一知万，以一行万"的传统方法论思想转化为现代形式化理论表征，形成一定范围内的区间性规律认识，最终在翻译学系统理论中使宏观理论与微观理论能够有机融通，形成具有可阐释性、可描写性和可操作性的具体化概念体系。

第二章
翻译学意义研究的现象学基础

现象是被直观到的，作为本质的现象是通过对特殊事例进行体认或直观得到的。现象学分析的每一步工作就是把经验性对象先转化为现象或现象本质。本质存在于对象的意义结构中心，不与特殊存在物相对，而是与其他本质相对。现象不是存在的，而是意义论的。

——胡塞尔

2.1 引言

意义问题不仅是翻译学研究的重要课题，也是语言学和哲学研究的重要内容。意义的哲学观能更加合理地解释翻译活动中意义的本质问题。如何融通相邻相关学科理论认识，尤其是有关意义的哲学观，深入探讨翻译学理论所关涉的意义问题，具有重要的认识论意义。无论是翻译理论研究或是实践研究，都不可避免地涉及意义的研究。无论是传统翻译理论原则“忠实”或“准确”或是现代建构主义翻译观（吕俊、侯向群，2006；谭业升，2009），都将意义作为核心内容进行讨论。脱离了意义这个本体论与认识论相统一的范畴而孤立地讨论译者主体实践活动的原则或标准，是没有实际意义的，因为“忠实”原则的核心就是有关意义理解与表达的忠实性或信度问题。中外翻译理论文献都突出了“意义”的重要性，意义论提及最多。如西方翻译理论家们论及的*semantic* translation，closest natural equivalence, total equivalence, equivalence in difference;（Newmark,19; Nida,1964; Albrecht,1973; Jakobson,1996）；在我国传统译论中，有支谦的“务失厥义”（《法句经序》）；玄奘的“直译意译，圆满调和论”（《梁任公近著，第一辑》中卷115页）；严复所论的“译文取明深义”、“意义则不倍本文”；马建忠所论的“所有相当之实义，委曲推究”（《拟设翻译书院议》）；王宗炎（1984）指出的“辨义为翻译之本”。刘宓庆（2005）认为，“中国译界一直将忠实的意义（内容）转换、传送、解释等各种代偿性转达形式作为对策之第一要义，务使“万变”（mode）不离“其宗”（meaning）。这就是中国翻译传统中的核心价值或价值核心。”

2.2 语言学与翻译学视角下的意义观

在翻译学研究中，这个受到高度重视的具有核心价值的“意”与“义”构成的“意义”研究仍然具有经验性和散论性，大多数是有关意义的观点或主张，未能对意义的本质特征与关系形态作出深入系统的研究，尤其是与主观规约性的宏观理论——原则与标准之间的关系问题仍没有得到深入的研究。如“语义翻译”所译的是什么意义？意义论下的equivalence（对等或等值）的本质是什么？若为“对等”，对等的是什么？若为“等值”，如何认识“等值”的“值”与“义”或“意”的关系特征？“意”与“义”有何区别以及有何关系？实义之“委曲推究”的推究程序与思维的关系以及如何做到“意义则不倍本文”并给予可描写性和可证性？双语翻译中的意义研究与翻译原则或标准有何互动性关系，或关涉意义的忠实和求信原则理论的本质是什么？针对意义的模糊性、歧义性、缺省性等，原则理论又如何对意义的传达作出何种策略性认识（Wittgenstein, PI, Prt I, §§43, 197, 595），等等。对这些问题的学理性研究都需要哲学的理论指导才能深化认识，拓展出新的理论研究范畴。

就翻译学理论而言，意义研究是其系统整合性研究必须跨越的一道坎。缺乏对意义深入研究的翻译学理论无疑是不完备的。在语言学和译学文献中，对意义的论述不胜枚举。谭载喜（2000: 55–60）结合国内外相关观点，将语义的解释归纳为四种：心理主义的定义、语言学的定义、符号学的定义和翻译学的定义。心理主义认为“语言意义是一种心理构成、是实物、现象和关系在意识中的反映，属于人的意识领域的思想范畴”，这种意义观将语言的意义视为事物与意识的统一体，具有思想的特性，即语言的意义具有帮助人进行思考或思维、表达自己的想法和意见等的功用。美国语言学家布龙菲尔德（1943）在（《论意义》）一书中认为，“言语形式的一切表述中所共有的场合和动作特征即是该言语形式的意义”，这种意义观将语言使用的语境作用和语符形式的使用中所附带的行为特征化所理解的内容视为意义，是对语言意义特征的一种凸显，是从某个侧面进行认识的结果。美国语言学家哈里斯（1940）则认为给语言形式的意义下定义的最好方式就是“把它描述为使用该语言形式的一系列的场合”，这种认识观是对意义本质特征的反映，对理解意义的条件进行了限定，即语言意义使用的场合对语言形式的使用或选择具有制约性，这是从语言的社会交际角度对意义表达的本质特征的一种描述。符号论者认为，“任何语言符号的意义是把该符号翻译成另外一个符号，特别是翻译成另外一个更加发展成熟了的符号”（Jakobson,1959: 232–233），前苏联翻译理论家巴尔胡达罗夫在（《语言与翻译》一书中认为意义是一种关系，“符号同符号之外的某个东西的这种关系就是符号的意义。……‘了解’某个语言单位的‘意义’，就是理解该单位说明的对象，即‘它所标识的东西’”（1985: 37）。谭载喜（2000: 59）从翻译学角度给意义进行了界定：“实际运用中的语义是指存在与言语符号同该符号标志物之间、同符号使用者和使用场合之间以及同其他符号等因素之间的关系”，强调了语言使用过程中语义的关系性。此观点在刘宓庆所著的《中国翻译思想史研究》（2005: 62）一书中得到进一步阐发，强调了翻译过程中动态意义的表达，即“实际语言交流中动态的意义”。笔者认为,在认识意义或考察有关研究者对意义的界定或描述时，应区分“语义”和“意义”这两个既有区别又有联系的概念，语义之“义”和“意义”之“义”是指概念或命题自身的或固有的意义，即在一种语言文化的历史发展中被逐渐固化或约定俗成了的意义，具有一定的普遍规约性，属于语言共同体日常生活中共用的、形式与语义的统一体，如英语中的“help！”（汉语相应表达式：“救命！”），“No Smoking！”（汉语相应表达式：“不准抽烟！”），“He feels blue today.”（他今天显得闷闷不乐），“When he was critisized he saw red.”（他受到大家批评时不禁感到很恼火）。

“意义”之“意”是一种基于语“义”之上的附加性含意，在日常话语交际或在翻译理解过程中，这种“意”往往需要读者或译者对其进行感知、知觉、辨析、加工、析取、概括和综合等。如：

> A Bite of China is filled with mouthwatering images of food ranging from haute cuisine to local delicacies, the documentary captures the beautiful and refined process of food—making. The program is sure to attract both food buffs and ordinary audiences.
>
> The *bonus* is, the show “A Bite of China” is not only about dishes. Every episode will *highlight* different people, who will tell stories about

their *adventures* with food.

上述原文中的bonus 的约定俗成的固化语义是：payment added to what is usual or expected（额外报酬或津贴；奖金）。但是，类似于bunus这样的实体指向的语言符号在日常使用中，人们还可以用来指称抽象化了的观念或由物质实体带给人的所共享的情感特征，从而获得情感意义。如人们在正常工资之外得到的津贴或奖金（extra payment / money），一般都会表现出某种程度的“欣喜”或“惊喜”，而这种“欣喜”或“惊喜”的情感意义便被附加于bunus的基本语义之上，使其得到一种附加的情态化了的语“意”（sense）：anything pleasant in addition to what is expected（《牛津高阶英汉双解词典》）。在零语境或相关语境下，语符bunus的基本语义可以被认同，其附加语意则是随特殊语境而定的。上述译文是：

《舌尖上的中国》还带来意外的惊喜，它呈现的不仅是各式各样的美食，它每集都聚焦于不同民俗文化的人群，讲述着他们与美食的种种奇遇。

从上述实例分析看，我们对语言意义的认识应是十分丰富的、具有层次的、概括综合的，因为语言符号或形式的常规语义或约定俗成的表达义在使用过程中会发生种种变化趋向，会产生一定的心理活动的、身体感知的、情感体验的、价值观念等的附加意。这样，我们在给“意义”以下定义的方式进行界定或描述时，应深入考察语言符号或表达式的基本语义特征及其与附加语意特征之间的关系。

给某个事物或认识对象下定义的方式有种差定义（外延+内涵）、描述性或说明性定义、辅助性定义、发生论定义、替代性定义等。上述四类定义中，心理学的定义具有种差定义的特点，给出了外延（意识反映或思想）和不甚明确的内涵特征（心理构成和实物、现象和关系的统一），其他基本上都是说明或描述性定义。心理学定义将语义视为一种心理构成，这种构成就是通过意识反映出的客观事物、现象及其关系，或通过语言表达出的思想的外化形态（声音的或书写的语言形式），是语言形式与内容的统一。这种意义观揭示了意义的表达与理解的本质特点，具有主客观互动的反映性，但在内涵上未能明确地说明语言材料（语词、概念、命题语句、语篇等）自身的意义是如何的一种心理构成，也未能说明意义、意识和思想之间是一种什么统一关系，仍有待于给予进一步的描述性或辅助性定义的解释。龙菲尔德所论的言语的意义是指使用中的交际意义，将其泛化为语言使用的共有场合和特定场合中语言使用者身体语言所表达的意义，即日常交际中的语境意义。这种意义观侧重于日常会话中伴随着身体动作特征的表达意义，是言语意义和非言语意义的统一，强调了理解的语境条件，未涉及书面语言意义的本质特点，也未能明确“意义”的本质特征。哈里斯所论的语义与龙菲尔德的语义论相似，是指场合中使用的语言的意义；雅各布森所论的符号意义实质上是一种替代性定义，符号的意义就是符号间的翻译，或用另外的符号（尤其是成熟的符号）去“替代”某个（些）符号。如词典列出的词项（语言符号），都有相应的释义，有的是语词释义（即用同义词或近义词等替代），有的是用短语或语句（语言符号束）释义，这种释义也是一种翻译形式。这种意义观只是说明了一种现象而已，无助于说明意义的属性和本质特征。巴尔胡达罗夫的意义观实质上是用不同的语言表述说明意义的指称观，缺乏对意义本质特征及其表达与理解的深入探究。谭载喜的翻译学定义强调了语义的使用性，认为使用中的语义是一种关系网络中表达的语义，这种关系网络涉及语言符号、使用者、使用场合、其他符号，翻译中对意思的处理就是对这个关系网的处理（2000: 60）。这种意义观实际上是认知语用学的意义观，所谓的“处理”就是一种认知加工，揭示了语义的动态性。但没有区分“义”与“意”，也没有给出辅助性定义以进一步说明二者之间的关系。刘宓庆（2005: 155）指出，许多意义论者“对意义的描写趋于静态化”，说“‘翻译即译义’是将‘意义’僵化和泛化”，对翻译来说，“词语的意义应指交流中的动态意义。强调言语交流中定夺、把握意义，突出交流机制（交流目的、对象、方式、预期效果）对语义的动态调节”。此种意义翻译观强调了意义的交际性、目的性、调节性、动态性等属性特征，不过从翻译实践来说，翻译过程中既存在静态的“译义”，其属性特征值得研究；也存在动态意义，但究竟是何种“动态”意义，或如何反映并揭示其本质特征，具有认识论和方法论的理论价值和实践研究意义，值得深入探讨。

Daniel Chandler（1995: 6）提出文本意义的连续统的观点，即完全确定的客观主义意义（完全在文本中传递）→（不确定性的）建构主义意义（在文本与读者的相互作用中协商）←完全开放的主观主义意义（完全在读者的解释中再创造）。谭业升（2009）以此为基础，论述了翻译中的认知建构性问题。建构主义翻译观触及了意义的动态性，其中建构主义意义就是一种动态的意义生成，反映为一种协商性的主客互动机制。建构主义这一翻译观具有诠释学基础，意大利学者埃米里奥·贝蒂在

1962年发表的“诠释学问题在当代意识中的地位”中提到文本阐释过程中的理解与解释涉及对意义的重新认识（re-cognition）和重新构造(re-construction)：

解释过程中的主体和客体，即解释者和富有意义的形式，与任何认识过程中可以找到的主体和客体一样；只是在这里它们是被这样一些特征所刻画，这些特征来自这一事实，即我们并不研究任何客体，而只研究精神的客观化物，所以进行认识的主体的任务就在于重新认识这些客观化物里的激动人心的创造性的思想，重新思考这些客观化物里所蕴含的概念或重新捕捉这些客观化物所启示的直觉。由此推出，理解在这里就是对意义的重新认识和重新构造 ——而且是对那个通过其客观化形式而被认识的精神的重新认识和重新构造。(洪汉鼎，2001: 129)

所谓的“对那个通过其客观化形式而被认识的精神的重新认识和重新构造”实质上是一种文本意义的建构性，它指向文本中富有意义的形式的体验与建构性。如果说作为一种历时性的文本在被阅读理解和翻译转换过程中接受读者或译者的协商和意义建构，其历时性文本的客观意义必然被视为是不自足的文本意义，是有待于在语境中重构的意义，必然经历读者或译者对概念或命题意义的辨析、捕捉、选择、排斥、加工、重新阐释等过程，从而产生种通过协商而建构出的“意义”，亦即重新认识与重新建构而产生一种“当下的暂构意义”（曾利沙，2001，2002)，必然具有一定的主观性和一定的客观性，具有历时性特点。若此，那么在译文中所建构的文本意义与原文本的意义具有何种关联性并具有何种本质特征，值得深入研究。

明确意义的本质问题涉及语言意义的历时与共时性研究，能帮助我们更好地认翻译学意义研究的层次性与理论研究范畴的建构性。例如，从语言习得角度看，无论是母语或外语，我们首先是从词汇和语句开始学习和模仿的，并用以指称客观世界的事物、事件或社会生活关系等，或表达一些交际行为意义。按照奎因的行为主义观点，即语言意义的习得是通过外部关联性刺激而获得的（陈波，1998: 64)。这些语言形式的特点是：(1）是约定俗成或可沿用的，是给定了的历时性意义；(2）具有重复性、稳定性、主体间性。大多数语词的概念语义都在词/字典或实用手册中给出，常用交际性语句积淀为套语、惯用语等，为整个民族语言使用者所共享，其形式与意义无疑是静态的、缺少变化的。但语言的词汇、概念、语句是有限的，其意义使用的情况是复杂的，我们在使用语言及其意义的过程中，并不完全是简单地重复或模仿使用约定俗成的、特定交际语境中的句型。人类语言表达的抽象性、间接性、经济性、不完整性、缺省性、语境性、关系性、丰富性、发展性、求新性、暂构性等使得语言有限的概念与语句的运用变得不稳定，往往发生多义、歧义、模糊、变异、陌生化而具有动态性特点，使得人们对语义与语意的理解必须经过一定的直观感知过程，需要在思维中对其进行推理等认知加工和建构。语言意义的这些特点构成翻译学意义研究中的重要理论范畴，是进而深入研究宏观理论的学理性基础，只有将微观认识层面的意义研究与宏观层面的抽象翻译原则或标准的规约性关系联系起来，才能从整体上作出更充分的解释。正如刘宓庆（2005: 294）从黑格尔的“没有整体就没有个体”的论断中认识到翻译学整体研究的迫切性，因而提倡翻译学的整体观（holism），建议关注整合性研究，并认为整体发展的素质决定个体。

从学理性看，译学理论的整体性研究并非罗新璋（1982）所论的理论整体：案本——求信——神似——化境。他认为：“这四个概念各自独立，又相互联系，依次发展，构成一个整体”。案本、求信、神似、化境在性质上均属于原则或标准的范畴，具有主观性、推论性、感知性、印象性特点。所谓依次发展只是时间轴上的发展，其联系只是宏观层面的主观规约性联系，缺乏微观层面的意义研究范畴，不能构成一个科学的翻译学理论整体。而意义研究则包含了发生论、本体论、认识论、价值论、方法论层面的内容，是认识结构、实践结构、方法论的统一，翻译学系统理论的整体性必须包括意义理论研究范畴及其哲学基础。

笔者认为，翻译学理论整体的特质就是一种可范畴化的框架系统，即理论个体以范畴和次范畴化的形态为理论表征。也就是说，翻译学理论范畴体系的整体性总是在个体范畴发展中得到充实和完善，整体范畴的充实和完善又能促进个体范畴的优化，包括每个个体范畴的质的优化和个体范畴与整体范畴的关系以及个体范畴与个体范畴的关系的优化。在个体的理论范畴研究中，宏观层次的个体范畴如原则或标准范畴的研究以微观层次的个体范畴——意义理论范畴等为前提。意义范畴研究不充分，对原则或标准范畴质的认识就不会充分。因此，意义范畴问题是翻译学系统整合性研究中不可回避的重大理论问题，是其学理性基础中的核心内容。下面拟从胡塞尔的现象学角度去认识翻译学研究中的意义理论范畴与原则理论范畴的关系，以便更好地认识传统翻译理论中所论的主观原则或标准的特质，并加以重构。

2.3 现象学视角下的意义观

胡塞尔（Edmund Husserl，1859–1938）现象学思想发展经历四个阶段：经验现象学——纯粹现象学——先验现象学——生活世界现象学。其萌芽源自于布伦塔诺（Brentano, 1838–1911）的“意向性”理论，即任何心理现象都是一种意向性活动，即对某个内在对象的指向和提现。但这个基本的意谓－被意谓的构造是存在于一切心理或意向性活动中，而不是存在于物理现象中。心理现象指的是表象活动本身，而物理现象则仅是被表象的东西。心理现象是将物理现象包含于自身之内的更复杂的一种现象。所以，任何一种心理现象或表象活动必然有一种物理现象所没有的内在的双层结构，即表象过程、被表象的东西以及两者之间的关系，而不管这种被表象者是否实际存在。于是，布伦塔诺选择了“意向性”这一概念来刻画所有表象活动和心理现象都具有的这一特性。他写道：“每一心理现象可以用中世纪经院哲学家所说的对象的意向性的（亦即心灵的）内存在，以及我们略为含糊地称之为对一内容的指称、对一对象（不一定指实在的对象）的指向、或内在的客体性这样的东西来刻画。”

布伦塔诺的“意向性”思想给胡塞尔想要寻求的“作为严格科学的哲学”提供了理论基点。理由之一是从中找到一个无可怀疑与预设的绝对确定性，以及从中发现某种可以构成客观性的机制。无可怀疑的确定性只能在人的内知觉或意识中找到，而意向性的内存在是作为一切心理和意识的活动的特性提出来的，因此是具有绝对确定性的纯粹现象。理由之二是意向性包括一个双层的表象结构，即表象行为、被表象的东西以及它们之间的关系，这就提示出了一种“构成”的机制。对胡塞尔而言，每个现象中都有这样一个构成纯意义的“意向性结构”。它不是任何传统意义上的现成物，既非经验主义的现成物（感觉印象），也非唯理主义的现成物（理式、范畴），而必须在体验中被意向性地“构成”、“充实”，或本真地给与的“意向意义”和“充实意义”。总之，由于现象不再被认为是现成给予的，而是在一个连续意向之“流”或“上下文意境”中构成的，这现象本身就必已包含了这种构成所给予的意义，以及这种“意义”上的本质。

胡塞尔还提出“构成性的边缘域”（Horizont）的思想，用以说明意向行为或意识作用是如何构成意向对象或一个意识的统一体。“对于任何物的知觉总是带有这么一个背景直观（或背景观看，如果‘直观’总是包含被朝向[一个东西]的状态）的晕圈。并且，这也是一种“意识体验”。

简言之，这也是一种“意识”，特别是“对”所有那些处于被同时观看到的客观背景中东西的一种“意识”从这段话中可看出，胡塞尔有关“对某物的意识”与“体验的构成域”是紧密相关的。通过这种域的构成，意向对象而非仅仅感觉印象才成为可能，因为它使一个个的知觉经验从一开头就以某种隐蔽的、边缘的、前伸后拉的方式交融（但非混合）为“一气”，不仅与刚过去的经验保持着相互构成的关系，而且为可能有的知觉“准备下了”与已有知觉的意义上的联系。也就是说，当我们去直观某物并形成意向性（心理表象）活动时，便开始了一种对某物（被表象物）的体验性，这一被体验的或被表象的对象物在直观中形成一个视点，这个视点物以其某种被直观到的颜色、某个被观照面的形状或某些显示出的特征呈现于我们的视域内。问题的本质是，我们直观或感知某个处于特定时空背景之中的物体并不只是静止地、瞬间地、单向地去感知该物，而且还从我们过去的经验中、从现时的共现背景参照物中、从未来可能延伸的视域中去感知该物，以便获得对该物的一个多维视域的直观与感知。这种时空中的意识活动都是一种时间体验，而每一时间体验都有这样一个结构，即以“现在”为显现点、以“未来”和“过去”为边缘域的连续流。时间体验不可能只发生在一点上，而必然带有预持（Protention）和对过去的保持（Retention）。这三相时态从根本上就是相互构成和维持着胡塞尔在《论内时间意识的现象学》（1928年）中的现象学思想。

胡塞尔的这一现象学思想为我们研究和探索翻译过程中有关文本意义的理解、生成、建构、确定、转换等意向性活动提供了富有启迪意义的研究路径。据此，我们可拟构一种现象学视角下文本意义解读的图景：文本是由N个词句构成的意义整体或语篇，作为语言符号，每个词句都是一种属于心理现象的表象或意识之物，或者说是对概念内容（客观实在之物）的指称，对某一对象（非实在性对象）的指向。当译者（读者）阅读文本时，文本的语言符号表达的内容作为内在的客体进入其直观感知活动中，这种“指称”或“指向”不等于其被指之物，而只是以一种“意向性”的意义被理解。由于意向性包括一个双层的表象结构，即表象行为、被表象的东西以及它们之间的关系，这就提示出了一种“意向性结构”的机制。这种“意向性结构”所昭示的意义不是传统意义上的现成物（被词典或社群所固定的指称或指向意义），既非经验主义的现成物（感觉印象），也非唯理主义的现成物（理式或范畴），而是必须在体验中被意向性地“构成”、“充实”或本真地给与的“意向意义”和

“充实意义”。体验过程是一个在具有特定背景视域内所体验到的意向性活动，故从这种意义上说，文本的意义是一种动态的意义给予的行为。例如：

【例1】There is nothing in the high comedy of the world so admirably comic as the special department called Fame. ...（《八级统考模拟题集》，谢明等编，天津科技翻译出版社，第110页）

【例2】Short sales and other measures are starting to clear the backlog. …（*A Solution to the Housing Crisis Could Be at Hand*, from BusinessWeek, February 08, 2012）

求解：department = ?　（?=语境嬗变义或有待充实的、动态的意向性语义）

求解：backlog = ?　（?=语境嬗变义或有待充实的、动态的意向性语义）

在上述引文中，语词department 和backlog具有传统意义上的指称意义或指向：department 指称“政府、企业、商店、大学等的若干分部之一”，或指称“活动或知识领域”，或指称“行政区域”；backlog指称或指向“大量积压待办之事或之物”。这是过去经验感知的心理表象。然而，department 和backlog在此文本中不具有传统意义上的被词典或社群所固化的指称或指向意义，也不指向经验主义所感知的现成物，而必须是在译者（读者）当下的意义体验中被意向性地构成并给与意义充实。这种有待于被本真地给与的“意向意义”就构成一种意义期待，一种意义求解的心理机制。这种心理机制被置于一种文本的视域之中，它要求我们不宜将直观感知视点纯粹地、经验性地（过去的经验感知）置于心理表象和被表象物之上，囿于对它的状貌、颜色、特征等的把握，而是要从现时的共现背景参照物中当下地进行体验，再根据当下的文本中体验到的意向意义对这两个语词概念进行意义充实，形成当下的心理表象，指向当下的指称或指向——被充实的意向性意义。比较典型的实例常见于文学作品，如小说中描写人物或事物的词句的概念或命题语义指称或指向在时空之维中往往是流变的，同一语词或语句在不同的情景中出现，其意义就不能纯粹当作以往经验感知之意义去理解，而只能是以往经验的延伸，以当下被体验到的意义（隐含着或包含着以往的意义）去赋予。如《傲慢与偏见》中，作者用了128个manner(s) 去刻画不同情景或场合中主人公的特定性格与状貌。从翻译的角度看，译者只有从当下情景或场景的体验中才能理解和确定manner(s)的意义，而这种从当下共现背景参照物的视域中得到意向性意义就是对manner（s）的意义充实。这就是胡塞尔现象学视角下的意义观，一种基于当下可体验的意义充实观，对我们进一步考察文本的本真意义的理解与翻译表达提供了一种哲学视角，为建构主义的意义观提供了可供描写和分析的阐释理据。

2.4 现象学视角下文本的意指观与含义充实观

在翻译学理论与实践研究中，我们必然会面临着如何看待语言材料或文本的意义辨析及其翻译问题。在传统意义上，大致有三种情况：一是在翻译实践中，译者一般凭借记忆中的词汇语义和语法关系，或结合词典释义以及上下文语境来确定词句的意义，我们倾向于认为是对文本的一种客观意义的表达；二是当遇到意义不定的模糊、隐晦或歧义性词句时，译者依据文本主题或意图，结合自己有关双语社会历时文化知识和有限经验作出意义判断和选择，我们会认为这是具有一定的主观性的意义表达，因为判断和选择的适切性取决于主体的认知能力和整体把握能力；三是若译者对原文特定语境中某些具有作者个性特征或陌生化的词句的理解与翻译发生困惑，一时找不到准确的解读意义而需要较长时间的深入思考才能得出翻译结果，有的学者认为这种翻译过程是一种需要灵感的艺术创造过程，具有鲜明的译者主体性特征，而这种艺术创造是没有规律可循的。前两种对意义的理解与表达实质上预设着原文文本存在着若干有待于选择或确定的意义形态，是先在地存在着的，只不过是需要译者主体借助文本内外的一些文化经验知识作为参照物来确定其中某个适合的意义而已。第三种情况只是对不同现象的说明，这种延时性的灵感显现的现象只不过是说明译者个体的局限性，表现在个体译者的相关记忆短暂中断，或社会文化背景知识不足，或缺乏相应的生活经验和体验等因素所致。这种即时与延时之间并无本质差别，因为在延时过程中，译者也面临着N种选择，其过程是一种不断自我否定的过程，其冥思苦想出来的结果也必然会被个体译者认为是一种合适的或最合适的译文。如何对这些过程进行深入认识，如何充分反映文本语言符号、符号意义、所指对象、意义生成、意义确定的本质特征及其关系特征，以及主体与客体之间的互动关系，并在此基础上对规约性的翻译原则理论做出合理的反拨和修正，是翻译学理论研究所面临的哲学思考，也是翻译学理论科学发展的重要前提。笔者认为，胡塞尔的现象学理论中的“意指”观与“含义充实”观为此提供了一种可行的阐释视角。在胡塞尔现象学视角下，文本的“意指性”得到深度发掘。下面我们讨论胡塞尔的现象学视角下的“意指性”、“含义”、“含义充实”等基础概念，藉此探讨翻译活动中有关意义的理解与表达的关系问题。

“意指”是指对某些凸显出来的感性材料的朝向、统摄并赋予意义。意味着对某物的指向，并不包括这个指向的充实；有待于充实的概念，只是“含义意向”。意指本身还不是确切意义上的认识，它可在直观中被充实，也可是空泛的[1]。从语言运用角度看，此处所说的“材料”可理解为呈现于受众的直观感知之中的特定文本中的语词概念或命题语句，任何语词概念或命题语句都有其相对稳定的基本语义，即“意向”，是静态的意义体现。这种静态的基本语义或意向相当于传统语言学所论的指称意义（指称对象），或者说是一种人类思想观念形态的客观转化物。当这些材料被使用时，其静态语义就凸显出来，凸显就是一种对某物的朝向或指向，有待于对其进行含义充实。在胡塞尔看来，意向只是一个未定的概念，比如“我昨天进城了”（I went to town yesterday.）中的“我”这个指称概念指向一个不确定的、空泛的自称概念；“城”指向“有大量人口居住的地方”或“人口中心地区”这样一种抽象而空泛的地域概念；“昨天”只是时间流中的某个空泛的“时段”。它们只能在当下体验中才被确定，之前只是以“含义意向”的形态存在着，是一系列有待于被凸显和指向充实的概念。例如，“我”必须被一个在特定时空中的、当下可体验性的对象来充实；“城市”必须被一个具有坐标特征的空间区域来充实；“昨天”必须以某个特定的“今天”为参照物进行含义充实。整个语句必须被一个具有连续运动的个体事件来充实。比如，“I”的含义可由美国北卡州一位名叫Jack的男子充实，“town”可由Raleigh充实，yesterday可由July 14, September充实，went可由driving（a car）充实。故该语句在语境中的含义被充实后则成为：“I, Jack, drove a car to Raleigh in the morning on July 14, September.”。

再以例1和例2中的语词department和backlog的语义（指称或指

1 在胡塞尔含义学说中，陈说的意义独立于这样一个问题：人们所陈说的对象属于被言说之物的范畴，而且它的统一性和同一性取决于所有那些被言说和已经被言说的东西的语境。因此，与这些对象的关系不仅是通过他们所包含的“述谓规定”而形成的，而且也是通过陈述者的共同体以及通过他们语言的文化传统而形成的。

向）为例，其概念语义的“意向性含意”是基于词典给出的若干释义，是历时地给定了的相对稳定的有限义项，各义项给出的定义或释义是由内涵和外延两部分义素构成的语义框架。在进入两个语句表述之前，department和backlog只是体现为对某物抽象性的含义意向，没有特定的朝向。当其进入语句表述中被我们所直观感知时，它们的语义指向就凸显出来，并发生朝向，有待于对其进行含义充实。然而，这种凸显出来的、带有朝向的含义充实在主观上取决于认知主体，客观上又受制于表述中某个（些）统摄之物，只有在统摄之物的导引下认知主体才能完成赋予department和backlog的这两个概念语义指向的含义充实。胡塞尔所论的统摄之物是什么，这也是值得研究的一个重要课题。在对上述语句的直观中，department发生了语境化嬗变，不能机械地沿用词典给定的三个抽象的义项释义，只有通过辨析其语句中的统摄之物comedy和comic，才能推论出它的含义或给予含义充实，使其获得确切的指向：剧目或场景。实质上，department 的内涵语义特征被抽掉了，保留了它的外延语义特征。同样，在该语句中backlog给定的内涵语义没有发生变化，但受统摄之物housing crisis的制约，其内涵语义特征被保留，而抽象的外延指向发生变化，指向“销售的速增和其他措施的实施使大量滞销（积压）的商住房开始脱手”。在这里，department 经过含义充实得出“剧目或场景”的指向意义，backlog经过含义充实得出“滞销的商住房”的指向意义，这种指向意义被认为是统摄物之下的、带有朝向的概念含义。描述如下：

department = 剧目 / 场景（语境嬗变义 = 语境统摄物制约下生成动态的含义充实）

backlog = 滞销商住房（语境嬗变义 = 语境统摄物制约下生成动态的含义充实）

胡塞尔在现象学理论中区分了“含义”与“含义充实”这对概念，具有十分重要的可分析性和可描写性的方法论意义。前者指向一个静态的、空泛的、具有共性的指称意义或含义意向，后者指向认知主体根据自己的体验感知性所给予的含义，具有特定的朝向性。传统所认为的作为语言符号的语词具有意义，只是观念含义或逻辑含义，观念含义或逻辑含义就是言语表述。对胡塞尔而言，含义是我们用表述所意指的东西，是我们对表述的理解，而理解就是一种含义充实。含义充实是指在直观中，表述所意指的与对象之物的关系得以现时化和现实化，直观使表述的意向得到充实[1]。这一点同样十分重要，现实化或现时化是一种当下的语境匹配。在实时性的话语中，它是指当下时空中的话语参与者及其共现的语言环境；在非实时性的话语中，如小说、散文、诗歌等作品中的语言材料等，它是指一种虚拟的时空中的话语参与者及其共现的语言环境。故现时或现实化的含义充实过程就是一种对特定语言符号（意义载体）原有指称对象或指向的析出，然后根据现实或现时化语境因素向称为意义载体的语言符号进行意义导入，使其获得一种当下再构或暂构的、被含义充实化了的指称意义或指向意义。

如从语言理解角度看，当department进入特定的话语之前，它只是一种观念含义或逻辑含义，其作用是用以表述所意指的对象，被抽象为三种范畴的指向。当其进入话语语境中便获得被凸显了的指向之物或事态，是作为一个被表述的概念凸显于话语参与者的直观感知之中，关联性统摄之物comedy和comic使得它的含义被凸显、被充实，而这种统摄之物的作用是使department的指向性含义朝向comedy和comic的语义特征发展，这是一种语义趋同现象，也是一种语义嬗变动态构成的思维路径的体现。含义充实的另一种形态是使概念或命题语句的含义在理解中得以扩展。如“我昨天进城了”中的“我”自身不确定和空泛的指向得到含义充实，包括特定时空中的发话人及其姓名、身份、年龄、职业、社会关系等，而不确定和空泛的概念“城”凸显于话语参与者的直观感知之中，指向现实中某个特定城市，包括其空间位置、规模大小、繁华程度等。其次，发话人自称的“我”与“城”在听话人的直观中被充实为具体关系对象，“进城”可以获得含义充实，往返于这个城市的道路与交通工具，等等。这便是一种现时化和现实化的理解过程。在书面文本意义潜势中，含义充实有可能十分复杂，需要在明确其统摄物及其关系的前提下才可能对其作出正确的含义充实。哲学意义上的这种“含义”和“含义充实”的静态和动态关系对翻译过程中对词义的理解与表达具有重要的实战指导意义。例如第十七届韩素音青年翻译奖大赛的汉译英原文的标题“老来乐”中的“老”和“乐”都是不确定的、空泛的概念，只是意向性概念，有待于

---

1 对于胡塞尔而言，含义充实（signification–filling）是指每个表述本质上都意指一个含义，都与一个对象之物的关系得以现时化和现实化。在直观中，表述所意指的与对象之物的关系得以现时化和现实化，直观使表述的意向得到充实。他将与含义赋予的行为融为一体的行为称作“含义充实”的行为。如果含义意向得到充实，被意指的对象便“作为被寄予的对象”而构造出自身。（参见倪梁康，《胡塞尔现象学概念通释》，生活 · 读书 · 新知三联书店，1999 年版第 77 页）。

含义充实，只有通观整个语篇把握其统摄物才能对“乐”的含义充实作出选择性定夺。“老”被充实为“退休后闲居在家老人自由自在的生活”之含义（a retired life），并非泛指一般意义上的“老人”（an old man）；其“乐”的含义并非一般意义上空泛的“delight”，“joy”或“happiness”，而是一种“自得其乐”（self-amusement）之乐（读书之乐、聊天之乐、看电视之乐）。故适切主题的“老来乐”的英译文宜为“Self-amusement for a Retired Life”。可见，翻译中的理解和表达是互为关联的过程，后者以前者为依据。从现象学看，理解过程就是一种对意向进行含义充实或明确其指向的过程。至于这种含义充实在翻译理解过程中如何发生、如何进行、如何推论、如何论证、如何辨析统摄之物等，就构成翻译学重要的理论研究范畴——“义—意生成机制论”，主要探讨“意向意义”的含义充实和“意向性结构”与“意向视域”之间的关系。

2.5 现象学视角下的立义与意识

在胡塞尔现象学理论中，“立义”是一种含义充实的过程，具有“构形”和“激活”的特点。所谓“立义”是指对材料的“构形”、“激活”或“赋予灵魂”，从而使一个对象得以构造出来并对意识成立。激活是指将一堆死的感觉材料通过统摄而被构造成一个意向对象，这个意向对象在认知主体的意识中生成某种具有现时或虚构的时空域中的对象物。就翻译过程而言，这种立义观预设着未进入译者（或读者）的直观之前是一堆死的语词概念或命题语句，只有进入其直观之后才能将其意向进行含义激活，赋予其灵魂。这个灵魂也就是对特定表述的直观中构造出来的具有或被赋予生命力的含义充实，或者说是意识的成立。值得注意的是，死的感觉材料的激活与构造是受到某个统摄物之下的构造。

所谓“意识”是与对象之物的意向关系，所有现实的时空存在都与一个对它进行经验、感知、回忆等的意识有关。世界被看成是意识成就的相关项之总体，所有客观意义构造和存在的有效性都以作为先验主体的意识为原本的源泉。而对世界的理解都必须以对这个主体性的反思、回溯，对意识构造成就的分析、把握为前提。显然，胡塞尔所论的“意向关系”是指被激活的概念指称或命题语义的指向，在直观表述的含义充实中是以关系的方式展开的，这种关系存在于我们以往个人或社会的经验知识、事物感知和回忆等意识之中。我们在理解他人的话语时，倾向于将其表述置于某个可经验可感的特定世界的时空语境中，若要对某个表述进行意义构造都有一个前提，就是首先要辨析其客观有效性，而这种意义的客观有效性则成为一种认知主体先验意识的源泉或依据。例如，当我们听到或读到"老来乐"这一命题语句时，我们总是将"乐"与老年人建立起联系而产生对象性意识，并在我们的经验中去感知、回忆或体验特定老年人那种"乐"的意义形态，以区别于青年人与儿童们"乐"的意义形态。当受某个统摄物的制约时，如某退休老人自我表述的"老来乐"，我们会在意识中去经验感知这位老人退休后所处环境的特点以及他所表述的"乐"的现实或现时化了的含义，对其进行含义充实，甚至还会将其"乐"的意义形态与其退休前的生活方式进行对比，进一步以此来构造出他所说的"老来乐"的含义充实。

在语言学的文献中，常将名词或代词等指称某个客观世界的事物(thing (s))，如索绪尔所论的"所指"和"能指"。但在胡塞尔现象学理论中，"事物"这个概念并不是指客观存在的物理客体，而是指一个人所意识到的东西，或者说是呈现在一个人意识中的东西，"是指被赋予主观认识或被意指的对象"（倪梁康，1999）。在他看来，事物（things）并不指向客观世界的某个物理客体，只有呈现于认知主体的思维中被直观感知时才成为主观意识中某个（些）特定的意指对象。例如：

【例3】... It is a very long time since I attended a Mass. In this pilgrimage town you get the real *thing, with a crowd of real worshippers*; and because of the shrine, *those who come to church include the paralyzed, the crippled, the blind, the deformed, the dying, a terrible parade,....* （见蔡基刚：《英汉翻译高分指导》，上海交通大学出版社，1996，p.17）

在上述译例中，作为语言材料的概念单位thing首先不是一个意向对象，而只是以其空泛不定的含义意向被我们直观和感知，并期待着我们去建立一种意向关系，以便构造出它的含义充实；当其进入以上表述中通过统摄被激活后构造成一个意向对象时，我们才能在意识中对其立义或者构形——赋予其现实或现时化（在朝圣城参加弥撒）的含义充实。也就是说，此处的thing 不能简单地从get the real thing中得出其含义朝向：得到真正的东西，事物，事情？其含义充实取决于我们通过表述所激活的某个潜在存在着的统摄物才能赋予它我们所意识得到的含义朝向。将其立义和构形的意向关系图示如下：

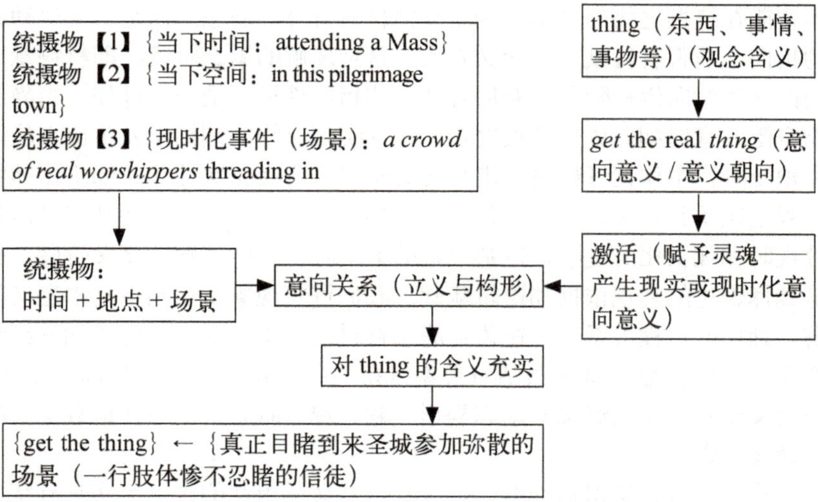

通过上述典型例子分析说明有关语词概念意义生成的本质特征，试图回答原文的意义是什么，语词概念的初始意义形态有何特征，如何对观念形态的（语词或概念）意义与呈现于材料中的统摄物所激活的意向关系作出含义充实等。为了将现象学理论融入翻译学有关意义的研究中，我们可提炼出一系列关键词：感性、意向、凸现、朝向、统摄、赋予、意指（朝向）、（非）确切、（非）充实、空泛、统摄、赋予、激活、构形、含义充实，这对从现象学基础出发探讨的翻译学意义理论研究范畴具有重要的方法论意义，对探讨深入洞察文本翻译过程中有关意义关系的本体论认识观同样具有重要的理论意义。上述每个概念都有所预设，相互之间都具有内在的联系性，其相互关系解析如下：

其一、从意义理解的过程看，作为感性材料的语言，其意义是通过观念性的意义载体——概念语义结构或命题形式的规则性组合体现出来的，这种载体或思维形式首先是以静态语义特征的方式呈现于日常话语或书面文本，为认知主体所直观。这就形成直观过程的前理解性预设，即认知主体对所直观的概念、命题语句、句法关系等有着先验的知识性把握，是以一般知识结构作为认知主体进一步直观感知的条件或基础，这是理解的第一阶段，或前理解阶段。当感性材料被主体直观而凸显发生朝向时，则在认知主体的意识中被激活并受到他物的统摄，因为死的材料只有受到某物的统摄才会被激活。所谓统摄之物是指主体对原有意向的含义充实的客观依据，必定能为主体所直观、感知、辨析，然后主体才能在统摄之物的导引下判断感性材料自身的静态意向是否发生动态的指向，是否有待赋予其含义充实，这是理解的第二阶段，即材料意向的凸显和指向辨析阶段。对原有意向的指向性辨析是一个过程，当静态而空泛的意向朝向语境统摄之物，或受统摄之物的制约而发生语义趋同和嬗变时，主体便开始对其进行含义充实，含义充实并非认知主体纯粹主观地赋予其含义，而是一种析取与构造的含义充实，使其具有可体验性现时和现实化的过程，这是理解的第三阶段，即理解的赋义阶段，也是翻译表达的客观依据和逻辑基础。我们可将现象学视角下文本意义理解与翻译的过程关系链表述为：静态材料→抽象空泛→直观感知→经验意向→意向凸显→意识激活→关系统摄→指向辨析→意指趋同（嬗变）→含义充实→确定赋义→动态构形→意义现（时）实化→译语载体匹配→译文生成。

其二、从意义识解的本质特征看，意义赋予性的含义充实具有统摄性和动态性，故这种存在形态的意义具有关系本体论特征。含义充实是参照某个关系统摄物而赋予的，其意义指向具有一定的规律性：感知材料自身的某些静态的语义特征（观念语义）被遮蔽了，或者说被关系中的某个（些）统摄之物给排除或过滤掉了，是具有一定理据性的选择赋义行为。

其三、从可证性原则看，如何确证这种统摄和选择赋义行为的理据性，构成翻译学意义研究范畴中的重要内容。动态语义是一种现时（实）化了的当下赋予意义（曾利沙，2001；2002），实质上是一种经过主体认知加工的意义形态，是主客互动性的结果，有其一定的主观和客观理据性。若不同的认知主体对同一感知材料进行直观，可能会因为知识结构和认知差异产生不同的指向凸显性语义，其含义充实行为也会有所不同，所赋予的确切意义会有所不同，故确证要求一套可操作的理论方法，而对意义确切性的定夺是一种主体间性的商讨过程，动态语义的主体间性研究成为翻译学语义研究范畴中的另一重要内容。

综上所述，我们对现象学视角下意义的属性特征作如下描述：

观念形态的语词或概念语义具有静态性和动态性，静态语义是一种历时给定了的、具有共享性的、有待含义充实的观念性产物；动态语义是一种基于静态意向之上的指向辨析、析取、充实、构形的语义形态；（话语或文本）语义是一种有待于参与主体通过统摄关系的导引而赋予意向的一种凸显化了的含义充实（描述性定义），具有空泛非确定性、指向凸显性、统摄赋予性、充实确定性、主客互动性的属性特征。

2.6 意义的静态性与动态性

从语言运用角度看，意义有相对静态和动态性。人们使用表意语言必须运用概念，概念经过语法结构组合构成语句，形式上为概念性组合，反映在意义上就成为命题语句，荷载着“命题语义”，成为具有意向性的交际单位。这是最基本的意义形态，也是语言交际和含义理解推论的基础，具有相对稳定和静态性特征。但是在日常话语交际使用中，除了语言共同体所共有的一些寒暄式表达外，同一概念或命题语句用于不同语境可能产生不同意向的交际意义，这种交际意义是语境所给定的，可以说是一种附加于静态语义之上的“含义”，是经过含义充实后而发生嬗变的“语境化含义”。语境化含义具有动态性，是交际参与者通过对概念和语句基本语义的直观和对语境的协同作用而赋予的意义，是听话者对发话者在特定语境中的交际意图进行感知、理解而确定的。在书面语篇中，语句的静态性和动态性交织存在，大多数具有相对稳定和静态的基础性语义，在外延语义上具有共享特征或具有同一性。但静态概念的语义或命题语义有时也具有不确定性，这是因为大多数概念具有多义性，有的具有模糊性、歧义性、抽象性，需要利用语境因素才能断定，如英语的miss具有情态性的“想念”和事态性的“错过”两个不同语义范畴的静态含义。在语言使用中，有限的语境会对其含义充实过程造成困惑，对翻译表达造成困难。如下面泰戈尔带有哲理性的独句诗：

Stray Birds

If you shed tears when you *miss* the sun, you also *miss* the stars.

其中的miss的含义究竟是表情态的“想念”还是表事态的“错过”？是译为“如果你在想念太阳时泪水涟涟，你也想念星星”或译为“如果你在错过太阳时泪水涟涟，你也错过星星”？不同的译文不同的解释，情态和事态性含义会赋予该诗不同的意境。两种译文是否都是正确的译文，哪种译文准确地表达出诗人带有哲理性的意向性含义，译者必须作出有理据的选择。可见，概念语义或命题语义在语篇中往往使读者或译者面临着动态的选择或对其可能的语境嬗变作出判断和含义充实，含义充实就是语言使用的意义在语境中得到合理的语境化解释，并给予其相应的语言表达式，往往具有丰富的“动态含义”性特点。从认知语义学和认知思维的关系看，这种动态意义的差异可以发生在外延或内涵语义特征的变化上。在社会语言发展中，概念在使用过程中得到发展而不断获得新的语义，用于表达不同的指称对象，这是概念语义的增生和扩展。词汇的概念语义被词/字典编撰者们收集起来，根据其历时发展的沿革，抽象概括为若干固定的义项。可以说，词/字典的语词或概念是历史地被给定了的概念语义，人们自小至大习得的语言词汇系统一般源自于词/字典。但实质上词/字典中概念的基本语义也往往具有相对的静态和动态性。例如，词/字典在词项中给出的概念语义的若干义项时，往往附有例句，该例句就是特定义项的依据，或者说是有限语境。不同的义项有不同的例句，故相对于特定词项来说，其概念语义在外延和内涵上具有相对静态性和动态性。从词/字典编纂学看，词/字典为语词或字给定的意义是以义项排列的，绝大多数语词或字具有多个义项。从词典意义被给定的发生学看，人类语言史上词/字典的编纂过程必然涉及语言认识的现象学原理。

同理，语词/字的物质形态在于它的声音或根据声音的音节和声调记录下的有形文字。在给词典词/字项赋义时，除了日常生活中那些约定俗成的意义外，词典编纂者们是根据特定词/字在有限的具体语境（或搭配等）中的意义给定的。但语境则意味着关系，即词典意义给定的依据是语词概念和语境因素之间的关系；严格地说，特定词/字的含义是一种关系义，关系义必然是一种经过认知加工的意义形态。这反映了胡塞尔的现象本质观，即词典编纂者们面对特定语词概念进行现象体认或直观时，实质上是对其现象本质的认识与转化。以对英语语词innocent进行概念赋义为例，编纂者是从收集到的大量的口语或书面语中语料（依据有限语境的语句）中进行比较分析才得出的。由于语言使用者的意向不同，innocent在特定语境中的意义可能会不同，从而构成innocent的多义项的词典释义：天真、单纯、简单、幼稚、纯洁、无罪、无辜的、清白的，等等。

【1】free from moral wrong（无道德过错 / 清白 / 圣洁）
【2】free from a crime (not guilty of)（无罪的）
【3】free from responsibility for an event（无辜的）
【4】free from complexity, affectedness, deceit, treachery, cunning（头脑简单 / 正直 / 天真的）
【5】free from harm（无害的）
【6】knowing nothing of sth（对……无知的；不知……的）
（参见《牛津英汉双解词典》、《DK牛津英汉双解大词典》）

我们知道，词典词/字项的一个义项往往对应一部分语言事实或语言感性材料，N个义项的语词必然对应N个部分的语言事实或语言感性材料。这些感性材料是以现象的方式呈现于词典编纂者面前，他们必须通过直观或体认，将其转化为现象本质，即将其抽象为一种意义结构。如innocent具有上述6种不同的词典义项或意义结构。但为何innocent这个语词或概念就具有不同甚至予以差别甚大的义项呢？是什么使得这些义项能够统摄于innocent之下？什么是其可通约（comparability）的东西？从词典释义可以看出，innocent的抽象语义结构是由free from sth 或 knowing nothing of sth 两部分组成的。作为结构性内容，free from / knowing nothing of 是稳定不变的结构性内容，是共享的外延性结构意义；free from sth/ knowing nothing of sth中的sth 属于内涵部分，其具体内容是随语境而变的，具有相对动态性。不同词典编纂者对innocent的外延结构部分可能有不同的语言表述形式，如free from 或 knowing nothing of sth，二者具有可通约性（comparability），是词典编纂者们从大量的感性材料中抽象出来的结构意义。从现象学看，作为词项，innocent不与特殊事例相对，而是与其现象本质——意义结构中心相对。只有在进入具体语境中，且只有innocent与语境中某些语词概念形成特定的统摄关系时，sth的具体内容则发生相应的变化。我们可据此归纳出一条意义给定的规则：

> 语义生成规则之一：语词的概念是以抽象不定的语义特征进入表述中，只有在统摄关系中其概念语义才能获得当下给定的确定义，这是一种确定性内涵特征给定式语义，其外延语义则保持不变。

对于语言使用中的这种静态的不定性与动态的确定性现象，奎因（1951）认为只有意义的外延才是本体论的，是保持不变和可确定的，而内涵则是不确定和流变性的，故他提出要将其内涵从意义本体论中驱逐出去。奎因的意义本体论是静态的、不变的，主体间性的，其实是指概念语义的外延。从现象学角度看，意义本体论是动态的、关系性的，是有待于充实的、现实化的。故我们在理解或者翻译innocent等概念的语境意义时，既是一种在给定的若干种意义之间进行选择的结果，也是一种对现象的本质直观的认知过程。在具体翻译过程中，若我们遇到innocent的特定使用，就面临着对其不具确定性的内涵意向进行直观和赋义；若根据词典给定的义项析取出适合特定语境的义项，这种被析取的义项就是一种语义“凸显”，也是认知主体对它的一种赋义或含义充实的过程。

然而，当innocent进入新的语境中而不断被语言使用者赋予其新的意义时，以往词典历时性给定的义项不能涵盖或对应新的语境统摄关系时，那么可能是其内涵语义内容发生了新的延伸或扩展。词典编撰者必然要对其语境化含义进行新的体认与直观，对innocent的“意向”进行新的“含义充实”，将这种新获得的内涵含义加以抽象固化，便成为词典中innocent新的义项。这种对现象本质特点的把握关涉到意义的关系本体论的认识观，并引出一系列相应的理论与方法论问题。胡塞尔所论的“现象还原”，即通过本质直观，从变化多样的意识中直觉到其不变的本质结构，在诸种现象中直觉到保持不变的同一东西，就是一种被抽象的、较空泛的语义结构。正是这种概念的抽象性、空泛性、不定性，才使得语言词汇具有灵活多变的使用空间，才能更加具有含义充实的语义基础。“本质是观念的、先验的，是现象中稳定的、一般的、变中不变的东西。把握本质的手段是本质的洞察、本质的直观。即在直观过程中，将注意力集中到多样性中保持不变的那种东西上面，排除那些感性的、具体的、偶然的和混杂了虚假成分的或被歪曲了的东西（非纯粹的现象），从而将纯粹的现象描述出来”（倪梁康, 1999）。若将现象本质观、现象还原观用于翻译学理论研究中，就构成翻译学意义研究的现象学理论基础中的核心问题，并且能从“义—意生成思维论”中拓展出两个次范畴研究维度：“意义关系论研究范畴”和“意义统摄论研究范畴”。

2.7 翻译学中的意义关系本体论

意义研究的现象学视角为翻译学意义理论研究提供了新的认识方式和阐释方法。我国传统译论中的“案本”、“厥义”、“本旨”、“达旨”、“直译”、“意译”，西方译论中的equivalence, semantic translation, communicative translation等无疑都关涉语义与含义的表达，都在“求信”或“忠实”（统称“忠信”）原则的规约之下，即翻译应忠信于原文的语义、意义或意旨。可见，翻译原则理论概念的内涵是以意义为理论基础的。若从意义研究的现象学基础看，对传统所论的有关“义”与“意”翻译表达的忠信原则就面临着以下几方面的认识。

其一、从文本意义的属性特征看，意义往往具有空泛非确定性、指向凸现性、统摄赋予性、充实确定性的直观形态。这就引出“忠信规约下的原文意义是什么”的问题，是静态意义或动态意义？尤其是原文那些具有多义性、歧义性、模糊性、语义缺省等形态特征的意义载体或命题形式。若我们在不知道原文具体意义的前提下讨论“忠信”原则，或者说“忠信”原则若没有相应的辅助性理论范畴的支撑，就容易产生没有理论依据的、抽象空洞的原则规约，无法揭示意义关系本体论视角下具体意义的把握，必然导致理论与实践的脱节。从理论对实践关系看，不能说明如何实现或达到忠信的原则或标准理论，仅囿于孤立的原则或标准的范畴概念的争论，其理论本身就是不自足和有局限性的。故如何看待忠信原则的自足性与局限性及其理论范畴的拓展性，成为翻译学理论原则范畴的后续性研究范畴——忠信原则与文本动态意义的辩证关系研究。

其二、从文本意义形成过程看，意义是一种有待于认知主体通过统摄关系的确定而给定的一种指向凸显性意义，这就引出意义生成的主观性与相对性问题。既然对不定或空泛意义的凸显与指向的确定过程是由认知主体实现的，而不同主体因自身的认知结构、知识能力、理论素养、背景信息等的差异，对同一载体的意义所给定的意义必然带有主观能动性，有时甚至是片面性，这样就容易产生意义的差异性与相对性。例如重译、复译、多种译本中的意义差异性、相对性和主体间性，也就成了翻译学系统研究中的另一理论范畴，即忠信原则之下的主体间性和相对主义问题的理论研究。

对于上述理论认识问题，不仅需要合乎逻辑的哲学思辨，还需要运用有效的分析手段对其进行学理性的剖析和描写，以便揭示翻译这一复杂过程所关涉的方方面面的本质特点及其相互制约关系。

2.8 动静态意义视角下的“忠信”理论范畴拓展

从意义自身属性特征看，文本意义在认知主体的直观感知下，有些意义被凸显，就意味着有些意义被遮蔽，或被译者主体过滤掉。这就引出如何看待客体自身价值属性的认识问题，并由此产生理论假设：被认知主体凸显或确定的意义必定存在凸现的强价值或正价值特征，而被遮蔽或过滤掉的意义往往具有某种弱价值或负价值特征。此外，文本意义的凸显和去蔽，意味着译者主体对意向性含义的断定与选择，意向决定行为，这是主观的一面；而主体对意义选择的依据是意义的语境统摄性，语境统摄之物又必然是文本客观存在着的、被直观感知的自在之物，是认知主体自觉地将其视为意义凸显过程和生成的可参照的统摄之物，故具有客观制约性和参照性。例如，上文所论及的“第十七届韩素音青年翻译奖大赛”的汉译英原文标题“老来乐”就是一种文本意义的统摄之物，其统摄之物包括主题或主旨的统摄性，也包括它对正文内关联性命题语句的统摄性，统摄亦即文本的阈限。其“乐”为退休后老年人消遣孤寂的自得其乐，而非一般人的喜乐之态；故“自得其乐”的内涵产生语境制约性，在一系列可能的相应概念如 happy, delight, bliss, joy, bliss, pleasure, amusement等动态含义选择中，必有一个最佳语境化含义充实的表达式：self-amusement。主题统摄物的确立反过来又制约着译者对文本中若干概念或命题语句的意义赋予行为，或意义指向的语境化含义充实。如：

“老年是广阔天地，是可以大有作为的”

“不必出门而自有天地。真是无限风光在老年”

“小屋子里天地宽，老年无事是忙人”

其中带点的字句在文本中只是一种意义指向，译者要想对其立义不能囿于其基本概念语义，必须对原文材料进行激活或赋予其灵魂，即将原文这些物理性的语言符号通过统摄而构造成一个意向对象：作者以幽默的文字议论其退休后独居在家如何自得其乐，乐度晚年的经验或体验。在构造这个意向对象后，认知主体必须确立与对象之物的意向关系，按照胡塞尔的说法是，“所有现实的时空存在都与一个对它进行经验、感知、回忆等意识有关。世界被看成是意识成就的相关项之总体，所有客观意义构造和存在的有效性都以作为先验主体的意识为原本的源泉。而对世界的理解都必须以对这个主体性的反思、回溯，对意识构造成分的分析、把握为前提”。例如对“老年是广阔天地，是可以大有作为的”一句的立义首先要对它经历一个“经验、感知、回忆等的意识”过程。此句具有互文性，与毛泽东在20世纪60年代针对知识青年上山下乡所作的指示产生互文：“知识青年到农村去，农村是一个广阔天地，在那里是大有作为的”。“大有作为”的基本语义为：able to develop one’s skills to the full，此处的意义指向和含义充实为是“充分发挥自己的才能，为农村经济发展作出贡献”。但受“老来乐”、“退休独居老人”、“小屋子”、“自得其乐”等关系统摄，其基本语义和互文性意义被排除过滤掉，被赋予现时（实）化的含义充实：小屋子里有众多排遣孤寂的乐趣方式，独居老人可充分发挥，尽可自得其乐。可见，在当下语境中，对“大有作为”所赋予的含义充实被具体化为“充分自得其乐”（being able to make self-amusement to the full），其命题语句原有语义成为一种意识构造的对象，指向读书之乐、与人聊天之乐、看电视节目之乐，等等。

无论是讨论“案本”、“厥义”、“本旨”、“达旨”、“意译”，或是“语义翻译”和“等值”等有关意义的翻译理论，我们都不能孤立地予以认识，或从概念到概念式地进行论述，必须联系实践问题予以探讨、修正、拓展、充实与完善。意义的这种动态关系论决定了“忠实”原则所要求的原义（意）就不完全是静态或稳定存在着的，是需要译者根据语境统摄之物而给予含义充实和赋形的，故忠信原则在意义关系论的制约下就具有了动态的内涵特征，赋予了译者主体的主观能动性，使其获得一定的自由度。在翻译学理论体系研究中，必然涉及到对文本关系意义与语境的统摄性和制约性，以及意义的价值属性凸现和统摄之物之间的关系问题研究，由此引出意义生成的指向选择或含义充实的主客互动性问题，并形成新的研究课题。

从理论研究方法论看，理论研究有归纳与演绎之分。所谓归纳是基于经验之上的规律性概括（对典型事例的本质特征的认识），所谓演绎是指基于归纳论证之上的、从个别到一般的理论假说和规律性阐发。若从典型归纳性论证考察文本意义的关系本体论，并将其上升到宏观理论的忠信原则范畴进行认识，我们可区分静态的忠信原则规约和动态的忠信原则规约。前者是指语境依赖性不强或弱语境条件下意义表达的忠信，其特征是对原文概念或语句命题作一种静态的意义移译，或是一种在有限语境下对原文概念或命题语句的基本语义的选择和表达；后者则是指一种强语境依赖性条件下的对意向意义的含义充实，或者说一种当下语境统摄物制约下的对意义的构造，是译者主观意识的外化表现。

从翻译理论表述的语言形态看，理论者使用抽象的概念或命题语句是为了抽象地讨论或说明抽象的事物、事件、关系的一般或普遍性的特点，是为了说明认识主体对客观事物或对象的共性特征的揭示。如当我们讨论文本的“意义”或“意向”等理论认识时，是将文本各种不同的“意义”或“意向”的具体形态或特征去掉，将其一般的共性特征抽象出来，以便于从理论上进行说明。“意义”可能被辨析为“义”与“意”的两个次类，而“义”有可能被分析为概念语义，概念语义继而被辨析为“内涵意义”与“外延意义”等。如钱钟书在讨论如何用“阐释之循环”之理论解释或理解文本的“意义”时，是在抽象层面进行论述的：

> 乾嘉“朴学”教人，必知字之诂，而后识句之意，识句之意，而后通全篇之义，避而窥全书之指。……复须解全篇之义乃至全书之指（“志”），庶得以定某句之意（“词”），解全句之意，庶得以定某字之诂（“文”）；或并须晓会作者立言之宗尚，当时流行之文风，

以及修词异宜之著述体裁，方概知全篇或全书之指归。积小以明大，而又举大以贯小；推末以至本，而又探本以穷末；交互往复，庶几乎义解圆足而免子偏枯，所谓“阐释之循环”者是矣[1]。

在上述引文中，涉及意义的抽象概念有：“（句）意”（含意）、“（篇）义”、“指/指归”（即主旨、志趣、意向等）、“诂”（释义）、“小”（微观词句语义或句意）、“大”（宏观命题语义结构）、“末”（局部概念）、“本”（受主旨统摄的深层思想、交际意图或语境化含意）（括号内文字为笔者所加）。所论旨在说明一般性文本意义解读所涉及的形态与关系，从抽象层面突出了文本意义的推论性、阐释性、建构性特点。这种“阐释之循环”的方法论实质上也论证了文本意义的动态性和充实性的本质特点，也对“忠信”原则的本质规约性提出了新的阐释方式。然而，我们无法从这种抽象层面的论述感性地认识到文本意义是如何通过“阐释之循环”而达到理解的，如何说明其过程中的思维推论形式和特点，有待于给予具体实证性研究。

理论者使用具体的概念或命题语句是为了讨论或说明具体的事物、事件、关系的特殊性以及动态的或变量特点，是为了揭示客观事物的复杂性与差异性特点。如抽象的文本“意义”进入具体的文本语境之中就获得了语境化含义，可用以讨论某个特定层次的意义问题，某个冠以“意义“的客体就可能被充实为具有某些“义素特征”或“语义特征”的集合体：行为特征、方式特征、过程特征、处所特征、材料特征、施事特征、受事特征、条件特征、事件特征、事态特征、空间特征、数量特征、整体特征、部分特征等。而这些微观具体的义素或与特征及其相互关系的运作路径，需要更为细致的意义生成或建构过程与形态描写。

从翻译实践的经验交流角度看，我们明确了的文本意义的理解与表达的本质特征，在此基础上重构“忠信”原则的理论地位与职能，还面临着认知主体的自证性问题。一般而言，若实践主体在经验交流中认为自己就某些译文的操作处理具有忠信的可证性，那么，实践主体应就译文的忠信度作出可信的证明，而如何证明，证明的依据又是什么（不能是忠信原则本身），这就形成了翻译学理论概念“忠信”的可证性问题研究。一个不具可证性的忠信原则不能反映出翻译学理论研究的科学性和有效性。

从译本批评角度看，忠信原则还面临着他证性问题。在翻译过程中，

1 钱锺书，《管锥编》，中华书局 1979 年版，第 171 页。

忠信原则相对于实践主体而言，只是一种信念或一种公理上的规约，无法指导具体翻译过程，忠信与否是一种自我感觉或判断。但要对特定实践主体的译文的批评首先是对意义或对具有特殊意义价值的形式特征的表现程度的批评，而批评的理论依据就是学界所公认的原则或标准。忠信原则无疑是一个具有普遍意义的批评理论概念，这是衡量译文价值存在的理论基础，一个不忠信的译文无疑被认为是不接受的。然而，无论是对意义的正确与误读或程度的差异的批评或判断，需要批评者作出他证与自证的说明，即对译文的忠信与否或程度给出可推论的程序性证明，或者给出批评者自身认可的理据，这种理据可涉及本体论、认识论、价值论、方法论层次的理论知识。这样，原则理论与实践研究的紧密结合必然促进翻译批评理论的深化与拓展，进而丰富翻译学理论研究范畴体系。我们可将“忠信”原则语境范畴的范畴化拓展图示如下：

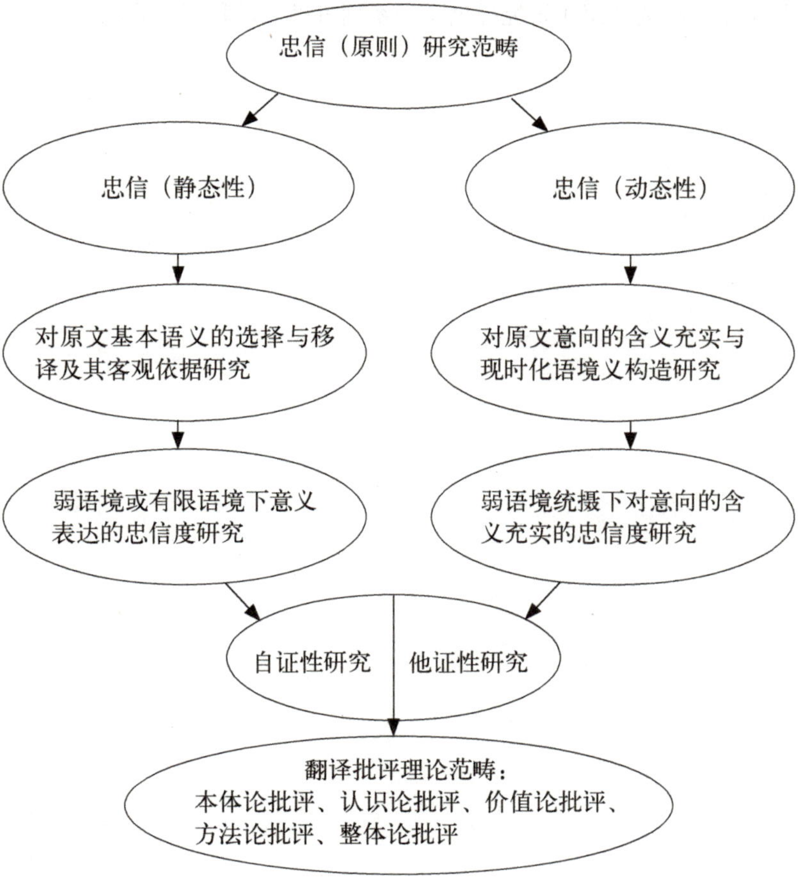

2.9 小结

从方法论看，现象学所论的可描述性是翻译学理论研究的一种有效的研究方法。描述是一种用思想语言手段来系统有序地展现事实状态的方法。方法首先意味着运用那些产生于被直观之物本身之中的概念来表述被直观之物。描述不仅是经验科学的操作方式，也是本质科学的方法程序。是一种本质直观的描述分析，一种本质描述，是对意识的本质要素以及它们之间本质关系的把握，它是现象学本质科学。“描述”必须限制于直观之内，“解释”则可以超越出直观的范围之外而带有构造性的成分。翻译学理论研究的整合在于拓展其理论研究范畴体系，其研究的深化在于对各理论范畴作出可分析性、可描述性、可阐释性、可印证性和可操作性研究，胡塞尔的现象学给翻译学有关意义的研究提供了一定的哲学基础，也为其深化研究提供了一系列可供描述和阐述的概念。

第三章
翻译学范畴理论研究的哲学基础

认识是对客观世界的反映，但人不能直接地、完全地把握客观世界、把握自然界的整体，人只能通过一个一个的概念、范畴，一条一条的规律，有条件地、近似地描绘物质的运动，描绘世界的图景。

各门学科的基本范畴是人们认识发展的一定阶段的标志，成为科学认识发展的一定环节。

——冯契

3.1 引言

翻译学理论研究如何深化和拓展，以便更好地推动翻译理论与实践研究相结合，有必要对翻译学的学科理论研究从辩证逻辑论证的角度进行认识，对翻译理论的范畴、性质、形态、职能、作用、阈限等要素进行辨析，从中概括出辩证逻辑范畴化的原理。本章从范畴体系角度探讨译学理论系统整合性研究的哲学基础，以期为深化和拓展翻译学理论研究提供新的视角和维度。翻译学理论体系建构研究是否需要逻辑或逻辑思维，翻译实践研究是否需要逻辑或逻辑思维，实践与理论之间的关系如何，这在翻译界存在许多争议。我国传统理论主要基于翻译的原则或标准或策略的讨论，也不乏争议或批评或修订，如古代的“文”、“质”之争和近代的对“信、达、雅”的批评及现代的修订：“信、达、美”、“信、达、切”、“信、达、贴”。理论与实践和方法与实践的关系似乎处于两极：原则或标准——翻译实践、翻译策略——翻译实践、翻译技法——翻译实践，但如何运用理论和方法概念如“文”、“质”、“信、达、雅”、“忠实”、“神似”、“化境”、“直译”、“意译”、“美感”等指导翻译实践，或以此作为依据进行翻译批评，大多数译者或批评者依据的是自己的主观感受和经验判断，缺乏多维有效的剖析手段或论证工具。虽然也考虑将跨文化交际和双语语言文化差异、语义连贯、语篇衔接等因素纳入理论思考的范围，但如何在翻译学理论范畴体系的建构和深化拓展上却举步维艰，难以得到突破。与此同时，国外译学理论学派和流派则层出不穷，内容涉及范围广，视角维度大，译论译观丰富，这些研究给译学界带来很大的视觉冲击，也活跃了译学思想，无疑具有积极意义。但这些西方译论或译观之间是否具有理论范畴间的逻辑联系，是在何种层面、何种性质、何种职能上论述翻译活动现象，反映的是翻译活动的偶然现象还是揭示了其本质特征和一般的、普遍的原理性，无疑是值得深入探讨的理论问题。比如，equivalence是西方译学研究中的一个重要理论概念，许多学者都没有给予科学的界定。奈达在提出functional equivalence的概念时，并没有对其作出严格的概念内涵规定和理论职能界定，未能回答一系列相关问题：equivalence是否属于原则范畴，或属于何种原则范畴？若属于原则范畴，那么在什么层面或范围内具有原则规约的可证性，如何接受翻译现象或事实的检验？再如，Pym（2001）将西方翻译史上的多家译论都置于equivalence 概念之下进行梳理和讨论，却没有对equivalence进行明确的本质特征定性和关系定性——次范畴化，使人难以把握这些理论的职能及其适用范围。严格地说，这种理论的梳理很难说是具有理论范畴的逻辑性，没有逻辑性就难以让研究者理顺其内在的关联性和各自的理论职能。

国内译学研究者一方面从西方译论中汲取了有益的译学思想，借鉴其研究方法，力求论证这些理论观点的可解释性与合理性；一方面也对其局限性和适用性进行着研讨和反思，力求有所突破。在我国翻译理论发展的研究中，面临着外来理论的渗透与融合，但如何有机地融通中西译论，建构和拓展翻译学系统理论，造起译学界的困惑。有学者认为，我国现代翻译理论生成的艰难和困顿正在这里，它的构建与生成，须面对着对深厚的传统文化和凌厉的异域文化进行抉择的问题。近、当代翻译史表明，近百年来，由于现代性的不断嬗变，每一阶段一种新译论的构建往往处于与当时所谓现代性的译论、传统译论和西方译论的彼此冲突、消长与融合的张力之中，在对这三方面作出理性取舍与整合之后艰难诞生。当今翻译理论体系的构筑，仍然面临着对三种译论传统的艰难抉择，即中国古代译论传统、西方译论传统和近百年来形成的现代译论传统

(张柏然、张思洁，2001)。笔者认为，梳理中外译学理论必须坚持科学研究的学理性基础，应考察各译论或译观之间的逻辑联系及其推论的逻辑基础。哲学家在以理论思维的方式把握世界而进行论证和论辩时，都离不了运用逻辑，只有从逻辑范畴体系出发，我们才能正确认识中西传统理论和现代理论的发展、扬弃与继承的问题；只有从学科理论发展的范畴视角去认识，从核心理论范畴与外围理论范畴的辩证关系去把握，从发生论—→本体论—→认识论—→价值论—→方法论—→系统控制论的相互联系、相互制约、相互印证的关系论去梳理理论范畴的性质、廓清其理论职能、明确其理论目的、求证其理论效度、限定其理论任务、拓展其理论内涵，才能更好地建构和发展翻译学。

3.2 西方哲学有关“范畴”的认识与应用

西方的范畴（英语为category）来自苏格拉底和柏拉图对普遍性概念的考察。亚里士多德提出了十大范畴：本质；类；量；质；关系；地点；时间；处境；所有；动作；受作。后来康德和黑格尔对范畴研究都作出了重大贡献，康德提出的“质、量、方式、关系”的四大哲学范畴被语言学家格莱斯作为语用学“合作原则”之下的四个准则次范畴。下面我们考察哲学有关范畴的描述性定义：

“范畴是客观现实最一般存在形式的反映，在各门科学中具有最广泛的概括性和实用性。各门科学都有一个具有内在结构的概念体系，其骨干就是由一些统帅和联结其余概念的基本概念，即由范畴所组成”（彭漪涟，2000: 2)。

人对自然界的认识（观念）的各个环节，就是逻辑的范畴，“范畴是人区分自然现象之网过程中的一些小阶段，是帮助我们认识和掌握自然现象之网的网上纽结”，“人们在认识客观事物之网的过程中，通过一个个范畴把认识的成果凝结起来，如同打上一个个结，这样就能在纷繁复杂的现象之网中理出个头绪来，即把事物、现象的本质反映出来[1]。”

哲学研究中的“本体论”、“认识论”、“价值论”等，马克思《资本论》中的“商品”、“剩余价值”等，黑格尔《逻辑学》中的“纯存在”等，语用学中的“合作原则”、“质（准则）、量（准则）、方式（准则）、关系（准则）”等，翻译学中的“忠实”、“信、达、雅”都是具有统帅作

1 列宁，《哲学笔记》，人民出版社，1974年版，第212页。

用的基本概念，都具有逻辑范畴的形式。这些范畴是认识史的一定阶段的标志，是对认识成果的逻辑思维的反映。同时，这些范畴概念也是人们用来进一步认识客观对象的工具和方法。从中可以看出，范畴的语言表述是概念形式，其本质特征是反映客观现实，其职能是统摄与联结性，其学理特征是体系建构性。故讨论学科理论范畴必然涉及范畴间的联系性，而如何把握范畴的统摄关系则具有重要的理论意义。列宁指出：要真正地认识事物，就必须把握、研究它的一切方面，一切联系和‘中介’。[1]这说明，研究者如何通过作为中介的范畴概念，在主体与客体之间架起沟通的桥梁，既反映主体的认识方式，也赋予客体可感知的理论形态或形式，是学科理论研究范畴的可应用性与适用性的重要理论基础。黑格尔指出：每一门科学都是应用逻辑[2]，即一切科学范畴都蕴含着逻辑范畴，其理论概念的运用对于现实都有某种摹写现实和对现实的规范性。许多西方社会科学的发展史说明，学科理论的逻辑范畴体系具有广泛的应用性。如黑格尔《逻辑学》的核心范畴体系结构如下：

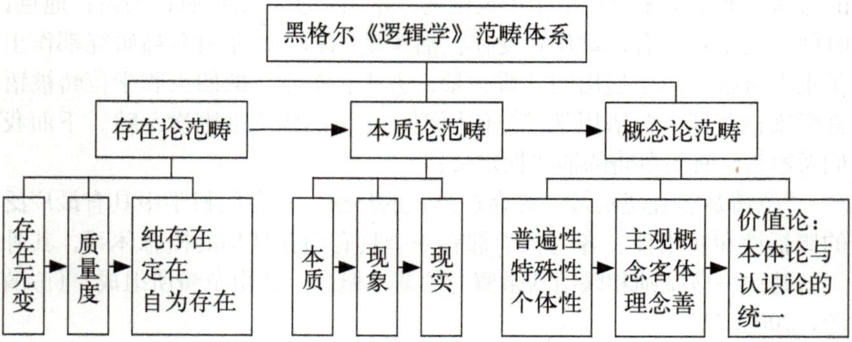

所谓的逻辑范畴体系就是一种相互关联、相互印证的次范畴化的有机构成，从最高基本范畴中推衍出若干子范畴，再从子范畴中推衍出若干次范畴，根据需要还可从次范畴中推衍出次次范畴来。如黑格尔的“逻辑学”统辖三个子范畴——存在论范畴、本质论范畴和概念论范畴，其中存在论子范畴之下统辖若干次范畴。在逻辑范畴体系中，各子范畴之间都有相互关联、相互印证的可推论性关系，构成一个有机的范畴统一体。在各具体学科理论范畴发展过程中，各范畴之间具有内在的逻辑

1 《列宁全集》第 32 卷，人民出版社，1920，第 83 页。
2 黑格尔，《逻辑学》下卷，商务印书馆，1976，第 455 页。

关联性，具有相互制约、相互印证的关系。从范畴的体系结构看，可分为始项范畴、基项范畴、中项范畴和终项范畴（冯契，1996；彭漪漪，2000: 67–68）。下面结合马克思的《资本论》中所蕴含的范畴体系，对上述四个相互关联范畴的特点及其内在联系作一说明：

【始项范畴】所谓始项范畴是某个学科或学说理论体系的初始研究范畴，该范畴的研究为其他后续范畴的研究打下立论的基础，在逻辑上预设着该范畴的研究内容将成为其他研究范畴的依据。任何一个范畴体系之所以成为体系也必然有一个作为整个体系出发点的初始范畴，它是整个体系的逻辑起点，即逻辑始项（彭漪漪，2000）。例如，马克思的著名巨著《资本论》揭示了资本运行的一般规律，是一部融哲学、政治经济学、科学社会形态主义各种学科为一体、博大精深的全书。笔者认为，其始项范畴就是“商品”论，所谓商品是指供交换用的劳动产品，而《资本论》是以商品论引入整个学说的。马克思从资本主义社会最基本的原始关系即“商品”出发，把它当作“社会关系”范畴进行分析，其方法则是“两种分析：演绎和归纳的——逻辑和历史的。在这里，每一步分析中，都用事实即用实践来进行检验[1]。”在始项范畴内，马克思论证了商品是资本主义社会的最基本单元。对消费者而言它提供有用性，对商品生产者而言它产生利润。商业交换本身并不必然受到道德的约束，故流通和对利润的追求会导致社会中经济与道德的冲突和分裂，以及主观的道德价值与客观的经济价值的分离。

【基项范畴】所谓基项范畴是特定学科或学说理论体系中的核心理论范畴，是“该领域中具有最大统一性的范畴”，而且是“构建任何一个逻辑范畴体系的基本要素和最重要的组成部分”（彭漪漪，2000: 67–69）。在《资本论》中，马克思在初始范畴“商品论”的基础上，论述了对社会关系的本质特征的认识后，进入了基项范畴——“资本论”范畴的论述。基项范畴是整个《资本论》理论学说的核心论述，并由此衍生出“价值论”次范畴及一系列相关概念：“使用价值”、“交换价值”、“剩余价值”等，其中心内容是剩余价值。马克思在关于商品拜物教的著名论述中，说明了人类劳动创造产品，产品转化为商品的方法,认为产品具有客观价值，并且人们知道价值存在何处。马克思通过基项范畴详细而深刻地分析了资本积累的过程和对社会发展的影响，揭示了资本的本质，揭穿了资本主义迅速发展的“秘密”，也指出了工人阶级之所以极其贫困的原因。

1《列宁全集》第 38 卷，人民出版社，1956，第 357 页。

【中项范畴】逻辑中项范畴具有中介作用，是联结逻辑始项、逻辑基项和逻辑终项的纽带，具有方法论的特点。由于马克思在《资本论》中以生产关系作为研究对象，他的目的是揭示资本积累背后的动力，解释消费、竞争、地租、资本的集中、劳动工资的增长、工作环境的变化、金融系统的运作，以及利润率的递减趋势等诸多经济现象，并分析它们对社会发展的影响，而最终目标是要“揭示现代社会的经济运动规律”，因此在研究对象及其一系列问题与最终目的之间必须找到一种联接纽带或桥梁的工具理论范畴——哲学、政治经济学和科学社会形态主义。马克思运用这些理论作为联结“商品论”（逻辑始项）、“资本论”（逻辑基项）和逻辑终项范畴的中介物——分析和阐释工具，如从政治经济学角度研究价值的分配方式，使经济学的发展符合法律和道德观念，等等。

【终项范畴】逻辑终项范畴是某学科或学说最终所要达到或实现的明确目标，它包含了始项范畴、基项范畴、中项范畴的内容，因而是更丰富、更充实的理论范畴。这些理论范畴体现着事物的实体，我们在认识上要把握事物的实体就必须把握相应的逻辑范畴。笔者认为，《资本论》的终项范畴是“现代社会经济运动规律论”，这一范畴内包括了“商品论”理论范畴（逻辑始项）、“资本论”理论范畴（逻辑基项）和中介范畴所关涉的理论方法内容，没有这三项范畴就不可能系统完整地揭示资本主义的本质特征和现代社会经济运动规律。马克思认为政治经济学应该按照客观规律去研究资本主义的发展规律，人们应该了解这种规律，依照客观规律行事。商品生产要进行社会化，要有意识地控制商品生产，以使其达到最大的利用度。但是，马克思也在第一版序言中明确指出，即便人们认识、掌握了社会发展的规律，也不能幻想通过改变上层建筑，促成社会的跨越式发展。

学科理论发展的逻辑范畴体系包含了始项范畴、基项范畴、中项范畴和终项范畴，各范畴之间具有内在的逻辑联系，明确了逻辑范畴体系对翻译学理论范畴体系的整合、建构与发展具有重要的理论方法论意义。在翻译学理论研究范畴发展中，随着学术共同体理论研究视野的扩大和实践认识的进步，原有的范畴会不断深化和扩展其内涵与外延，或原有的范畴为新的范畴所否定、所摈弃而形成有关认识对象的新的概念；或在保留原有的范畴的条件下，修正其不能反映新情况和新事实的内容，而以新的研究成果去纠正它、完善它，使之更加精确化。

3.3 我国古代哲学思想中有关范畴的认识与运用

翻译学理论研究必然涉及其具有统帅和联结作用的基本概念的研究，而基本概念的本质特征及其运用和发展规律在中国古代哲学思想史中也有所认识。汉语“范畴”一词出自《尚书·洪范》，原指归类范物。殷末周初著名的巫学家及“占卜”宗师箕子回答武王治国安民的道理、次序问题时提出了“洪范九畴”：五行；敬用五事；农用八政；协用五纪；建用皇极；又用三德；明用稽疑；念用庶征；响廟‘孟福、威用六极。它是治国安民应注意和遵循的九类观念与原则，主要是规范人的行为，含有价值规范和制度法则的意义。中国古代范畴论具有辩证逻辑的的特点，冯契（1994）认为，中国古代哲学有关辩证逻辑思想主要体现于“类”（比类）、“故”（求故）、“理”（明理）的逻辑范畴，其中“类”的概念化表征就形成范畴认识。例如荀子有关比类的思想：“以类度类”、“以道观尽”（《荀子·非相》）。“以类度类”要求用道德观点来认识事物、把握事物，要求从统一的正道来考察万事万物。这是从一般到特殊的演绎。“以道观尽”是指要善于抓住一个类型、一个典型来考察所有同类的事物，也就是“欲知亿万，则审其一二”（《荀子·非相》）。这是从个别上升到一般（即归纳法）。二者是以类度类和以道观之的统一，也是归纳与演绎的统一（彭涟漪，2000: 13）。翻译活动是一种十分复杂的、内容繁复的语际转换活动，无论是对翻译实践现象的典型归纳——上升为类概念的一般性经验认识，或是对翻译理论的阐发——对翻译某类实践现象本质特征的演绎性阐发，都会使用到基本概念——对翻译现实的摹写和规范。从中西翻译史比较可以看出，中西译论中一个最典型的观念就是将某个（些）基本理论概念视为相对完整自足的理论概念（如“信、达、雅”、“功能对等”等），或孤立地将其视为具有原则或标准归约性的概念（如“化境”、“神似”、“等值”、“等效”），或将某些互为补充的、对立统一的概念视为对立的、矛盾的概念（如文与质、异化与归化、直译与意译、语义翻译和交际翻译等），试图将复杂的翻译现象都纳入这些概念之下进行阐释，或以这些理论概念去规范和评价翻译实践，其讨论倾向于平面化、表面化、印象化、主观化，缺乏横向与纵向的范畴扩展，其结果就是这些概念不能有效解释和揭示复杂而普遍的翻译现象。无论是传统翻译理论中的基本（范畴）概念，或是西方现代译论中的“学派”（如语言学派、文化学派、功能学派）或“主义”（如“殖民主义”、“女权主义”、“霸权主义”、“解构主义”）都只是属于特定范畴的内容，并且具有历时局限性特征，在具有共时性特征的翻译学理论体系中，这些形态各“异”的带有“主义”或“学派”特点的范畴都只能在各自的论域内具有合理的解释。然而，在不能明确这些范畴理论的性质、职能、目的、任务、方法等前提下，在不能“以道观尽”的条件下对其进行理论表征，翻译学理论体系就无法将其纳入其内。我们只有运用范畴概念（类化现象）去考察这些译学理论概念，只有运用“以道观尽”的思想去认识它们，才能明确其理论的本质特点及其与其他范畴之间的联系。

例如，我们从辩证逻辑范畴视角考察钱钟书所论的“化境”概念[1]，将其置于“以类度类”、“以道观尽”的认识论下进行思辨，便会发现“化境”是“化”与“境”对立统一的一对范畴：“化”指的是一种动态的变化过程，即“译者易也”，具有入“化”之道的方法论特征；“境”指的是一种经由入化而达某种理想之“境”的状态或结果，即钱钟书所说的“完全保存原有的风味”，具有（审美）价值取向特征。从“以类度类”和“以道观尽”看，凡是具有此类理想状态或结果的译文就必然蕴涵着“化”的过程，其中也必然会体现出“道”（方法与理据论）来，其“道”必然反映一定的区间规律性，并可通过归纳法而得之。若从逻辑范畴概念的构成审视“化境”这一对立统一概念的内涵与外延的规定性，我们便能由此衍生出相联结的其他范畴来。先辨析钱钟书有关“化境”的解释：

> “文学翻译的最高标准是‘化’”，“把一种作品从一国文字转变成另一国文字，既能不因语文习惯的差异而露出“生硬牵强”的痕迹，又能完全保存原有的风味，那就算得入于“化境”。
>
> —钱钟书

这是描述性定义，不是严格意义上的科学定义，我们可从中概括出其内涵与外延的结构关系。其内涵规定性特征有二：“消除语言习惯差异而不生硬牵强 + 完全保存原有的风味”，其外延则是“作品文字语际转换的理想状态——最高标准之译文”；其定义可重构为：“化境”是指“能完全保存原文风味且又能消除双语语言习惯差异而不生硬牵强的最高标准之译文（审美效果？）”。从逻辑思维看，表达简单概念的“化”不宜作为“类”概念纳入标准范畴。荀子说：“名也者，所以期累实也。

1 有的将化境译为“sublimation”，钱氏随后对“化境”的解释有“转胎投世”（transformation of souls）的进一步说法。

辞也者，兼异实之名论一意也。辩说也者，不异实名以喻动静之道也。”《荀子·正名》）其意是说每个概念都概括同类的许多实物，每个命题所包含的意思是不同概念的统一，而辩说（即推理、论证）则是在“不异实名”既不偷换概念的条件下来说明“动静之道”。“化”是指一个动态的“化译（易）”过程，是有待于认识的方法论运用过程，而方法是不能作为翻译标准的，何况当我们不知道此类“化译（易）”之道（方法与理据）时（即不能对某物进行定性概括就无法认识某物的本质特征），又怎能拿一个极为空泛的“化”来作为“最高标准”，有何客观依据？其次，作为结果的“境”属于审美范畴，译文的美不美，符不符合“境”的要求属于主观感受层面的内容，作为美学范畴的概念“境”本身同样不能作为衡量译文的客观标准，就如同“美（女）”这个概念本身不能作为选美大赛中评选美女的标准一样，而必须制定能为大众所认可的“三围”+“身高”+“智力”等条件参数——（由主观转化来的）客观标准参数，选美大赛才能进行。我们可考察英语词典有关标准的概念内涵与外延：

> Criterion: a *means* or *standard* of *judging*（CTCD）// *a fact or standard* by which you judge, decide about（CIDE）; standard: a *basis of measurement or an established or accepted model*, *usually rather special*, esp. *when thought of as being correct or accepted*（CTCD）

依据以上定义，我们对标准的理论职能作如下规定：一、在行事过程中，它应能为行事主体提供一定的有关客体自身属性的参照系，作为客观事实依据；二、对于检验行事后的结果来说，它能作为检验主体衡量事物的主、客观互为印证、互为统一的系列参数性依据，代表“质”的规定性。如果将“化境”纳入翻译“标准”之类的范畴来认识，就必然遵循概念的逻辑规定，即“化境”必须具有作为衡量事物的“量”与“质”的客观事实依据，并以此作为行事的参照系。但钱钟书有关“化境”的说明并没有提供此种参照系，如“完全保存原文的风味”这一全凭主观感受的“风味”究竟是什么？仅以空泛的“化”（语际转换变易之法）和“境”（主观感受之风味）概念去作为衡量译文的标准无疑是不自足的。“原文的风味”属于“文本特征论”范畴的内容，具有本体论和认识论范畴的特征。作为标准范畴概念“境”的理论依据之“风味”，在原文文本中必然具有特定的表现形态或特征化了的实在意义，应能反映出主、客观互为印证、形式与内容相统一的审美价值特征，并且能给予“风味特征”可描写基础上的辨析、定性、归纳与概括。这样，从范畴概念的功能看，“化境”不能作为一个孤立的理论范畴而存在于翻译学理论体系中，必须联结本体论、认识论、方法论、审美需求论范畴的内容，才能作为相辅相成、相互印证的范畴体系中的成员而存在。图示如下：

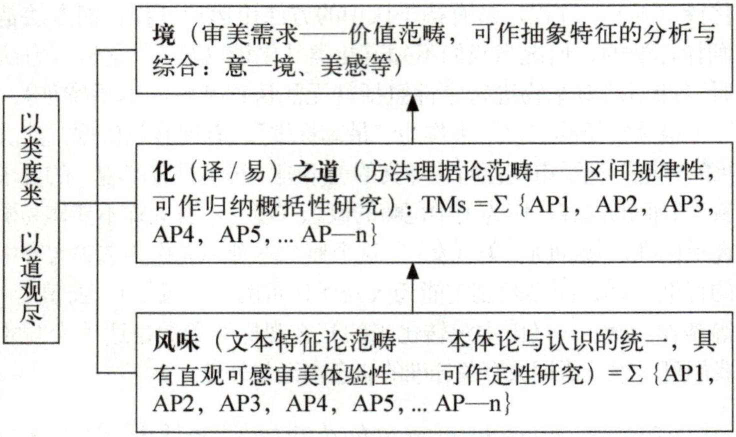

在对“化境”作逻辑范畴化的推衍上，所谓“风味”是主观与客观的对立统一的范畴概念，关于“风味”的认识过程就是一种建立与广阔的感觉印象世界的联系，即有关文本或翻译活动对象的实在图像或情景。“风味”作为一种本体论和认识论相统一的范畴，必须具有能被主体所直观感觉和把握的审美属性，而且这种审美属性（Aesthetic Properties）通过语词或语言形式表现出来是有迹可查的，并非虚无缥缈的，故“风味”作为一个范畴可以视为一个审美属性的集合。可形式化为：

$$\text{Aromas} = \sum \{AP1, AP2, AP3, AP4, AP5, \ldots AP\text{—}n\}$$

对于“化”而言，只有当译者主体能够直观感知并把握到原文的某种审美属性AP—x时才能选择合适的“化译/易之道”，其“二度艺术性创作”才是有理据可循的行为，而非盲目的纯粹主观的行为。然而，“化”可以作为一个方法论范畴（Transformation Methods, TM）而被赋予其理论形态，即“化”可以视为一个化译之道的方法论范畴的集合。可形式化表征为：

$$\text{TMs} = \sum \{AP1, AP2, AP3, AP4, AP5, \ldots AP\text{—}n\}$$

“化”的范畴化认识有助于在学术共同体中形成合乎理想型态的实践

结构而在翻译理论与实践相结合的研究中得到系统性的充实，为一定范围内的翻译实践提供可参照性的区间规律性认识。

“境”在逻辑范畴上是一个包括了“风味”与“化”两个次范畴内容在内的范畴概念，没有“风味”则无“境”的客观基础，没有“化”则无“境”的主观人格的体现。在理论范畴的表征上，“境”与“风味”既有区别又有联系：对于译者主体的入化之道而言，“风味”着眼于特定语言形式的表现，而“境”着眼于“意”的体验——“意—境”（即由意入境，象与义的统一，得意忘言），受众主体由“风味”之“形”进入“意—境”后所获得一种形意相得益彰的审美体验之中的主观感受——美感（愉悦体验），故含有目的和价值需求论特征。也就是说，“化境”在认知逻辑上是一个蕴含着并可从中推衍出目的—需求论范畴的概念。

从上述说明中可以看出，从一个基本逻辑范畴中可以推衍出若干子范畴或次范畴来，故逻辑范畴体系的次范畴化具有“数量”或“象数”的特点。明清思想家王夫之认为，要真正把握“类”，就要运用“比类相观”（《正蒙·动物篇》）的方法，即要求从事物的“同”与“异”的关系中及事物“屈”与“伸”的变化中认识事物而把握各类事物的本质，形成正确的类概念。这也说明，凡是被纳入“化境”或被“化境”所描述的译文（翻译实践现象），也必然存在着同一性和差异性，只不过是同一性中的差异和差异中的同一性。也就是说，“化”中有“异”，“境”中有“同”，译者主体可以通过运用不同的方法实现相同的价值取向的达境之译文（结果）。王夫之还指出：“象数相倚，象生数，数亦生象”（《尚书引义·洪范一》）。其意思是说象即类概念，和“数”是相联系的，范畴是可以推衍的，并继而形成相互关联的范畴体系。此论揭示了“类”范畴的辩证本性，而且进一步阐述了“比类”方法。中国古代科学一直重视“比类”方法，而比类又是和“取象”、“运数（度量）”相联系的。宋代大科学家沈括既注重“取象”又注重度量。对于西方有关译论或译观的基本概念，我们可以同样运用荀子的“以类度类”、“以道观尽”和王夫之的“比类相观”的思想去考察和甄别这些具有“类”范畴的基本理论概念。

在把握学科理论基本范畴的基础上，研究者需要历时地、动态地去认识这些基本范畴概念的内涵与外延的规定性，不宜僵化而机械地囿于历时性认识。因为这些基本概念的提出者都处于特定历史时期，其认识条件、认识方式、理论思维、理论目的、理论方法等都具有历史的局限性，往往不能把握客观对象发展过程中出现的新的复杂情况；其次，学科基本理论范畴概念的发展往往烙下了主体间性特征，即不同历史时期同一学术共同体或同一研究领域中不同的研究者在认识本学科领域的基本概念时，不断根据自己的翻译实践范围内的对象性认识赋予或扩大其相应内涵，故学科基本理论范畴内涵发展既具有相对的共时性的静态性，又具有历史发展的动态性。比如在政治经济学领域，马克思所论的“资本”、“资本家”、“剩余价值”等与今天我们所论的“资本”、“资本家”、“剩余价值”等概念的内涵已经不可同日而语，不仅体现在概念的内涵认识上，而且还表现在人们对这些概念的认识态度上；毛泽东时代所坚持的“社会主义”这一范畴概念在邓小平时代已经是内涵得到扩大了的“社会主义”——具有中国特色的社会主义；奈达提出“功能对等”的理论概念主要是基于圣经翻译实践中的典型实例，是从宗教传播的目的论出发，对圣经翻译过程中特定层面客观现实的摹写和规范，我们不能简单地用一个而孤立的“功能对等”概念去摹写和规范小说、诗歌、散文、戏剧、影视，或应用翻译领域内复杂的客观现实，而应根据新的客观现实、客体价值属性、环境条件等制约因素，拓展其内涵，并从中推衍出新的次范畴理论及其相应的辅助性概念体系。换言之，从“类”的范畴概念中推出的翻译理论之“理”——原理或原则，从实践对象所关涉的题材、体裁、话语形式、意义形态、场合媒介等推出翻译理论之“论”——论据或理据，从“理”与“论”的辩证统一中推出翻译理论与实践研究之“道”——认识结构、实践结构、方法结构、价值结构的统一。

以上讨论说明在对待传统翻译理论范畴概念的问题上，我们必须坚持辩证思维，从辩证逻辑认识论角度去考察这些概念，在批判的基础上去继承和发展这些概念。在如何认识逻辑范畴概念的问题上，我国古代哲学家们就有朴素的辩证逻辑认识。在我国宋明时期辩证逻辑的发展中，思想家、哲学家王夫之从其一元论出发，对宋明时期哲学论证的中心——理气（道器）之辩与心物（知行）之辩作了较正确的解决。他把概念看成是一个过程，认为不可执着于概念而使之成为僵死的，也不可把概念运动看作刹那生灭、不留痕迹的。思维是一个前有来源、后有趋向的现实流。“已往者”过去了，却又被保留在现在之中；“将来者”尚未到来，而从现在可以推测其未来。所以理性地把握当前的概念，是可以和以往与将来相通的（彭涟漪，2000: 16–22）。概念的继承是一个前后相续、彼此相含的发展过程，概念的历时性与共时性认识是超出一时一地的局限而具有概括的一般性质。从历时性与共时性角度出发去考察学科理论的基本范畴概念的有效性并加以合理的运用，我们需要以“推而行之存乎通”的辩证思想去认识它们。王夫之在《张子正蒙注·天道篇》中解释《易传》“推而行之存乎通”时，认为对待概念的发展要能存其通，存其变，既要掌握一般的相同之理，又要因时间、地点、条件的不同而加以灵活运用。而推要和辩相结合，所谓“推其所以然之由，辩其不尽然之实，均于善而醇此分，均于恶而轻重别”（《读通鉴论·卷末·叙论二》）。意思是不仅要一般地推知事物为善为恶之所以然，而且要辨别在不同条件下，善有醇恶之分，恶有轻重之别。这样，当我们以这种辩证思想去考察我国传统理论中有关原则或标准或策略理论范畴概念，或审视西方译论中的文化学派、女权主义、霸权主义、解构主义、殖民主义、后现代主义等流派或学派的理论概念时，就会深刻领会它们的“通”——推其所以然之由，把握它们的“变”——知其不尽然之实。按照现在的哲学术语而论，就是要将这些理论概念视为译学体系中不同层面、不同角度、不同地位、不同性质的理论范畴，从发生论、本体论、认识论、价值论、方法论、意识形态论（外部控制论）等哲学范畴角度去正确地认识这些具体学科具体概念的本质特征与相互之间的联系。正如冯契（1994: 124–125）所指出：“预先把握了‘相通之理’来进行推理，就能在行动中起指导作用，思想符合事物之间本来的联系，就能‘行于此而不碍于彼’”。

3.4 翻译学理论范畴概念的辩证认识

上述有关范畴的哲学观说明了为什么要通过范畴概念来认识和发展翻译学理论体系以及翻译实践研究。这是因为无论是翻译理论或是实践研究都具有特定的认识对象，面对的是一个具有丰富性、复杂性、多样性、多变性等诸多特点的整体，而任何个体的理论认识主体或实践主体都不可能在有限时期内以及有限的理论认识水平和实践条件下准确而全面地把握这个整体对象的诸种属性特征，只能从某个侧面、某个层次逐渐地去接近这个认识对象，并形成特定的观念形态，通过抽象的概念去把握认识对象的某个侧面或层面的特点，揭示其本质特点，对其运作规律作出合理的阐释或描写。冯契认为，“认识是对客观世界的反映，但人不能直接地、完全地把握客观世界、把握自然界的整体，人只能通过一个一个的概念、范畴，一条一条的规律，有条件地、近似地描绘物质的运动”（彭涟漪，2000: 21）。在翻译理论研究中，我们面对的是对复杂的具有历时性特征的翻译现象的认识，这些复杂的现象反映的是不同社会阶段中不同译者主体针对不同题材、体裁和内容的文本翻译或跨文化交往的现实状况，不仅反映了特定客体——文本自身诸种特征的制约性，而且也打下了历史社会文化影响的烙印。研究者从这些复杂的现象中总结概括出来的概念化表征也是对这些现实的一种摹写与规范，体现了一种“以现实之道还治现实之身”的原理。如严复的有关“信、达、雅”的总结就是特定历史阶段的认知个体对特定翻译实践的一种抽象化了的概念化认识，只不过他是从自己的经验出发，将其视为“译事三难”，体现的是一种朴素的、自我意识的原则性理据认识，并没有形成翻译理论意识而将“信、达、雅”三个基本概念作为不同的理论范畴进行系统性阐释和次范畴化建构。随着翻译活动的普遍化和深入开展，后人在不断的社会性翻译实践中，针对自己的经验感知而对“信、达、雅”产生了批评性认识，于是便有了“信、达、美”、“信、达、贴”、“信、达、切”、“忠实”、“通顺”等新的概念，并在学术群体中将其视为“原则”或“标准”的范畴，将经验层面的认识通过概念的使用提升至宏观理论层面进行阐释，继而确立了其理论范畴的地位。然而，从现象看本质，这些不同历时阶段的理论范畴概念的变化与扬弃无疑是基于理论主体各自的实践经验，如“雅”、“美”、“贴”、“切”等具体概念是一种对翻译“事实”的摹写和反映，同时也在主观认识上使其具有“原则”或“标准”规范性，其中体现出主体的价值准则，即使较广范围内的翻译行为或结果达到某种理想的境地。冯契认为，“逻辑思维过程就是一个概念摹写和规范现实的过程，而从价值论角度看，这同时又是一个从现实中汲取理想而又促使理想化为现实的过程，...... 辩证思维的基本形式的具体概念就不只是对现实的一种反映形式，同时也是一种理想形式，综合地体现着人的认识、意愿、感情的形式”（彭漣漪，1999: 34）。笔者认为，翻译理论概念同样具有摹写与规范的双重作用，当理论主体把从自己的翻译实践中所得到的对现实的摹写形成的概念再用来说明现实和规范现实时，就表明他们是以概念为工具对现实作了一定程度的分析，获得一定程度的理解，所形成的概念则“是人格的主观体现（即知、情、意的统一体），亦即人的本质力量的主观体现”（同上）。翻译学理论中基本概念“异化”、“归化”、“神似”、“化境”、“等值”、“等效”等都具有这种特征，人们的这种认识、意愿、感情自然也就体现于作为具体概念展开的概念体系或理论范畴体系及其转化而成的方法论的各个环节之中。如“等效”作为一个原则概念是基于对翻译现实中若干具有比类特征的“典型实例”的抽象概括。下面我们考察金隄在《等效翻译探索》中所讨论的有关等效的若干典型实例实现等效的特征与条件：

例1）Greet one another with a *holy* kiss.

V1: Greet one another with *a hearty handshake* all around.

V2: Greet one another with a *brotherly* kiss.（请你们以兄弟般的亲吻互相致意。——美国翻译家奈达在主持翻译的《今日英语版圣经》中的译法，理据是“无法想象什么样吻才是‘圣’”——金隄（1998: 22）

例1）所体现的“等效”摹写现实与规范现实的特征：

【语言形式】概念的涵义模糊性；

【话语场合】（宗教）布道；

【话语参与者】牧师与教徒；

【言语行为】指示性话语；

【言语意向】产生某种亲切的礼节性行为（如以“吻”相互致意）；

【等效动因】话语场合要求（牧师）话语的指示性行为在听众中产生某种相对明确的动作；

【等效方法】源语中“涵义”模糊的概念译为效果相等（以≈表示）的“直观可感”性概念：holy kiss（模糊不明性）≈brotherly kiss / hearty handshake（直观可感性）；

【等效条件】以言行事的直观感知性与相对明确性——行为性质的等效性；

【范畴度量】（象数运化）：典型实例所反映的“等效”次范畴特征之一：对以言行事的直观感知性翻译现象具有现实规范性。

例2）She took a folded postcard from her handbag.

—Read that, she said. He got it this morning.

—What is it? Mr. Bloom asked, taking the card. *U.P.*?

—*U. p: up*, she said. Someone taking a rise out of him...

（Ulysses 8. 255–8）

——什么呀？布卢姆先生接过明信片说。卜一？

——卜一，上，她说。有人在作弄他。……

——金隄译

例2）所体现的“等效”摹写现实与规范现实的特征：

【语言形式】文字谜团（具有语义不定性文本特征）；

【话语场合】日常相遇寒暄；

【话语参与者】布林太太与布卢姆；

【言语行为】说明行为意图；

【言语意向】寻找律师为布林起诉寄明信片者（明信片仅一词：Up)；

【等效动因】在目的语中等效再现源语文字的不定性形式，产生推测效果；

【等效方法】同义语词拆字法：U.p: up（向上）≈卜一，上；

【等效条件】形（结构）、义相近式等效；

【范畴度量】（象数运化）："等效"的次范畴特征之二，对文字谜团类翻译现象具有现实规范性。

原文的文字谜团在英语读者中的解读：Adams 提出六种解释，金隄给出的译文是他依据语境和人物关系与背景信息进行分析后得出的关联性解读。将金隄对其译文等效的效果分析引述如下：

这样一个效果上的差错，还不限于文字的韵味迥异，更重要的是影响了人物形象和故事的性质。任何头脑正常的人接到这么一东西，顶多不过是纳闷片刻之后或是扔掉，或是放在一边暂存，还为它费多少时间？可是布林接到之后，虽然他既不知道明信片是谁寄的，也不知道上面的两个字母是什么意思，却马上决定起诉，立刻动身去找律师，连脚上的拖鞋都没有换。愿意考虑这样无头无脑案件的律师自然是不多的，于是他拖着他的拖鞋跑遍了都柏林的大街小巷找律师，而他的倒霉的老婆也不能不紧紧地跟着他到处颠，形成一个既滑稽可笑而又相当悲惨的插曲，在众人嘲笑的烘托下凸现了爱尔兰社会中一个小人物的悲剧。

……

在中文读者的眼中，"卜一：上"正如英文读者眼中的U. p：up一样简单而又不知所云，而如果有人愿意推测，可以作比Adams教授更多的设想。例如："产上钩"、"上当"、"上吊"都是现成的。Adams的设想暗示对方性能力不行。

"你上不去！"当然中文也可以适用。根据布卢姆先生接过明信片后（显然是看着它说的）的话，我们可以理解明信片上的原始字样是"卜——"而不是"卜一：上"。那样，汉字拆开之后各个成分还有更大的活力；人们还可以设想"卜一卜，怎么样？""卜不卜，一个样，你没救啦！"甚至"不上不下"、"下贱东西！""下痿"、"下世"等等。（金隄，1998: 168–169)

例3）Buck Mulligan, hewing thick 'slices from the loaf,
Said in an old woman's wheedling voice:
—When I makes tea I makes tea, as old mother Grogan said. And *when I makes water I makes water*.
—By Jove, it is tea, Haines said.
Buck Mulligan went on hewing and wheeding:
—So I do, Mrs. Cahill, says she. Begob, ma'am, says Mrs. Cahill, God send you don't make them in the one pot.

(Ulysses l. 355–362)

译文：鹿马利根一边把面包切成大厚片，一边学着老太太哄孩子的口气说：
——我沏茶水就真沏茶水呀，格罗根老大娘是那么说的喽。我撒小水就真撒小水。
——老天爷，这是茶水没错，海因斯说。
鹿马利根继续切着面包学老太太：
——卡希尔太太呀，我就是这个主意，她这么说。卡希尔太太搭腔了：您哪，看天主的份儿上，您可千万别把两种水都沏在一个壶里啦！

——金隄译

例3）所体现的"等效"摹写现实与规范现实的特征：
【语言形式】双关（文字游戏）：making water = 沏茶 / 撒尿；
【话语场合】（早餐后沏茶）闲聊式寒暄；
【话语参与者】海因斯与马利根；
【言语行为】俏皮玩笑话语；
【言语意向】制造双关效果；
【等效动因】再现马利根的人物性格——戏噱之中不忘故作雅态；
【等效方法】替换法：making water（沏茶；撒尿/漏水）≈ 撒小水（"小水" = 尿，中医术语）
【等效条件】特定社会语域（亦可使用方言域）同效性；
【范畴度量】（象数运化）："等效"的次范畴特征之三——对双关类翻译现象具有现实规范性。

例4）Poets oft have sung in thyme.
Of music sweet their praise divine.

Let' them hymn it nine times
Dearer far than song or wine.
You are mine. The world is mine.
利用格律加韵脚
奥妙诗歌无尽了
波涛翻滚逐浪高
尔后唯有我诗好
得你就是独占鳌。 ——金隄译

例4）所体现的“等效”摹写现实与规范现实的特征：

【语言形式】文字游戏——类似于汉语的藏头诗；

【话语场合】？

【话语参与者】布卢姆与利奥波尔迪；

【言语行为】求爱情诗；

【言语意向】意图以此表现自己颇有文才，欲博对方芳心；

【等效动因】再现人物（布卢姆天真，甚至有些拙笨可笑）的性格特征；

【等效方法】模拟重构：模拟原文结构形式，重构译文结构形式；

【等效特征】音、形、义相似；

【范畴度量】（象数运化）：典型实例反映的“等效”次范畴特征之三——模拟重构对文字游戏类翻译现象具有现实摹写与规范性。

以上是《尤利西斯》第十七章中记叙布卢姆16年前写给莫莉的求爱情诗，布卢姆耍了点小聪明，将其写成“离合诗”或“藏头诗”，即该诗每行首字母连起来暗含着他的名字：Poldy。为了押尾韵，布卢姆不惜借用一些勉强凑数的词，写出来的是一首显然毫无诗意的幼稚作品。乔伊斯的创作意图是通过该诗来表现布卢姆性格中天真，甚至有些拙笨可笑的一面。金隄（1998: 173）认为：

要传达原文这种情趣，必须在译文中尽可能反映这些形式上的特点。从内容方面来说，“诗人”以获得对方的爱为最大快乐的心情当然是最重要的，必须仍是主要内容，而某些细节“九乘九”、“神圣的赞美”之类，都是为了凑韵而塞进去的，它们的内容可有可无。如果为了这些凑韵词的内容，翻译成文雅的词句，丢掉了“离合诗”的特点和勉强凑韵的拙劣问题，倒是大大的失真了。

根据金隄此处的解释，我们可对“等效”范畴内典型实例的形式特点进行描述，对其本质特征作出归纳性认识。此例等效的可描述性特点就是原文与译文的意向功能凸显形式的等效：

原文意向功能价值凸显形式：
人名：Poldy（离合诗）尾韵
P　　Thyme（ai）
O　　divine（ai）
L　　nine（ai）
D　　wine（ai）
Y　　mine（ai）

译文意向功能价值形式凸显特征：
人名：利奥波尔迪　尾韵
利　　脚（ao）
奥　　了（ao）
波　　高（ao）
尔　　好（ao）
得　　鳌（ao）≈

上述有关离合诗等效翻译特征的形态描写说明以下四点：

一是"等效"的效果具有一定的审美价值或带有作者某种创作意图，其语言形式的表达具有一定的功能凸显性特点；

二是源语与目的语之间的"等效"并非严格意义上的具体形式与内容的相等，而是抽象层面的"特征效果"相等，如首字母连接而成的人名对等：P—o—l—d—y ≈ 利—奥—波—尔—迪，以及韵律的抽象特征对等：ai ≈ ao；

三是"等效"之"效"是为了通过此种形式来达到刻画或表现人物性格特点之功效，其"果"是在源语和目的语读者中均能通过这种表现形式能感知出小说主人公"布卢姆自鸣得意的幼稚诗才和获得爱情的狂态"性格特征之结果，即其语言形式能触发或引导读者进行可分析性的解读；

四是为了实现这种"等效"，可以在其他细节内容上"失真"，这种失真本质上就是一种形式凸显等效前提下的对源语语言表达形式的功能或内容的价值甄别与优化选择。

金隄在《等效翻译探索》中指出：翻译中需要的对等是一种综合关系，不是机械地综合语言学、语义学、语用学等方面的对等，而是依靠艺术的眼光和文化语言素养，全面细致地考虑各方面因素。效果上的对等在于虽然有些无关紧要的细节变了，可是它的主要内容、形式、格调都和原诗相似，一如原诗（1998: 22）。从中可以看出，金隄是用“等效”和“对等”的概念去规范翻译活动中的有关现实，对于规范何种现实，他提出一种“综合关系”的“对等”，其本质特征在于突出“主要内容、形式、格调”的相似性，弱化或虚化了某些次要的语言学、语义学、语用学等细节方面的对等。所谓的“主要内容、形式、格调”等说法实质上反映了一种价值判断和价值选择。我们在第一章中讨论了翻译学理论发展的学理性基础，其中一个重要的方面就是要考察范畴理论的摹写现实和规范现实的可行性，并在理论范畴概念与所能纳入该理论范畴内进行讨论的典型实例之间找到能相互约定的诸种要素。以“等效”理论范畴为例，我们可将其摹写现实和规范现实的制约因素陈述如下：

论范畴摹写和规范现实的制约条件与因素	
语言形式	具有焦点化或标记性的语言单位，或在语义内容的关系上具有形式特征凸显的意向性；或期待产生某种以言行事的行为效果的表达形式
话语场合	具有特定的话语场合性，并能产生特定的话语效果
话语参与者	具有特定的话语交际者
语言行为	体现为形式与内容相统一的价值特征倾向性
语言意向	具有可直观、可感知的意图性或目的性
等效动因	以特定方法再现原作者独特的创作艺术
等效方法	等效方法具有可定性概括的特点——归纳与演绎的统一
等效条件	等效的条件就是价值选择与价值凸显基础上的语言文化差异之间的一种调和，反映出一种基于语义形式差异之上的求同策略
范畴度量	形成“等效”的次范畴化，即“以类度类”和“以道观尽”的运用

从理论发生学看，理论的生发起源于对实践的主观能动性认识。正如Pym（2010: 1）所言，翻译理论的萌芽起源于译者的选择，无论是有

意识或无意识的选择都蕴含着某种“内化的”理论认识。“等效”理论提出者是将这种内化的理论认识外化为理论范畴概念，以便在更广泛的翻译实践活动中使译文达到理想的状态。我们运用辩证逻辑范畴思维，从“以类度类”和“以道观尽”的学理性去拓展“等效”理论范畴，并结合现代语言学及其他相关学科理论的运用，其理论目的是为了丰富与充实翻译学理论范畴体系，其实践目的是建构和形成经验知识模块（曾利沙，2011a），通过观察“等效”范畴内众多典型实例的本质特征以及蕴含的知、情、意相统一的人格的主观体现，通过实践经验和理论概括之间的比较研究，逐步建立起对“等效”翻译现象的区间规律性知识结构，这也是爱因斯坦（2009）指出的，知识不能单从经验中得出，而只能从理智的发明同观察到的事实两者的比较中得出。

3.5 中国传统译论的现代转化问题

翻译学的系统整合性研究需要对传统译论或译观进行现代理论学科意义上的诠释和理论转化，这意味着研究者必须对这些译论或译观作出可描述、可阐释、可印证、可操作、可推论的范畴化建构、深化与拓展，力求“化理论为知识、化理论为方法”（曾利沙，2003a），使传统译论或译观通过历时与共时的、归纳与演绎的、分析与综合的、宏观理论与微观实践等相结合的研究路径重新获得新的生命力。杨自俭（2003）在论述中国传统译论的现代转化问题时指出：中国译学界没有认真研究中西有关哲学范畴的认识模式，没有对哲学范畴进行理论规定性的探讨，更没有进行中西译学范畴与中西哲学范畴的比较。研究译论基本上都是就译论谈译论，既不研究基本范畴，也不涉及哲学，这种现状产生的两大问题是：“一是对传统译学范畴自身特点的研究很少；二是对传统译学范畴体系也无从进行理性的鉴定”。他进而提出从哲学范畴、译学范畴、译学范畴体系三层次去认真深入地研究。笔者认为，此论抓住了传统译论现代化转化的一个重要问题，我们应力求融通中西范畴认识模式，强化中国哲学中“以类度类”、“以道观尽”的思想方法论，突出西方哲学中逻辑范畴的结构性、关系性、分析性、描述性、系统性等特点，对传统译论或译观中的基本概念如文、质、信、达、雅（美、切、贴）、忠实、神似、化境等从发生论、本体论、认识论、价值论、方法论、系统论等逻辑范畴层面去深入揭示和拓展这些传统译学概念，尤其是在对这些理论概念在相应范畴层面进行现代诠释与转化的理论理性表征过程中，应与翻译实践中的典型实例结合起来予以毫发剖析式分析和实证性阐发，既有经验感性认识，又有理论感性认识，真正做到理论联系实际，使翻译学理论研究焕发出强大的生命力。将研究路径、方法、内容、性质、关系等图示如下：

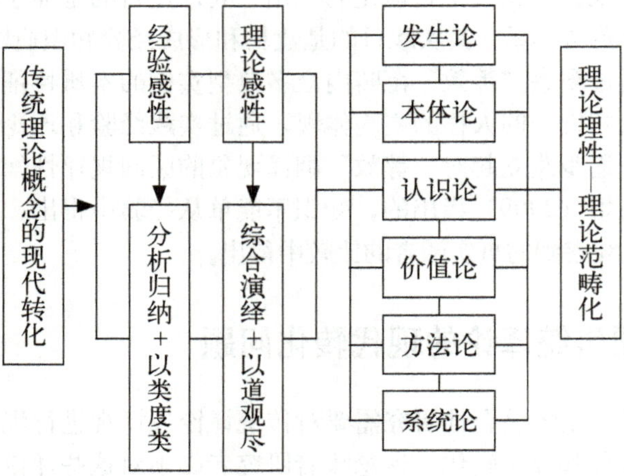

3.6 小结

每当哲学发展到总结阶段时，思维就进入辩证法领域。这是哲学家、逻辑学家对辩证思维的形式进行考察，提出辩证逻辑的一些原理。又因为一定时代的人类思维是一个有机联系着的整体，这时也一定有一些科学领域的方法达到辩证阶段，可从中概括出辩证逻辑的原理（冯契，1994: 145）。从对翻译学范畴理论的哲学基础的研究说明，对翻译学基本理论概念的研究应将中国传统哲学对“范畴”的辩证认识（亦此亦彼、重综合、重功能、内涵多元游移）与西方传统哲学有关“范畴”的认识方式（非此即彼、重分析、重结构、内涵相对稳定）融通起来，形成现代的逻辑范畴化理论表征。

第四章 论翻译学理论研究的价值哲学基础

方法是分层次的。哲学提供最一般的方法，而各门科学有自己的具体方法。哲学与具体科学既有联系又有区别。它们都研究规律，都以概念、范畴、规律的逻辑体系来反映现实。其差别是：各门具体科学是从某一方面、某一领域来研究世界，把握某一特殊规律。

——（李连科，1999: 5）

4.1 引言

翻译学理论研究需要哲学的指导，不仅在对理论问题的思辨层面，而且在方法的科学运用层面都具有积极的指导意义。哲学是理论化、系统化的世界观（肖前等，1980: 1）。“哲学”在希腊语中是“爱”和“智慧”两词的组合，具有“追求智慧”之意。我国翻译学理论研究者如何在学科理论研究中既有对传统理论的继承，又有批判和创新，深刻洞见作为一种跨文化交际和语言文化传播的社会性翻译行为的本质特征，无疑需要理论智慧。在翻译学理论的系统整合性研究中，我们需要科学系统地研究翻译实践中的种种现象及其衍生出的相应的译观或译论，将其上升到理论理性层面进行概括，就必须从哲学角度审视其理论概念的学理性特点及其关系。“哲学和科学发展史证明科学是能够把握具体真理的，哲学也是能够具体地把握世界统一原理和发展法则的”（彭涟漪，1999: 5）。纵观各门学科理论的特点，学科理论研究中常见的理论形态就是对各门具体学科研究对象发展的规律性把握，或者说是对具体真理的认识，从而形成一些原理、原则、标准、范畴或发展法则的宏观理论概念表征，其作用是作为指导人们行为的指南，或作为认识客观事物发展并加以改造的主观约定。如管理学中的社会行为理论因果结构链：行为—动机—目的—需求，语用学理论研究中的合作原则和礼貌原则等，翻译学理论研究中的信、达、雅和忠实原则、神似或化境标准等，对于这些基本理论范畴的概念需要从哲学原理上予以剖析才能获得更加明晰的本质关系认识。本章旨在从主体对客体的价值属性的认识与需求特征入手，探讨翻译学理论与实践研究的价值哲学基础。

4.2 翻译学理论研究的价值哲学观

哲学既是世界观又是方法论，或者说系统化、理论化的世界观和方法论。它不仅从总体上对人们如何处理自己同外部客观世界的关系，提出一定的具有普遍性意义的观点，原理和原则，而且要对这些观点、原理和原则作出理论的解释（肖前等，1980: 4)。人们继而用一定的世界观去指导自己的行动，从而使它们成为人们用以观察、分析、思考和解决各种问题的基本原则。在一般日常翻译研究的学术交流过程中，人们常常满足于经验或理论感性认识，即对理论的一些基本功能做到似乎明白或者基本认识就行了，并不要求对所使用的概念作出严谨而科学的明晰认识，或对概念之间的关系作出明确的定性认识，不深究概念之间的异同，甚至将一些相互联系但属于不同范畴的概念作为可互换的概念交替使用。例如译学界对“原则”和“标准”的概念认识就缺乏区别性，不少研究者既将“信、达、雅”视为“原则”，又将其视为“标准”。哲学则要求对一些基本理论概念从哲理上作出澄清，它引导我们深入思考类似的问题：什么是“原则”或“原则”是如何形成的?“原则”有何理论职能，它对翻译行为具有何种规约性，与翻译行为之间是一种什么关系？原则理论如何与实践形成一致性并如何协调？为什么社会性的群体翻译活动需要“原则”理论作指导？作为个体的译者行为是否存在或需要有“原则”指导，或翻译“原则”在何种层面、以何种方式有效地指导个体的翻译实践？翻译原则、翻译主体、翻译客体之间具有何种相互制约的辩证关系？翻译“原则”和“标准”是否具有价值特征，或如何揭示翻译“原则”和“标准”的价值特征？翻译实践中的种种变量关系、规律特征以及译者选择行为的背后是否存在着价值驱动型理据？诸如此类的理论问题可纳入价值哲学的视野内予以考察和阐释。哲学通过把握世界最一般的规律，通过阐明事物在各种条件下发展的最大可能性，为人类实现真善美的理想奠定理论基础。翻译学作为具体学科的科学研究领域，同样需要价值哲学的指引才能更全面和深入地探索相关理论与实践之间的关系问题，其价值观不仅能合理地揭示翻译活动发展规律，而且能从深度和广度上揭示其区间规律性并进行相应的理论表征。

4.3 翻译原则的价值特征

何谓价值？“价值是指主体需要和客体属性的特定关系，是二元归一”（李连科, 1999: 2）。也就是说，改造客观世界的主体是根据其特定需要去认识并作用于客体的，使客体按照主体的需要内容而加以改变。当被主体改变的客体烙有主体的特征时，我们认为主体赋予了客体某种价值特征；而当这种价值特征被主体所把握，并被认为具有了某种特定的价值时，我们认为客体存在着这种价值属性。从价值哲学观考察翻译过程中主体与客体的关系，我们可将源语文本（ST）和目的语文本（TT）分别视为翻译活动主客体关系中的客体1和客体2，客体1和客体2必然具有相对主体需要而言的价值属性。这样，客体1和客体2就可被表征为价值属性（Valuable Attributes，VA）的集合，而理想的翻译就是追求在客体1和客体2之间建立起价值属性的等值关系。传统翻译理论“信”和“忠实”原则在本质规约上就体现出这种要求。将其关系图示如下：

$$
\begin{array}{rl}
\text{客体 1 (ST)} = \sum \{ & VA1,\ VA2,\ VA3,\ \ldots\ VA—n\} \\
 & \ \ \|\qquad\ \ \|\qquad\ \ \|\qquad\quad\ \ \| \\
\text{客体 2 (TT)} = \sum \{ & VA1,\ VA2,\ VA3,\ \ldots\ VA—n\}
\end{array}
$$

由此而引发的对具体真理的认识问题是：为翻译主体所把握或认识的翻译客体的价值属性是什么（质的表现），并具有哪些价值属性（量的统一），通过何种形式予以确证。对此类问题的认识是讨论翻译原则的价值哲学理论基础的前提，因为“没有同主体发生认识和实践关系的物质世界，虽客观存在着，但并不构成客体，或者说只是潜在的客体，而非现实的客体”（ibid.: 78）。也就是说，不能为翻译主体所把握的客体的属性就不能成为价值属性，而脱离价值属性谈论翻译原则是没有多大理论意义的，故我们可认定翻译客体的价值属性是对翻译主体而言的具有意义的属性，在理论研究上必须对翻译客体那些具有意义的价值属性进行定性概括才能看出其价值特征的客观确定性，进而形成翻译活动有关客体的理念认识。“理念就是人们把有关个别中共同具有的本质特点抽象出来而形成的概念，是人对物质世界的一种反映形式”（ibid.: 36）。这些被确证了的价值属性特征的理念认识必然以意义化了的概念形式在一定程度上左右着翻译活动主体的行为，由于主体的需要，它们的价值再现和表现也就成为翻译活动过程中艺术创造性的理据。从翻译的社会属性看，翻译活动并非译者主体个人自娱自乐或孤芳自赏的行为，必然带有一定社会目的性倾向，必然希冀其译文能产生一定社会影响并为社会群体所接受和认可，从而实现其预期的社会价值。从社会活动的价值属性来看，人的需要是社会创造出来的，人们希望按真、善、美的标准去改造世界，这种社会群体对价值需要的共识性又制约着个体性翻译主体的行为。但是，翻译活动并非总是发生在一种理想状态下的行为，客体自身的诸多价值属性并非直接地、全部地暴露在翻译主体面前而为主体所把握或认识，而是隐蔽地存在着，有待于主体去发现或深究；其次，主体所处的社会历史阶段的意识形态等外部环境的变化，以及语言文化和认知思维差异等诸种制约条件，使得主体对客体的价值属性的把握和需要发生相应的变化而产生相应的价值选择。这就需要“主体一方面主动排除外界干扰去认识事物属性，另一方面从自己需要的角度去认识外界事物属性。为了实现价值，主客体各自克服自己的片面性，相互联系、相互补充”（ibid.2–6），这就形成客体人化、主体物化的主客体相统一的互动性的实践关系。就翻译活动而言，会出现两种情况：一种是在理想状态（无条件制约）下翻译主体有可能将客体1的价值属性在客体2中再现或表现出来，从而实现客体价值属性的等值，或者说是一种耦合性的“忠信”；另一种是在非理想状态（有条件制约）下客体1的某些价值属性可能以负价值或欠额价值的状态在目的语中呈现出来，而翻译主体有可能对客体1的某些负价值或欠额价值的属性进行摒弃和改造，或加工重构，或补偿和仿拟性创造等。这样，在翻译实践中就会出现客体1和客体2的形式之间在价值属性上不对应或不相等的现象。其关系图示如下（? 表示等值的不确定性）：

$$
\begin{array}{l}
\text{客体 1（ST）} = \sum \{ VA1,\ VA2,\ VA3,\ \ldots\ VA—n \} \\
\qquad\qquad\qquad\quad \|?\quad \|?\quad \|?\quad\quad \|? \\
\text{客体 2（TT）} = \sum \{ VA1,\ VA2,\ VA3,\ \ldots\ VA—n \}
\end{array}
$$

【例1】

（She was）…so attractive that the Reverend Mr. Crisp, fresh from Oxford, and curate to the Vicar of Chiswick the Reverend Mr. Flowerdew, fell in love with Miss Sharp; being shot dead by a glance of her eyes which was fired all the way across Chiswick Church from the school—pew to the reading—desk.

(Vanity Fair, p.14)

上述英语原文（客体1）描述小说人物夏普小姐美貌迷人，一位刚从牛津大学毕业名叫克里斯普的男子迷恋上了她。克里斯普在契息克教堂弗拉活丢牧师手下担任副牧师，此时克里斯普正站在教堂讲经台上，而夏普小姐则坐在教堂后方的靠凳上，她不经意地往站在教堂讲经台上的克里斯普那么一瞥，克里斯普瞬间产生强烈反应。作者以生动的比喻性描写将夏普小姐一瞥投出的目光比喻为（子弹的）“射击”（fire），径直穿过教堂射向讲台，克里斯普被“打死了”（being shot dead）。我们是否对等地按照客体1的美学价值属性（即隐喻的形象化美学意义）“忠实”地译出：夏普小姐的眼神从学校的包座里穿过教堂向讲经台上射去，将克里斯普牧师击毙了（或射倒了/结果了），客体1的这种比喻的形象美感性在汉语中则大为逊色，难以让中国读者构建一个自然生动的人物关系形象思维的场景：

*？夏普小姐的眼神射向站在讲台上的牧师，将他打死/打倒/击毙/结果了。

在客体2（汉语译文）中，这种机械的忠实译文在中文读者看来似乎有点像科幻小说的场景，两人的关系就像敌对的双方，而非两个异性青年之间的那种强烈相吸的情境，译文在上下文语境中产生情感一致性欠缺的负价值效果。从主体审美价值需求看，代表读者群体需求的译者主体具有主观能动性，为了在译文（客体2）中获得正价值属性表现的可能性，有必要使忠实的价值原则在理论特征上获得动态性，即将客体1中的审美价值表现的隐喻形式在客体2中得到正价值的动态性表现：在汉语民族中，人们习惯于将美貌艳丽女性的目光比喻为“放电”，将接触美女目光的男性的生理反应比作“遭受电击”或“电晕”。故从不同民族的语言文化的差异看审美价值属性的再现和特定情感特质的表现，“忠实”原则的遵循不是静态和机械的，而是动态的形象与情感再现，其理据的哲学基础就是满足主体价值需求的再现或表现，也是跨语言文化翻译过程中客体主体化和主体客体化的一种表现形式。我们试将译文仿拟性重构如下：

译文：夏普小姐魅力难挡，一位刚从牛津大学毕业的男子克里斯普不禁迷恋上了她。他现在担任契息克教堂弗拉活丢牧师手下的副牧师；此刻夏普小姐正坐在教堂后方靠背长凳的学校专座上，远远地往教堂前方一瞥，放电般直射牧师讲台，克里斯普不禁被电晕了。

我们若承认非理想状态下的翻译活动也可能是一种常态，那么由此引发的原则理论的悖论是：翻译活动既可以受制于忠信原则也可以不受制于忠信原则，即翻译原则是可以违背的或可不遵守的。要正确认识这种理论悖论，就必须深究问题的实质。对于传统翻译原则，译学界只是一致认为“忠实”和“信”都属于翻译“原则”规约的范畴。将某概念称为翻译“原则”只是对其本质特征的概念化认识，即对翻译行为规约的公理性推论，却没有对其与同一范畴内其他理论原则之间作出关系定性的概括认识，其结果是无法明确各自的理论职能。例如，将“信”、“达”、“雅”三个概念纳入“原则”范畴，只是认识到了这三个概念自身的本质特征及其同一性，却没有见出三者之间的差异性及其关系特征，以及各自的理论职能和规约的对象性。针对于社会行为的原则可以具有不同的关系特征和理论职能，即原则既可以是目的性原则规约，也可以是策略性原则规约，又可以是价值性原则规约，都有自身不同的理论表征——具体的规约性内容。不同性质的原则规约对主体行为发展具有相应的规约性特征，如中国政府的国防政策旨在维护国家领土完整、保护人民生命安全和维护世界和平，故决定了其武装力量发展的目的性原则是“防御性的国防”原则，其具体内容表征为“不首先使用核武器”和“发展二次核打击力量”或“三位一体的战略核反击能力”；在目的论原则制约下，其军事打击手段的发展也遵循相应的防御性的军事策略原则——“非对称性的军事打击力量”（如发展短、中、远程、洲际弹道导弹系列等）；中国发展国防力量的防御性目的原则和策略性原则又是通过其价值原则来体现——“和平崛起”和“不称霸”，对其武器的类型、数量、规模、使用手段等方面形成相应的制约。而美国的国家安全政策是致力于建立一国独大的强权政治，以便主导世界，故其发展武装力量的目的性原则是“称霸全球”和“攻击性的国防”原则，其相应的军事策略原则为“先发制人”和“首次给予毁灭性打击”（如发展庞大的航母群、远程轰炸机、空海一体战等）。美国发展武装力量的目的性原则和策略性原则又体现出它与其他国家之间关系的价值原则——“霸权主义”，其实质是“掠夺资源”和“损人利己”。从理论上看，除非外部条件发生变化，属于内部的目的性原则一旦确定后则在一定时期内是不变的，而策略和价值原则同样是可根据目的性原则以及外部条件变化而发生变化的。如美国重返亚太地区，意图主导亚太事务，美军积极规划亚太导弹防御系统，在亚太地区结盟与扩军。在这种外部条件发生重大变化的情况下，中国政府为了打破围堵，其国防政策的防御性的目的性原则发生了变化，演变为“扩张性国防”目的性原则，其军事策略性原则也发生相应的变化，如陆军的“全域机动、立体攻防”战略，加速培养陆军航空兵从“支持保障型”，向“主战突击型”转变，并建构“低空快速打击作战体系”等。这就构成了目的性原则、策略论原则和价值原则之间的相互联系、相互制约的辩证关系，以及和外部条件变化之间的互动关系。

就翻译理论原则范畴的关系定性看，翻译原则“忠信”无疑不是目的性原则，因为翻译主体并非纯粹为了“忠信”原则而翻译——忠信并非目的，翻译活动的目的性取决于客体不同的价值属性——文本类型及其价值属性特征。从宏观看，文学翻译活动的目的性在于再现和表现原作的艺术思想、艺术手段、审美意境、传播作品所蕴含的异域文化和刻画特定的社会历史人物的关系等，这些构成文学翻译的“审美再现/表现”和“文化移植”的目的性原则的内容；由于语际翻译活动发生在两种不同的语言体系和社会历史文化差异的语境中，尤其是原作者那些独特的艺术性创作手法和目的语受众的语言文化和思维习惯，使得文学翻译的目的性原则规约内容难以直接达到，这就需要有相应的策略原则，如达或雅，化境或神似等。策略原则的理论职能是对目的性原则内容的补充或辅助，是为了实现或满足翻译主体的需求特征的体现，“达”、“雅”、“化境”、“神似”等则是策略原则的概念化表征[1]，具体体现为实现特定目的性内容而协调差异基础上的艺术创造和二度创作。在原则范畴内概念关系的认识上，目的性原则和策略性原则又统一体现出主体对客体的价值属性的需要，即在符合受众主体价值需要基础上“忠实”或“求信”于原作的价值属性。也就是说，当我们从关系定性上将“忠实”或“求信”为价值原则时，就预设着“忠实”或“求信”的客体属性必

1 笔者认为，“化境”、“神似”并非译学界所称的翻译标准，因为所谓“标准”的本质特征是“衡量事物的依据”，而衡量译文的“依据”必须是一种参照系，缺乏参照系的空洞而抽象的主观性概念“化境”、“神似”怎能作为翻译标准指导实践呢？标准的参照系应体现出客体的价值属性才具有实践意义，故从学理性要素看，宜将“化境”、“神似”纳入策略原则范畴，二者都是可以作为可选择的策略性原则，仅以策略性规约层次指导文学翻译实践。

须是符合受众主体的价值需要的对象物，而非简单地将某个翻译行为描述为“忠信”或“不忠信”。上述讨论说明，在翻译学理论研究中，我们不能孤立地看待某个理论原则，只能在理论范畴关系内和理论系统内才能明确各理论原则的性质、特点和职能。

4.4 翻译客体价值属性需求与价值原则的关系

4.4.1 翻译客体的价值属性及其质与量的特点

辩证唯物主义认为，世界统一于物质。物质是属性存在的根本原因，而属性是物质所固有的。物质的具体形态的产生、存在和发展，都只能从物质自身来说明。物质是其属性存在的基础，属性依赖于物质，物质的运动、时空、能量、结构、功能、层次、信息等属性，都无法独立存在。世界的物质统一是有差别的多样性的统一（李连科，1999: 73–75）。这对翻译客体价值属性来说，无疑具有积极的指导意义。客体的属性既有固有属性，也有非固有属性（在与他物的关系中所获得的属性），而翻译客体也是发展变化的、错综复杂的统一体。故我们对认识翻译客体价值属性的认识深化是一个渐进的过程，需要众多研究者不断凭借新的认识手段去揭示翻译客体的属性。“人们创造了新的认识手段，就会扩大客体的范围；实践中主体认识能力的提高，会使新生事物进入认识结构，从而产生新的认识客体”（ibid.: 87）。然而，客体的属性往往体现为功能属性关系，这种关系具有作为客体的功能，即起着作用于主体引起主体反映的作用。客体的功能属性有无价值取决于主体的需要，即是否对主体具有意义，具有意义的则为价值属性，能积极地反映客体的功能属性，不具有价值的则为负价值属性，会消极地体现客体的功能。这就是价值属性所具有的质与量的特性（ibid.: 16）。实践为主体提供认识对象，考察下面的译例：

【例2】

ST: 人类即将走出20世纪，迈进21世纪。新世纪对于人类来说，既是充满美好希望的世纪，又是面临严峻挑战的世纪。

对应性译文：Man is now walking out of the 20th century and striving into the 21st century. (As for man, the new century is not only a century that is full of good wishes but a century that is facing severe challenges.)

TT_1: Man is now walking out of the 20th century into the 21st century, which is both promising and challenging.（引自王宏印，2003）

TT_2: Man is striding into the 21st century, which is both *promising* and *challenging*.（本书作者译）

关于此例，王宏印（2003）有过一段论述：“有些现代汉语文风虚夸浮肿，尤其是旅游宣传类材料、太多的夸张变形，不能直接翻译。因此，汉英翻译中的常见问题之一，就是要按照英文表达的需要对汉语原文作一个起码的简化整理，从中产生出一个适合翻译的‘善本’”。

上面TT1的“译法就是正确而适当的。仔细分析起来，英文并没有少掉什么不该少掉的东西，但在汉语中也许并没有多余的东西。如果说有什么差别的话，那就是句子的长度发生变化，作为演讲所占时间多少有别，因而引起听众重视的程度不同了。但若进一步考虑到中西演讲者的讲话语速和听众心理的忍耐限度本来就有差距，这种变化也许正好适宜呢。”

结合王先生的评说，有几点值得总结：1）此例文字源自于演讲词，演讲词有其特定的目的性原则——能打动听众，激起其热情；2）中西演讲者（或作报告人）的讲话语速和听众心理忍耐限度具有差距，需要不同的语言策略，以树立演讲者良好的公共形象；3）现代汉语文风虚夸浮肿，冗长累赘，有的宣传类材料文字夸张变形；4）英语受众的接受心理有别，尤其要求演讲者语言风格简洁有力，突出主题信息，如奥巴马的就职演说有专人为其文字润色，直到上台演说前最后一小时还在对演讲稿进行精心润色，能少一个词就绝不会多一个词；5）所谓的“适合翻译的‘善本’”就是一个经过价值属性甄别和选择的译本，符合受众主体价值需要。

上例选自演讲词的语句英译涉及概念语义和结构的信息价值的甄别与选择问题。作为演讲词，原文的文字与结构的表达方式反映了汉语常见的文体风格，对于汉语受众而言似乎是可接受的，其容忍度较强。但从对应的英译文看（参见括号内译文），文字风格则显得冗长累赘，表达缺乏力度。如“人类”重复两次，“世纪”重复五次，造成概念表达冗长累赘；结构词“对于……来说”、“既是……又是……”并不传达实质性信息内容，使得语句显得繁复；“迈进”在认知上预设着“走出”，不走出又如何迈进？无疑，汉语演讲词的撰写低估了受众的认知思维能力，没有考虑听众在处理冗长累赘的概念语义和繁复的结构信息在时间上所付出的额外努力。若通篇照此对应性英译，冗长累赘、结构繁复的译文文字风格势必造成英语受众的烦闷和难以容忍，其结果达不到演讲预期的目的，甚至造成负面效果，不能有效地树立演讲人的良好公共形象。故从演讲辞的目的性原则内容出发，我们可拟构出相应的汉英翻译策略，即“经济简明”和“主题信息突出”（曾利沙，2005；周锰珍、曾利沙，2006），文字概念和语句结构的简洁性必然要求在目的语中虚化那些冗长累赘的概念和没有实质性信息内容的结构词，以便突出主题关联性信息。如上述译文TT2遵循了“经济简明”和“主题信息突出”的策略原则，在语句末尾重点突出了promising 和challenging两个主题照应性概念——价值信息突显，预设着演讲者在下文将分别重点说明这两个概念的具体信息内容。上述分析旨在说明，从价值哲学观考察传统翻译理论中关于“忠实”和“求信”原则的归约性理论职能，我们便能作此论断：“忠实”和“求信”属于价值原则的范畴，“忠信”与否取决于源语文本的属性价值是否与预期的受众价值需求之间是否一致，是否符合其接受心理，而并非是不可变的目的论原则，并非无条件地规约译者在翻译过程中机械僵化地与原文对应，达到所谓的“忠实”或“等值”。翻译原则的条件性决定了其价值原则的哲学基础，这是符合辩证唯物主义原理的：一切以条件为转移。事物、现象的运动、变化、发展及其规律性，其存在形式和作用的发挥都是有条件的。条件发生变化，其形式和内容及其作用也会发生变化。条件性“是指同某一事物相联系的、对它的存在和发展起影响作用的诸要素的总和”（肖前等，1980: 81）。唯物辩证法认为，条件有必要条件和非必要条件、决定和非决定条件、有利和不利条件、主观条件和客观条件等。条件不同，事物之间以及事物内部诸要素之间的联系性质和方式就会不同。因此要把握事物联系的多样性，就要根据不同情况具体地把握事物联系的条件性。在翻译理论与实践研究中，我们必须把握内部条件和外部条件的变化及其之间的互动关系，根据条件动态变化考察理论概念的性质、职能、特点，并推衍出相应的理论范畴。

4.4.2 形式与内容的价值属性及其价值评价

在上述典型译例分析中，我们论及到了形式与内容的“质”与“量”

的价值关系在翻译过程中的甄别与选择。形式与内容的辩证统一揭示了事物的内在要素和它们的结构、表现方式、相互作用的规律性（谢龙，1995: 137）。从翻译理论研究角度看，客体形式与内容在语际转换中相互作用的规律性无疑关涉价值问题，从而可引出两个理论认识问题。第一个问题是形式与内容的价值属性及其价值评价的理论与实践的关系问题；第二个问题是受众主体的价值需要与原作者或说话者所预期目的实现的关系问题。前者反映的理论认识在于：一种语言荷载的内容可通过不同形态的形式予以表达，而不同形态的语言形式则可能具有不同的价值特征，有的形式具有价值特征，产生的效果是积极的；有的形式则具有负价值特征，所产生的效果也就是消极的。如上例演讲词的语句内容可通过下面ST1和ST2两种不同的语言形式表达出来：

ST_1: 人类即将走出 20 世纪 [P1]，迈进 21 世纪 [P2]。新世纪对于人类来说 [P3]，既是充满美好希望的世纪 [P4]，又是面临严峻挑战的世纪 [P5]。

? TT_1: Man is now walking out of the 20th century [P1] and striving into the 21st century[P2]. As for man [P3], the new century is not only a century that is full of good wishes [P4] but a century that is facing severe challenges [P5].

ST_2: 人类即将迈进 21 世纪 [P2], 新世纪既充满美好希望 [P4], 也面临严峻挑战 [P5]。

TT_2: Man is striving into the 21st century [P1], which is both *promising* [P3] and *challenging* [P4]（to man [P5]）.

ST_1和ST_2形式有异，信息内容相同，或者说原文ST_1的5个可分析的命题单位也可通过ST_2的简化形式表达出来，而其深层的命题单位不变；同样TT_1和 TT_2形式有异，其命题信息内容相等。

ST_1: Proposition Sets $=\sum\{[P1]+[P2]+[P3]+[P4]+[P5]\}$
TT_2: Proposition Sets $=\sum\{[P1]\in[P2]+[(P3)+(P4)+(P5)]\}$
（* 符号∈表示蕴含，即命题[P1]被命题[P2]所蕴含；虚影标记表示认知补缺，即“新世纪对于人类来说”在英语中可分别通过关系词which和句尾介词短语to men的结构形式表示，但介词短语to men在英语语境中常可简略。）

从原文内容看，ST_1 的“新世纪对于人类来说，既是充满……的世纪，又是面临……的世纪”是一种概念和结构重复性形式，似乎具有强调性，但这种强调形式在英语演讲词中则显得累赘和繁复，违背英语演讲修辞策略；从整体上看其实际交际效果，其形式价值为负。为了适应英语受众的审美价值取向和演讲环境所要求的话语形式和接受条件，译文TT_2宜采用“经济简明”和“突出主题信息”的策略（ST_1体现的则是机械呆板的对应性移译，无所谓策略原则而言），从结构形式看，ST_1与TT_2不相等，但从信息内容看，二者是等值的。就ST_1和TT_2而言，其信息内容的等值本质上是一种认知语境的等值，因为英语受众能通过认知思维能力补充出那些被简略的命题语句或语词概念。译文TT_2具有简洁的美感张力和受众所关注的重点。即使就繁复的ST_1和TT_1而言，受众也会对其作出相应的价值信息过滤加工处理，其价值信息关注重点在于信息内容，而非形式。

这样，在形式和内容的价值关系问题的认识上，我们可以作出以下典型归纳性认识，即：在翻译过程中，当某一语言表达形式在目的语环境中价值为负时，应弱化或虚化或简化其语言表达形式而突出其主题信息内容；当某一语言表达形式在英语环境中具有可接受的价值需要时，宜保留或根据目的语语言环境给予协调处理而突出其语言表达形式，以期形式与内容相得益彰，获得预期的最佳社会效应之目的。

这种形式与内容的价值关系问题体现于众多的英汉语言习惯表达形式。如英语的结构形式“under the leadership of ...”（在……领导下）被移译入汉语中并沉淀为汉语的习惯表达形式是因为该结构形式弥补了汉语中类似的语言空白，具有丰富汉语形式的价值属性。再如“To kill two birds with one stone”（杀死两只鸟用一块石头）被译为“一石二鸟”，传统理论认识将其置于“异化”策略层面进行认识，若将其译为“一箭双雕”则被认为是“归化”策略。但为什么要异化或归化，是否为异化而异化，或为归化而归化，传统理论并没有从价值原则上进行深入的论述。从本质看，“异化”的内在理据就是价值判断在起作用，即“一石二鸟”能丰富汉语的类似表达方式，可与“一箭双雕”互用；其次是通过移植西方民族的生活经验所沉淀的语言表达式来达到传播西方语言中的某些具有异域特色文化风味的价值形式。从语言结构形式看，将“一石二鸟”视为异化是不完全准确的，其实并非完全是异化，而是异化中有归化。如英语结构形式中的不定式（to）、动词（kill）、介词（with）均被简略掉，剩下的只是两个名词词组的组合“[一石]+[二鸟]”形式，并且其语序被倒置，体现了汉语的意合性特点。可见，其价值并不在于英语的语言结构形式，而在于该语言结构形式中所蕴含的西方民族语言文化中所沉淀的生活经验结构形式——特殊客观事件的主观意图化：以一种手段达到或实现双重目的。同样，价值原则体现于日常生活中的语言形式的翻译问题。例如，汉民族的人在危险情形下发出的“救命！救命！”（Save（my）life! Save（my）life!）反映的是汉民族在危急情况下呼救的文化思维特点，其交际意图是“救救我！”；而西方民族在危急情况下发出“Help! Help!”（帮助！帮助！）的呼救声，类似于汉语的“救命！”，其交际意图同样是“救救我！”。可见汉民族要更直接地反映危险情形下的交际意图。然而，在汉译英或英译汉中，却鲜有人将其作异化移植，而是采用归化的策略，其深层的理据则仍然是价值原则决定论，反映出对这种不同文化思维特点的语言形式的价值判断在译者群体中取得一致性认识：其价值甚微或为负，不符合受众的审美需求，亦不为目的语语言文化所需。

下面再考察文学作品题目翻译的形式与内容的价值属性的关系问题。中英民族对作品题目的形式与内容表达各有其倾向性特点：汉民族倾向于作品题目的表达能反映主题内容特征，或突出情节特征，或突显人物关系特征等，使读者能够在题目与内容之间建立起联系，由此产生预测而有所期待；英语民族则倾向于突显题目形式的新颖性（注重反映作品或故事中的某种特征），弱化题目的主题内容性，一般使读者难以在题目与故事或作品内容之间直接建立起主题关联性，以期造成读者群体对内容的不同解读效果。如：

【例3】

1）Running Blind

*?[1]瞎奔（比较：冰岛迷雾）

2）The Hallow of the Three Hills

*? 三座山之间的盆地（比较：阴阳之间）

3）Conscience in Art

*? 艺术良心（比较：骗子的良心）

4）The Hand that Riles the World

*? 搅浑世界的手（比较：黄缘奇遇；阴差阳错；玉手掌乾坤）

5）The Course of Fish

*? 鱼的进展（比较：鱼展缘）

1 *? 表示移译原文题目的译文形式不符合目的语受众对文学作品题目的审美需求或预期，其形式价值意义为欠额。

这说明，当源语（客体1）的内容与形式相统一的价值属性在目的语（客体2）受众中为负价值或欠额价值时，译者主体面临着价值重构或再创，将反映原作主题内容特征的价值属性凸显出来。在翻译理论研究中，内容和形式相统一的价值属性的关系既是主观性也是客观性的问题，而如何从主客观两方面去认识这种关系则是一个重要的研究次范畴的任务。形式与内容不可分割地联系着，任何形式都是一定内容的形式，二者相互影响、相互作用。形式是指事物内部诸要素联结成一个整体的结构和表现事物内容的方式。事物的形式有两种：一种是事物的内在形式，是同事物内容必然的、直接的联系；另一种是事物的外在形式，同事物的内容没有直接的联系，也没有本质的联系。内容是指构成事物一切要素的总和，包括事物各种内部矛盾及由这些矛盾所决定的事物的特征、成份、运动过程和发展趋势等（李连科，1999: 102）。在翻译理论与实践研究中，我们应认识到，对客体价值属性的再现或表现往往需要译者主体对客体的形式与内容的价值属性作出正确的认识与评价，并且能克服自己的主观片面性，在艺术再现和表现过程中遵循翻译的艺术创造的规律性。价值哲学认为，价值选择是指价值创造或获得过程，是在实践中实现的创价活动。社会规律是有意志、有目的、有价值追求的人构成的。社会规律的必然性是有“弹性”的必然性，由大量偶然性构成，是通过偶然性表现的（李连科，1999: 133）。任何事物的发展都是有多种可能性的，翻译活动的客体也是如此，译者主体有如何选择价值属性的可能性的自由，至于这种可能性能否转化为现实性，则是主体自身的问题。

第二个问题与第一个问题紧密相关：主体的价值需要与原作者或话语者所预期目的实现的关系问题。首先，我们承认一个预设，即当原作者或话语者希冀自己的作品或话语译成另一种语言时，都有自己的期待性——期待目的语读者群体能够理解自己的创作意图和作品的思想内涵，接受自己的创作手法和艺术风格，并产生积极的社会性效应。但对于如何使自己的作品或话语在异域文化中获得广泛的积极效应，作者或话语者必须依赖译者，自己则无法对作品的形式与内容作出正确的选择。即使作者或话语者自己精通这门外语，也必须尊重翻译的艺术规律和目的语的语言习惯和受众的审美和文化需求的价值度。例如：

【例4】

ST： A dead leaf fell in Soapy's lap. That was Jack Frost's card.

TT_1：一片枯叶飘落到苏贝的膝头。那是杰克·弗罗斯特的名片。

TT_2：一片枯叶飘到索比的膝上。这是冬先生送的名片。（张经浩译）

TT$_3$：一片枯叶飘到索比的膝上。这是“冬”先生送出的名片。（笔者改译）

例3中的人名Jack Frost是作者的拟人化创作手法，frost意为“寒霜”，Jack Frost的语符形式是英语中对“寒霜”的拟人性人称称呼。TT$_1$保留了原作的人称形式，弱化了内容，在缺乏英语文化背景的一般汉语读者中建立不起意义连贯，甚至产生困惑：为何说枯叶是杰克·弗罗斯特的名片：枯叶=杰克·弗罗斯特的名片？这种形式等值客观上不能在汉语读者中有效传达其创作意图和客体属性的审美价值。在TT$_2$中，译者创造性地运用“冬先生”这一拟人手法，使形式与内容得到紧密结合，有效传达了原作者的意图和创作手法，在拟人审美效果上产生等值。不过从形式看，若将“冬”加双引号以示拟人，更符合汉语的语言习惯。此例分析表明，由于语言文化差异，英语中的美学修辞的价值属性在汉语中往往难以在形式上得到再现，译者主体需要根据汉语读者的审美价值需求予以重构，以求审美效果上的相等。从价值哲学观看，译者在翻译过程中对原作的“忠实”与否，除了耦合性现象外，通常表现为对形式与内容价值属性的一种判断与选择：或突显形式，或突显内容，或创造性地使形式与内容得到紧密结合，有效传达原作者的意图和创作手法。胡适早年对自己的翻译经验有所体悟，他说，“译书第一要对原作者负责任，求不失原意；第二要对读者负责任，求他们能懂；第三要求对自己负责任，求不致自欺欺人。这三重担子好重呵[1]！”这种朴素的经验感性认识中隐含着对客体的价值属性的选择问题，对原作者负责意味着正确理解原作与有效传达其创作意图和艺术手法的问题，对读者负责则意味着译者对读者群体对原作形式与内容的价值审美需求和接受效度的关系判断问题。无疑，如何从价值哲学角度探讨译者的“三重责任”的辩证关系问题，值得译学理论研究者深入思考。

马克思指出：“不是人们的意识决定人们的存在，相反，是人们的社会存在决定人们的意识[2]。”一切翻译现象和实践问题的根源不是决定于思想或观念，而是存在于翻译的事实之中，只有将翻译理论建立于客观翻译事实的基础之上，才能使翻译理论具有了实践指导意义。也就是说，翻译理论源自于对翻译实践或事实的理据性认识，而这种认识又决定着人们的意识（经验感性认识和理论感性认识等）。我们研究理论，不是用

---

1 原载《努力周报》，1923年4月1日。

2《马克思恩格斯选集》，人民出版社，1995年版，第2卷，第32页。

一些主观的观念性理论概念简单地去规约翻译实践，而是在用不断从实践中总结出来并上升到理论感性和理论理性的区间规律性和方法论认识去说明或解释或描写翻译实践中的各种问题，以便达到或实现一种理想的实践结果——能产生良好社会效应的译文。当这些规律性或方法论理论认识正确地反映客观翻译事实并能被社会群体所肯定而达成共识，并能用以指导自己或他人的翻译实践时，这些理论也就既在主观上也在客观上产生有效的理论和方法论规约性。任何孤立的理论认识对复杂的、整体性的翻译实践都难以产生有效的指导作用，只能在一定层面说明或解释某种观念性认识，必须形成或拓展为多维度、多层面、系统性的范畴化研究才能是有效的理论认识。我们从价值哲学审视翻译活动，目的在于揭示翻译活动的本质特征，但不能停留在空泛的抽象论述层面，或满足于单一视角的认识，而应进行多维的、范畴化的系统研究。根据上述讨论，我们可在翻译学系统理论中的价值原则子范畴下，根据形式与内容的价值属性及其价值评价特点演绎出四个次范畴的理论研究问题。说明如下：

价值论研究次范畴及其主要研究问题	
研究次范畴	主要研究问题
【1】形式与内容价值形态和关系研究范畴	翻译活动中客体属性的形式与内容的形态特征及其价值关系基于主体的认识论，涉及价值形式与内容转换的可证性问题。
【2】价值的主体间性及其社会性关系研究范畴	个体性译者主体对客体价值属性的认识与主体间性的交往性认识，涉及论证客体属性对主体人的社会意义而言的价值关系问题。
【3】价值评价的客观性研究范畴	主体对客体价值属性的认识与主观评价的客观性，涉及如何解决主观评价与客观认识之间的辩证关系问题。
【4】主观评价的可证性与有效性研究范畴	对客体价值属性确定性认识的可证性，涉及对主观评价的制约因素（如主体状态、意识、立场、认识水平、情感体验等）的论证。

4.5 客体价值属性的主观意义形态特征

文本或话语的意义是对识解主体而言的，无论是阅读理解、日常话语交际或是翻译过程都离不开对意义形态或特点的认识与把握。王宗炎

(1984) 曾指出：“辨义为翻译之本”。内容属于客体的价值属性的一个重要部分，是可以对意义形态以定性概括的方式为主体所把握的，故对“意义”的识解往往是主观的，但又是一种在客观基础上的主观性把握。从语言逻辑或语言哲学观看，“语言意义的本质是思维，是观念，是反映，是通过语言符号所传达的信息”，“意义的形式是观念，意义的内容则来自观念所反映的客观对象和人的活动（包括思维）”（黄斌，1999）。也就是说，人们是通过观念的形式去认识客观事物或对象的，必须通过一定的认知推论的思维过程才能获得的。这种观念意义的形式与内容必须能与它所反映的客观世界的事物、事件、人的各种社会文化活动等在经验层面得到解释或印证，或能被人们所体验和感受。

相对于逻辑和哲学视角所论的意义，从文学或语言学角度窥探的“意义”的形态要更丰富，其意义具有多样性和联系的特点。对于翻译学理论与实践研究而言，要认识意义的本质特征，还应把握意义的形态。意义的形态是一种对客体自身属性特点的概括性认识，概括是认识主体运用概念或构造出的概念去揭示客观事物的某种属性而被主体的观念所把握，这是客观属性特征的凸显化过程，即将认识客体众多的属性特征从一言以蔽之的笼统模糊的范畴“意义”中解析出来，并予以具体明晰化，无疑具有认识论的特点。

许多翻译研究者在讨论意义时引用英国语言学家利奇（1974）区分的7种类型的意义：指称意义、内涵意义、联想意义、反映意义、社会意义、主位意义等。这种对意义的分类为认识意义的性质和形态化提供了一种可区别的概念化表征，它能有助于解释人们对语言形式所传达的意义的产生方式、使用方式、使用范围、使用意图、理解方式和接收方式以及相互之间的关系，对翻译理解与表达的过程具有可参性作用，能在一定程度上深化译者有关客体属性特征的认识。对意义形态的认识和概念化表征反映着人们在一定阶段的认识水平，如“指称意义”最早为语言哲学家们所使用，用以表示语言符号的指向意义，即用语言符号去称谓客观世界的某个对象物，对这个对象物特征的摹写就是这个语言符号（语词）的“指称意义”，具有约定俗成的特点，是相对固定的静态意义。人们在语言交际过程中将其作为基础性语言材料，但语词的指称意义只限于那些能在客观世界中或主观认知世界中找到对应物的对象化了的属性特征。“主位意义”则是20世纪80年代韩礼德在功能语法导论中所提出的与“述位意义”相对应的概念，“主位意义”不是语言符号自身的意义，而是一种语句新旧（已知或未知）信息线性排列所侧重的结构性意义，属于交际过程中的认知思维和接受心理层面的意义，具有主观性特点。对主位和述位意义的划分有助于人们认识和把握大于句子的信息结构组织层面的语言交际的信息意图，对研究话语或语段/篇层面信息结构意义的表达与翻译具有一定指导作用。利奇对意义的分类是一种定性概括基础上的综合分类，但在分类标准与属性特征的认识与概括有待于完善。比如，利奇所论的"内涵意义"侧重于文化内涵意义，并没有明晰而全面地论述"内涵意义"。除了文化内涵意义，"内涵意义"还存在于概念的语义结构中，是与"外延意义"对立统一的一对概念。如词典给出的语词的概念语义一般都是外延语义+内涵语义的结构体，外延反映的是事物所指的范围或主观意识中的某物，内涵反映的是事物的本质或区别性特征，用以区分与他事物之间的差异。从语境论看，当一个语词用于一定语境中时，其意义往往发生变化，有时其外延意义部分得到析取和保留，而内涵意义则被析出和排除；有时其内涵意义部分得到析取和保留，而外延意义则被析出和排除。如英语中innocent这个语词具有外延+内涵的概念语义结构，根据不同词典的释义，其外延语义为freeing from或 knowing nothing of，而内涵语义则根据语境而变化不居，可相应地为（freeing from）guilty, wrongdoing, harm, 或（knowing nothing of）evil or wrong。若从价值观审视语境中概念的外延与内涵的变化关系，实质上就是一种外延或内涵意义的价值析取（保留）或析出（排除）的关系。哲学家蒯因（1951: 21）曾强调外延语义是不变的，内涵是可变的，建议将内涵语义从本体论中逐出。不过在语境中，亦有大量的语言事实说明外延语义有时也可能被析出或排除而析取或保留概念的某种内涵。利奇没有界定和深入讨论概念自身的内涵结构特征及其与外延的关系，而是将内涵意义泛化至文化内涵方面，而文化内涵实质上是属于文化意义的范畴，在分类标准上可能造成二者之间的重迭。主位意义实质上是一种句法信息结构意义或句法功能意义，是一种基于话语受众主观感知之上的、通过意会而赋予的会话含意。在韩礼德的功能语法中（Halliday，1985），主位与述位是一对相互对立统一的信息结构：处于语句开头句法单位被认为是主位，它传达已知信息，述位处于语句的末尾焦点，传达新信息。没有述位就没有主位，作为新信息载体的述位往往具有侧重的尾重意义，故单将主位意义纳入意义形态的范畴，无疑具有主观任意性。而且，利奇并没有讨论主位意义的确定与句法结构中处于主位位置的语言单位的意义的关系，也没有说明主位意义与认知主体直观感知的关系问题。曾利沙（1989）曾论证了主位和述位结构中不同的信息价值的分布及其交际意义的形态特征，这对在翻译理论与实践研究主位与述位意义的表现具有重要的参考意义。

可见，翻译学理论研究不能简单地沿用语言学家们对意义形态或类型的划分，这只是研究的基础，还有待于深入全面的范畴化认识和理论充实。在译学理论研究中，有关意义的研究一般都囿于语言学和文学理论对意义的认识，如汪正龙（2002）有关“文学意义研究”的论述多于经验感性，少于理论理性，并没有形成范畴化研究，没有深入探讨其与宏观理论之间的联系与桥接。谭载喜在《翻译学》（2000）中对语义形态进行了区分，如句法意义，词汇意义，修辞意义。这是从语言形式或修辞功能上进行划分，并没有定性概括出意义的性质和形态特征。在这种形态区分中，句法意义与词汇意义是语法学或词汇学所论的意义，词汇意义是概念语义，句法意义是命题语义，修辞意义是一种以获得某种交际效果的美学意义。从性质看，难以说句法意义、词汇意义、修辞意义是意义自身的属性特征。如何对意义的形态特征作出本质区分，是翻译学意义研究的一个重要课题，也是翻译理论研究的价值哲学观所要探讨的重要理论次范畴。上述语义观或意义观都是从某个侧面或层次以不同的方式对“意义”的某种特征作出说明，有的认识具有一定的深刻性，有的认识则比较表面化、现象化。研究客体的价值属性“意义形态”必须考虑其客观性、普遍性、多样性，因为任何事物都是多样性的统一。“事物的联系是具体的，是复杂多样的。每一事物联系的各自性质、地位和作用也是多种多样的，其主要形式可分为外部和内部联系、直接和间接联系、本质和非本质联系、必然和非必然联系、主要和次要联系”（肖前等，1980: 81）。以下例分析为证：

【例5】

（The selection of Kate Middleton, *a lowly commoner* drawn from the very *dregs of society*, as Prince William's bride has been the subject of great speculation, *much of it thinly veiled snobbery. But Britain is broken.* Social mobility is at a historic low, state education and public healthcare are in crisis, and our own prime minister has blamed the truculent immigrant for our lack of *national cohesion*. Once up—on a time, royal's marriages were political acts that forged links between different nations. Instead, William and Kate's wedding will *bind this nation to itself*, and in *marrying so very far beneath himself*, I believe the young prince has made a heroic and deliberate sacrifice to achieve this end.）

The prince has taken his lowly bride from within this charged landscape, here our ancestors celebrated the union of man and woman in stone and earth, and began *the communal processes* that forged a nation from their descendents, the broken nation that William the *Fisher King*（渔王？）must now heal. Our *Shaman—prince*（巫师；撒满祭司？）could not have chosen a better *receptacle*（容器；储物间？）for his magical purposes than Kate Middleton, a serf—girl, sodden with the primordial mire of the Swindon—shadowed swamplands.

TT：威廉王子从这片饱含深情的田园上娶走了出身卑微的新娘，就在这片土地上我们的祖先曾用石头和泥土庆祝男女的联姻，开启了子孙后代们共铸国家的大业。威廉王子就像传说中的渔王，需要他去拯救此刻已破碎的国家经济。为了实现他神奇的目的，这位想要济世解难的萨满王子再也挑不出比凯特·米德尔顿更合适的新娘人选了，凯特是深受斯温登地区原始湿地滋养的农民女儿。

原文第二段中的Fisher King , Shaman—prince和 receptacle是该段的三个理解与表达的难点，涉及到价值意义形态的辨析与理论认识。我们在上文提到，语言哲学观认为意义的形式是观念，意义的内容来自于自观念所反映的客观对象和人的活动（包括思维）。此例中的Fisher King 和Shaman（—prince）这两个语词具有相互联系的多重意义形态：

【1】概念语义（即其观念化形式意义）："渔王"和"巫师；祭司"，分别指向传说中的渔王和萨满教巫师——观念的产物；

【2】文化意义：传说中渔王失去了圣杯后也失去了他的健康、信仰和爱情，只有找到圣杯才能恢复一切；萨满教巫医被认为是人世间和灵界的信使，具有超自然力量，能通过医治灵魂来治愈人的疾病，并能找到解除部落遭受苦难的方法——神话+宗教文化；

【3】*[1]互文意义：Fisher King与电影"Fisher King"故事情节具有互

1 纽约广播电台音乐节目主持人杰克·卢卡斯接到一个叫埃德温的人打来的电话，由于他回话不当，诱发埃德温在酒吧向顾客开枪，造成多人伤亡。杰克深感自己有罪，从此一撅不振。一日，杰克偶然结识了研究中世纪史的教授、现沦为乞丐的帕里，帕里的妻子也是埃德温枪弹下的牺牲品，帕里因过分悲痛以致精神错乱。帕里给杰克讲了渔王的神话故事：渔王如何在失去了圣杯之后也失去了他的健康、信仰和爱情。帕里告诉杰克必须找回耶稣在最后的晚餐使用过的圣杯。他认定这只圣杯藏在亿万富翁兰登·卡迈克尔的书橱里。杰克为了赎罪，决心夺回圣杯以解救帕里。

文意义：纽约广播电台音乐节目主持人杰克为了赎罪，决心夺回圣杯以解救因失去妻子过分悲痛而失疯的帕里。看过此电影的英语受众可通过该影片的内容而与William the Fisher King产生互文性解读——联想意义。

【4】隐喻意义：威廉王子与渔王和撒满教祭司之间的关联相似性，即功能相似性——认知意义。

威廉王子与渔王的隐喻相似性：找到超自然的力量——圣杯（工具形式）≈王子和平民女子结婚，亦即皇室与下层阶级家庭联姻（手段形式），寄希望以增强国家的凝聚力，恢复往日繁荣的经济状况。

威廉王子与和撒满教祭司隐喻相似性：a）威廉王子能凭借其与平民阶层联姻而增强国家凝聚力，挽救衰退中的社会经济 ≈ 撒满教祭司能拯救病人于痛苦之中——济世救难。

就receptacle而言，其指称意义或者说其概念意义为container, space, etc. for placing or storing sth，即其反映客观事物中某类用以盛装液体或东西的“容器”，或指用以置放什物的“储物间”。然而receptacle这种观念化现实意义在此语境中不具有语义连贯性，也就不具有再现其指称意义的或观念性的形式意义之价值。在此语境中，其观念性形式意义或指称意义发生了变化，在威廉王子选择婚姻对象以便达到特定目的的语境参数的制约下，receptacle获得了其“语境意义”——新娘人选，或者说receptacle原有的指称意义或其观念性形式意义之价值为负，其获得的动态的“语境意义”的则为价值性内容意义。

我们在上文讨论了客体价值属性的意义形态的概念化表征，涉及“概念意义、文化意义、互文意义、隐喻（认知）意义和语境意义，分析旨在说明两个重要问题：一是客体属性的“意义”可能是重叠的，一个语言表达式可以同时具有多重不同性质的价值意义形态，只不过有些意义不是显性的，不能直接呈现于受众的直观之中，需要认知加工才能获得；二是客体的意义可以保留其原初的指称意义或观念化意义形态，但当其形式与内容意义的价值发生变化时，则不能予以保留，而有待于赋予其当下的语境意义。从价值哲学看，对原文的理解涉及对多重意义形态的把握，而在意义理解基础上的译文的选择与形成过程则关涉到对意义形态的评价与解释，二者是统一的。“评价、评估、解释也都是给被评价、评估、解释者赋值，赋以规定。每一种解释、规定是一种赋值，有多少层、多少种指示或指代就有多少层、多少种价值或值”（刘永富，2002: 99–100）。在翻译过程中，译者主体对源语文本（客体）的价值属性的把握是一种赋值行为，而赋值则是将其意义形态化（对客体属性的一种定性概括）；译者将通过理解而把握的意义形态在目的语中的表达往往经历对意义的评价后才作出价值选择，或移植或艺术再现或艺术表现或以目的语中相近的意义形态予以置换，等等。如张经浩先生曾在一次翻译研讨会上说，他认为在翻译英语的习语To kill two birds with one stone倾向于将其译为"一箭双雕"，其理据是汉语中的"一箭双雕"气势足，比"一石二鸟"在形象意义上更具美感。这种认识实质上说明了价值评价与价值选择的问题：英语的习语To kill two birds with one stone具有两种性质的意义形态：一是带有美感特征的"形式意义"（或形象意义）：用一块石头打死了两只鸟；二是通过形式意义表达英语民族从生活中积淀而成的"经验结构意义"（或抽象逻辑意义）：用一种手段/工具实现双重目的。这在传统上被认为是"异化"和"归化"之争，而"异化"和"归化"实质上也反映了译者在一定条件下的价值取向，说明了译者对客体多重价值属性的一种主观倾向性选择。那么，价值取向下的倾向性选择的依据或标准是什么？价值哲学观认为：

> "价值取向就是根据价值判断或根据经验、习惯来最终决定做什么好或怎样做好，或者说价值取向就是从做什么好或怎么做好的角度决定做什么或怎样做。进行价值取向首先需要确定取向的标准，即确定根据什么来判断好坏，而这也就是确定对什么或对谁好、对什么好或对谁坏；然后根据价值判断或经验来确定做什么好或怎样做好。
>
> 价值取向是企图"达到某目的或满足某需求"或以某身份存在或某需要的取向者认为做什么或怎样做对什么——如达到某目的或满足某需求等——好不好，因而决定做不做什么或怎样做。"（刘永富，2002）

在翻译实践中，译者对客体价值属性所作的评价以对意义形态的把握为依据，针对意义形态的价值取向而作的选择是以"目的或需求"原则为决定论的。问题的实质是：满足谁的目的或需求。在上述例子中，张先生所认为的归化的形象意义的美感价值要大于异化的形象美感意义，是迎合他自己或部分中文受众的审美需求，但其前提是归化的形象意义必须也能同时表达出源语形式的抽象逻辑意义，否则就违反忠实的总体价值原则。而对于选择"一石二鸟"的译者而言，其价值取向倾向于移植源语文化的形式（形象）意义，狭义目的性在于获得新颖的美感体验，广义的目的性则在于丰富中文的语言文化，同时也因为中文受众能理解其隐含的抽象逻辑意义，这是重要的客观条件。

事实上，在翻译实践中还存在价值取向和价值判断的关系问题。价值判断不取决于价值取向，而价值取向则依赖于价值判断。价值取向可能是自发的、随意的，也可能是自觉地、深思熟虑的，但深思熟虑的理智应建立在价值判断的基础上，译者“应全面深入考察、判断一下各种可能性的价值，即考察、判断这样做好还是那样做好，对谁、对什么好，对谁，对什么不好，根据什么认为好，根据什么认为不好，以及相应的程度等，然后比较一下各种可能的价值，选出最好的可能——即正价值最大的可能，……，然后再决定做什么好与怎样做好（ibid.: 103）。以下面例子做一说明：

【例6】

“ Wanna go to a movie with me sometime, Jess?” asked Davey Ackerman.

“*The name is Jessica*. And no. I wouldn’t , I don’t go out with juveniles.”

V_1：“杰丝，想不想什么时候和我一起去看场电影？”戴维·阿克曼问道。

“名字是杰西卡。不，我不和你去看电影。我不和未成年的孩子出去。”（范家材译）

在上述英语对话中，男孩戴维以昵称Jess称呼女孩Jessica，想套近乎。但女孩对戴维毫无好感，首先冷谈地纠正他的称呼，要他叫她的名字，不给他套近乎的机会。从价值判断看，“The name is Jessica”具有双重意义形态：一种是字面的陈述语句形式所传达的命题逻辑意义，可以f（a, b）标记；另一种是从属于交际目的的“语用意义”（pragmatic sense），传达的是女孩的交际意图：并非想要告知她的名字，而是要求戴维称呼她的名字，而非昵称。从言语行为看，则是表达一种祈使要求，定冠词the具有语用标记性，表达特定的语用意图。V_1难以传达出原文那种冷淡口吻的交际效果，且人物话语之间的连贯性似乎不是很达意，故其命题逻辑意义为欠额信息价值，宜突显其语用信息价值意义，在目的语中对其价值意义作出相应的补偿：

V_2：“杰丝，什么时侯想和我一起去看电影？”戴维·阿克曼问道。

“叫杰西卡。拉倒吧，我才不会和你去。我不和小年轻出去。”

——本书作者译

语义和句法构成语言的内容和形式两个平面，是对语言的一种静态认识，还不能全面揭示语言在社会交际过程中以言行事（Levinson,

1983）的动态特征。如果将人们如何动态地使用语言纳入对话语的认知范畴，那么就构成语言三平面之说：语义、语法、语用（范晓，1998），意义形态同样也存在于这三个平面。在翻译过程中，对话语语用平面的“语用意义”形态进行多角度分析是价值判断和准确有效表达的前提之一。下面将翻译活动客体的价值属性——意义形态特征描述如下：

翻译客体价值属性——意义形态论研究范畴

	价值意义形态特征	主要研究内容
1	概念语义 (conceptual meaning)	内涵语义与外延语义的合称。主要研究外延与内涵语义特征或义素在语境中的关系特征，及其运作方式。
2	逻辑语义 (logical meaning)	基于概念结构之上的命题语义，主要研究经验逻辑意义、预设语义、认知语义等的表达方式。
3	认知意义 (cognitive meaning)	主要研究结合语境参数，通过一系列辨义、分析、判断、推论、析取、综合等认知加工所获得的意义。
4	内涵意义 (connotative meaning)	主要研究与外延意义的关系，以及语境中内涵的语义嬗变和内涵式引申式意义形态特征。
5	联想意义 (associated meaning)	主要研究由语句基本语义可能通过联想产生的、并且能影响交际效果的关联性意义。
6	情感意义 (affective senses)	主要研究积极情感，如喜悦之情、热爱之情、赞美之情等和消极情感，如愤怒之情、嫉妒之情、痛恨之情等。
7	形象意义 (imagery senses)	主要研究人物、事件、事物（态）展示的形象所蕴含的形象含意的翻译表达。
8	社会意义 (social meaning)	主要研究社会语域意义的含意性或意识形态意义的价值特征与表达。
9	主位形式意义 (thematic sense)	主要研究基于语句句首位置的信息结构所蕴含的侧重意义。
10	述位形式意义 (rhematic sense)	主要研究基于语句末尾焦点位置的信息结构所蕴含的侧重意义。

（待续）

（续表）

11	搭配意义 (collocative meaning)	属于微观语境的动态意义形态，主要研究结构性或纵聚合与横组合制约关系的意义形态。
12	修辞形式意义 (rhetorical meaning or sense)	主要研究包括功能修辞意义、美学修辞意义的含义或含意表达。
13	语篇结构意义 (structural meaning or senses)	主要研究语篇信息结构蕴含的各种连贯意义的形态特征与表达。
14	文化意义 (cultural senses)	主要研究各种语言形式中所传达的民族文化的内容意义与表达等。
15	互文意义 (intertextual meaning & senses)	主要研究文本的语言文化之间的趋同效应，包括引用、暗示、参考、仿作、戏拟、截取等各种互文形式所产生的新义或新意的动态意义。
16	语用意义 (pragmatic implication)	主要研究文化或话语交际中的语用含意（如各种预设意义）的形态特征与表达。
17	风格形式意义 (stylistic or genre—based senses)	主要研究民族风格意义、时代风格意义、语体风格意义、个人风格意义的价值形态与表达。
18	语法形式意义 (grammatical senses)	主要研究英汉翻译中英语语法形态含意的表现。
19	功能意义 (functional senses)	主要研究客体的文本功能价值属性特征的意义形态与表达。
20	语境意义 (contextual meaning)	主要研究语境所赋予的概念或命题语义的含义嬗变或含意充实。

4.6 小结

翻译理论研究的重要任务就是对翻译实践或现象问题的本质特征的揭示，而理论所针对的实践或现象则指向那些具有典型性特征的问题，既可以是语言差异问题、文化差异问题、审美特征差异问题，也可以是文本特征问题、作者个性问题、社会意识形态问题等。然而，翻译理论与实践研究最核心的问题就是“意义”本体论和“意义形态”的认识论问题，而只有将翻译问题置于意义的价值判断与选择层面进行讨论才具有理论价值。研究者若是脱离了意义，脱离了意义的实践价值而空谈理论原则或标准等，那么这种理论认识就难以有效地指导实践。传统翻译理论所谓的“忠实”原则或标准规约是一种公理性推论，就好像语用学中的“合作”原则之下的四个准则一样，并不考虑任何具体条件的制约。如“忠实”的规约性内容：“译者必须把原作的内容完整而准确地表达出来，不得有任何篡改、歪曲，遗漏、阉割或任意增删的现象。……忠实还指保持原作的风格——即原作的民族风格、时代风格、语体风格、作者个人的语言风格等。译者对原作的风格不能任意破坏和改变，不能以译者的风格代替原作的风格”（张培基等，1980: 7）就是一种绝对的无条件的原则性陈述。这是将原则绝对化了、主观化了，该原则规约并没有明确地说明是否可以有“有理据的（非任意的）或者有条件的改变、简略、（创造性艺术加工式）增益”的“忠实”，或者说，从长期的翻译实践看，是否有这些翻译现象的存在，这些翻译现象又和该理论原则产生何种矛盾。我们是用理论去规约现实，还是用理论去解释现实，这是如何正确地看待传统理论原则“忠实”的理论职能的问题。而对于这一问题，我们只能从价值哲学观才能正确地予以认识。

第五章
译者主体性与意义形态的语境化再现与表现

5.1 引言

在翻译学系统理论研究中，译者主体性是一个不可或缺的理论研究范畴，一切翻译理论与实践问题均通过众多的译者主体的经验认识和理论认识的互动性而成为具有一定普遍意义的研究范畴，而主观观念范畴的原则、策略、技法等亦在此基础上产生。研究译学理论中的主体性必须以哲学和现代科学为理论和方法论指导才能在理论方法上深入和全面地展开。作为一种理论化、系统化的世界观，哲学要求对客体和主体及其相互关系作出功能性探讨。就翻译理论与实践研究而言，译者主体对客体的认识主要是对客体的价值属性和功能作出描述，进而回答是什么的问题。译者主体对客体的认识的旨归在于对如何改造客体的规范性作出合理的认知，主要回答针对客体的“为何能知”和指向主体的“怎么知”（认识论和方法论）的问题。现代科学理论描述对象的转换，如分门别类与总体综合、定性与定量；宏观与微观描述功能趋弱而规范功能加强。然而，主体及其认识手段在描述中的痕迹无法剔除，客观世界的认识对象不可能纯客观地呈现于我们的感官，一旦进入主体的认识领域，它总要反映着主体的观察和认识方式。现代科学已超出狭隘经验论，把科学问题提升到哲学理论思维的高度，探寻科学概念的本质、概念与实在的联系、科学理论的适用范围和新旧理论之间的联系等（贺善侃，2001: 26)。科学知识总体综合的趋势提出了知识概括和系统化的任务，研究者们则将更多的注意力放在方法论和元科学（科学哲学）的问题上。马克思主义哲学明确声明哲学的功能不在于如何说明世界，而在于改造世界，这就是实现从描述功能向规范功能的根本转变。这对于翻译研究来说具有重要的理论指导作用，翻译学若要体现出其科学性，就要将翻译理论知识化、条理化、系统化，这种知识化、条理化和系统化了的翻译理论不仅在于说明和解释翻译现象，还要在描述的基础上凸显其规范翻译实践，这才体现出理论的规范功能和指导作用，才能体现出理论自身应有的价值。

哲学研究的是以实践为基础的思维与存在相互作用、辩证运动的规律。具体而言则是人们如何在实践基础上认识世界、改造世界，把自在之物转化为为我之物。这对翻译学理论研究的启迪有三：（1）翻译活动的实践主体如何认识实践客体，去除假象，达到真理，从而适切地体现实践主体间的认识的选择性，它具有真值求解的本体论和认识论相统一的特点。如实践主体对文本的多义性、歧义性、隐晦性、结构缺省性、召唤结构等的准确把握，以及对语境化意义在译文中的含义充实等的认识方式或认知机制的揭示等。（2）翻译的实践客体被译者主体改造，它凝聚了主体的本质力量，成为受众的美感对象。这种主体性常常体现在文学翻译互动中的艺术再造或创造性，是审美价值再创中的译者主体性的本质展现。（3）客体主体化或为我之物是真、善、美的统一，其转化过程是达到真善美的过程。真、善、美是价值体现，人是一切价值的尺度和根据。哲学把真、善、美当作对象化的人的本质来对待；同理，翻译实践也追求真、善、美，也是译者主体在翻译实践中将所涉的对象化了的客体作为重点关注或发挥其主体性的内容。从理论研究角度看，这种译者主体性发挥的任务就是考察译者主体在双语语言文化思维差异中改造思维方式、意识结构、认识方法，从根本上提高认识客体价值属性的能力，洞悉不同社会文化历史对改造客体的制约性，改善认识主体的素养，改造主观和客观、思维与存在的关系。这是因为，翻译理论研究的重要任务之一就是从人的认识机制和思维本性揭示译者主体的本质和创造力量的认识论，研究客体主体化和主体对象化所体现出人的理性力量的本体论和认识论。更重要的是这种主体的理性力量能给人以理想、充分肯定人的意识能动性、勾画出人格的主体化理论，凝聚着不同主体的情感、愿望、想象、理想、意志等。在翻译学理论中，我们对主体性的认识不宜停留在抽象笼统的层面，应在具体实践中去考察译者主体在能动性发挥中如何表达其情感、愿望、想象、理想、意志等。我们在第4章中论述了客体的价值属性以特定的意义形态方式为主体所把握，而主体则在全面而充分地认识客体的价值属性的基础上才能正确地按照自己的情感、愿望、想象、理想、意志等能动性地改造客体，以期在译文中艺术性地再现或表现出与受众群体的目的和需求一致性的价值特征。从这种意义上说，研究译者主体性的本质特征就必须研究客体——文本的意义形态与译者主体性中的主观能动认识及其对客体的观念化把握，脱离了译者主体对意义形态的语境化再现和表现则难以深入全面地研究译者主体性，也就不能从理论与实践的互动中考察翻译活动的本质。本章拟从理论与实践相结合的角度出发，论述译者主体对客体价值属性的把握方式，试图说明对价值属性把握的本质特征就是译者对意义形态的语境化再现和表现过程中所体现出的种种认识方式和方法，译者主体性的发挥是具有主客观互动的、有理据的认知过程，也是围绕意义形态展开的思维运作过程。

5.2 “主位—述位意义”与会话含意

5.2.1 主位意义与含意侧重

在传统翻译教学或研究中，译者主体对话语或文本意义形态的认识是有局限的，基本上限于对概念语义、命题语义、文化语义、语境意义、修辞意义等的认识。布拉格语言学派在其功能句子观（Functional Sentence Perspective）的研究中提出主位和述位的论述，这一学说又为韩礼德所发展（Halliday，1985）。韩氏认为主位在英语中总是小句的第一个成分，其余成分则划入述位部分。主位通常被认为传达已知的信息内容或已知成分，述位则传达新的信息或新成分，它是由其语调的显著性标明的。二者构成一个典型的信息单位，因其信息性质不同而具有不同的交际动力，具有不同交际价值。在话语交际中，主位作为话语的出发点，往往又获得某种特定的含意、语气或表达说话者的某种态度等。

例1）　He should be the last（man）to blame.

译文：（我们 / 你们）怎么也不能怪他。（括号内文字为笔者所加，下同。）

例2）　He is the last man to consult.

（我们 / 你们）根本不宜找他商量。

（张培基等主编，《英汉翻译教程》，1980：37）

例1和例2译文的逻辑主语是“我们”或“你们”，从话语交流的信息价值看，和原句具有完全不同的侧重点，表达说话者的不同态度。“（我们）怎么也不该怪他”，表达说话者对听话者的一种“规劝”。如“责怪”的事实已发生，弄得受责人遭受很大委屈或某种利益受损，说话者的会话含意则是从主观上对“我们 / 你们”的一种“自责”，言下之意是“我们错怪他了”。而原文例1的主位是“He”，侧重说明“他”的情况，含意上表达一种“袒护”的态度；例2原文主位亦则重于说明“他”的情况，隐含有“他”人品或性格等方面的原因而不能与之商量之意，而译文“（我们 / 你们）根本不宜找他商量”侧重于说明“我们”在找人商量时应具正确的判断力，其话语功能是表达一种“告诫”。改译：

例3）他根本不应受到责备。（主位的会话含意：袒护）

例4）他不是（那种）能与之商量的人。（主位的会话含意：告诫）

考察下面对话：

例5）“ Did you sleep well last night?”

V1: “ Well, I was terribly annoyed by the mosquitoes.”

V2: “ Well, *the mosquitoes* annoyed me terribly last night.”

V1是正常的语序选择。对方问的是“我”的情况，自然以“我”作为回答的发话点，侧重于说明“我”没睡好，新信息是处于述位的“被蚊子扰苦了”。主位一般是已知信息所处的位置，具有较低的信息价值，但由于是话语的出发点，有时则能获得某种语意侧重，特别是当新信息出现在主位位置时。V2的主位成分the mosquitoes 对问话者来说无疑是新信息，除了获得较大的注意价值外，还侧重于说明这里的蚊子又多又厉害，扰得“我”睡不好。在话语交际中,若语句主位成分应该用已知信息而不用，而是用了新信息，则说明说话者旨在表达某种会话意图，侧重于说明那方面的情况，在翻译中应引起我们的充分注意，即当主述位的文字含有会话含意而获得特定的信息价值时，译者主体应充分把握这种由主位和述位体现出的交际意图，在语序的信息结构上予以相应的表达。

从这种意义上说，仅凭译者的双语语感或对语言表达习惯的经验认识，或译者仅在抽象概括性的准确、通顺原则下进行翻译操作，是难以再现原文的话语形式意义，即说话者的意向性意义。原则理论本身不具有检验译文——实践客体——准确性的功能，也不能反映客体自身的价值属性，我们只有借助现代语言学的研究成果才能更深入、更全面地把握客体的意义形态，从而形成自觉的理性意识。再看下面一例：

例6）世事洞明皆学问，人情练达即文章。
（红楼梦第五回：宁府上房对联）
V1: True learning implies a clear insight into human activities,
Genuine culture involves the skilful manipulation of human relationships.
V2：A grasp of mundane affairs is genuine Knowledge,
Understanding of worldly wisdom is true learning.

两种译文是否都准确地传达了对联的信息意图？我们可对该对联的主述位结构并结合对联所处的具体社会环境而产生的深层思想内容作一分析，就会发现，两种译文各有含意侧重。对于贴在大门上的对联，我们可试有节奏地将该对联吟诵出来，可以体会出其上下两联的主位成分的话题性是非常鲜明的。话语的社会意义是指该话语在其所使用的特定的环境中而获得的特定含义。该对联贴在封建制度下的清代社会宁府这样的臣官府邸大门两边，这种话语环境使我们对处于主位的“世事洞明”和“人情练达”的解读应结合府邸主人和其所处的社会阶层才能挖掘出该对联的深刻含义，才能表现出小说作者曹雪芹在这特定的地方用上这特定的对联所要表达的深层的社会思想。宁府的主人所处的社会阶层决定了他对对联反映的社会内容的体验不同于一般人。对他而言，此处的“世事洞明”应侧重理解为“对朝庭官场上行事规则以及官场上‘人与人’之间关系的透彻了解”；“人情练达”应理解为“对官场中复杂的人际关系周到圆滑的处理”。而整个对联还具有双重含义。一是静态的说明，即“对朝庭官场上的行事规则及对官场上‘人与人’之间关系的透彻了解”以及对官场中复杂的人际关系周到圆滑的处理也是“学问”，都是“知识”。其二是动态的阐释，即要透彻了解朝庭官场上的行事规则和人际关系就像做学问一样，需要“学”和“问”。要周到圆滑地处理官场中复杂的人际关系就像做文章一样，体裁要恰当，结构须精心布局，内容需精心安排。正是原文这种双重含义巧妙地刻画了身处官场的宁府主人的“俗气”和“儒臭”心理。述位部分的“皆”和“即”既表判断“是”又表比喻“像”。因此，V1将主述位倒置，置换了话题，“imply”和“involve”不能保留原文“皆”和“即”的含义；而V2则保留了原文的主述位结构，保留了原文的双重含义。Knowledge 从动词Know 派生，learning 从动词 learn 派生，也具有名动双重含义。但V2用mundane affairs 译“世事”仅译出一般含义，未能译出语境所赋予的能揭示宁府主人心态的含意。此外，V2用worldly wisdom 译“人情”太泛而欠贴切，使读者难以联想到宁府主人那种特定的心理。V1用human activities 和human relationships 译“世事”和“人情”则较具概括性并能产生语境可联想性,揭示出宁府主人特定的内心。但V1下联的the skilful manipulation则太显露，对贴在大门两边让宾客看的对联来说不合适，应保留一定的含蓄度，让深层的内容通过联想产生。结合两种译文的可取之处，稍作改动试译如下：

A clear insight into human activities is genuine knowledge,
A thorough understanding of relationships is true learning.

5.2.2 述位意义与含意侧重

语言是一种交际工具，它通过自身文字/语音符号约定俗成的语义，除能表情达意外，还传递信息。但在语言信息传递的线性发展过程中，各语言成份的信息价值是不同的，构成句子的成份虽然都是信息的载体，但荷载的信息价值不同。说话者或作者对语言符号的选择以及结构组织安排，往往隐含着一定的信息意图；对于听话者来说，有些信息内容是已知的，有些则是未知的，即新信息，而对于新旧信息组织意图的识别，是听话者对话语信息价值的判断和加工能力的体现。比如“屡战屡败”和“屡败屡战”在逻辑或命题语义上是等值的，都说明二者在事实上总是吃败仗或败仗接连不断。但说话者从信息结构组织上做出不同的安排，可体现出不同侧重性的话语语用含意。由于处于述位部分的信息末尾通常是话语的焦点所在，往往获得语义侧重而产生特殊的信息意图和不同的交际效果。这种会话含意是心理的，听话者只能通过结构关系去领会其中的“意思”：“屡败屡战”侧重的是“战”的精神，其会话含意是：战将不怕失败、不屈不饶，勇气可嘉；而“屡战屡败”侧重的“败”，其会话含意是：战将屡次战败，实属无能，不能胜任其职或应予严惩。语言的这种末尾重点体现出的会话含意是主观意识的，但是当这种主观意识中的“意思”能体现于结构组织中并能被大多数受众所能感受到时，则转化为客观的会话含意。如根据教育部成语词典修订本所述：相传曾国藩率领湘军与太平天国作战，屡吃败仗，曾国藩上书朝廷，言及屡战屡败，经李元度更改为屡败屡战，以显示其奋勇无畏的作战精神。后曾国藩果真不但没有受到处罚，反而受到朝廷嘉奖，也就是说这种末尾侧重的会话含意在一定层次的交际范围内是可预见的，其结果也是可以预见的，具有一定的普遍意义。

由此可见，荷载已知的或新的信息的语言单位在语言的线性排列中并非都是任意的，其分布能体现不同的交际价值。在话语/语篇交际中，人们传递信息的顺序是从已知到未知，即将新的信息内容置于句末的语调群核心，而已知信息的交际价值较小，大多放到句子的前面。句末是信息中心的中性位置。正由于此，人们在说话或写作中倾向于将新的或比较重要的内容放在句子的末尾。这就是人们在话语交际中遵循的“尾重原则”。“尾重原则”是对说话者和作者运用语言而言，对于交际对象即听者或读者来说，语句的末尾部分赋予听者或读者较高的注意价值。语言学家称其为“无标记焦点”（又称为“末尾焦点”）（Quirk, 1985：1384；曾利沙, 1989）。在话语使用中，处于句子末尾的内容往往得到一定的强调或突出，或借助一定的语调能唤起听者或读者的某种情感，或表达说话者的某种态度，产生某种特定的效果。这对翻译实践来说，译者若不能把握此种“述位意义”形态特征和表现方式，就难以体现出主体性来，其译文则难以传达原文的交际效果或作者的信息意图。如：

例7） Party officials worked long hours on meager food, in cold caves, by dim lamps.

译文：党的干部吃简陋的食物，住寒冷的窑洞，靠微弱的灯光，长时间地工作。（张培基等，《英汉翻译教程》，1980）

原文末尾部分有三个并列的介词短语，作为信息焦点起到一定的强调作用，即从语意上强调了党的干部长时间工作的艰苦条件。译文将三个并列的介词短语前置，全句译为四个并列的谓语结构，似乎在直叙四种情况，最后又侧重于已知信息“长时间地工作”，未能将原句侧重党的干部长期工作的艰苦条件的信息意图有效地表达出来。

改译：党的干部长时间地工作，但吃的是简陋的食物，住的是寒冷的窑洞，点的是微弱的油灯。

例8） The wedding, which Hayward still remembered with pride, was attended *by a who's who of Boston Society.*

译文：参加婚礼的有波士顿的一位社会名流，霍华德想到这次婚礼时，仍然感到非常得意。（同上）

原文语句结构将非限制性定语从句内容处于句中这一弱化位置，要强调的是主句末尾焦点的信息内容，将“（参加婚礼的有）波士顿的一位社会名流”这件事情郑重其事地提出来，其信息意图是：让他觉得很有面子的是一位波士顿的社会名流。译文却将“仍然感到非常得意”置于末尾焦点位置，侧重的是霍华德得意的神情，未能准确地传达原文语句信息结构表达的信息焦点或侧重性含意。

改译：这次婚礼，霍华德仍念念不忘，感到自豪，（因）当时参加婚礼的宾客中有波士顿的一位社会名流。

例9） 在你们身上，寄托着中国和人类的希望。（鲁迅致中共中央电）

译文：The hope of China and mankind is placed upon you.（中国的希望寄托在你们身上。）

上例汉语句子的逻辑语义结构（正常语序）是：中国和人类的希望寄托在你们身上。但原句将处于主语位置的成分置于句末“信息焦点”位置，并用逗点隔开，使其得到突出，侧重表达出鲁迅代表的中国人民对这种希望的憧憬或者一种期盼。译文以常规语序S+V+A的结构译出，虽准确传达了原句的逻辑意义，但未能有效表达“中国和人类的希望寄托在你们身上”这种“殷殷嘱托”的情态，显然不能再现原文的话语交际效果。

改译： Upon you is placed the hope of China and mankind.

例10） “While my answers were legally accurate (in the Jones deposition), I did not volunteer information. Indeed, I did a relationship with Miss Lewinsky *that was not appropriate*. In fact, it was wrong.”

译文： “虽然我的回答从法律语言看是确切的（我指的是有关琼斯案的证词），但我没有主动提供信息。的确，我是和莱温斯基小姐有过不正当的关系。事实上是错的”。

运用“尾重原则”或“末尾焦点”表达说话者的某种态度或情感在有听众参与的话语中尤其明显。上述原文是指克林顿的性丑闻事件中，他于1998年8月17日在对陪审团录像作证后的全国电视讲话中的一段话。众所周知，克林顿在其性丑闻案中前后对传媒的态度是明显不同的。在开始阶段，克氏不承认和莱氏有过任何性关系，而且其认错态度也是轻描淡写的。但随着斯塔尔的调查的深入，事实越来越明确，民意对他越来越不满，他才在电视上向全国人民和莱氏本人及家人正式道歉认错。因而，克林顿在8月17日讲话中的语词就诚恳的多。在上段话语第二句中，他就使用了“indeed”和“did”两个表强调的词汇，并用一个后置定语从句以便突出“not appropriate”，将其置为句子的语调群核心。这种措辞和句子信息焦点的选择有效地表达了克氏当时那种诚恳的态度和忏悔的内心。在翻译时，我们不能不考虑到克氏选择这种信息结构所要表达的诚恳态度。

改译：“……的确，我是和莱温斯基小姐有过那种关系，那种关系是不正当的。事实上是错的”。

在翻译中注意话语/语篇“尾重原则”的运用或“末尾焦点”的分析主要体现在交际性强、语意效果突出的翻译材料中，如日常会话，小说、电影、戏剧中人物的对话，致词、演讲词等。此外，在诗歌和散文的文本翻译中也值得注意。诗歌和散文是意象堆砌而成的语言序列。如“西风、古道、枯树、瘦马”（马致远：天净沙）、“一轮火红的朝阳从朦胧的海面上徐徐升起”（峻青：《海姑娘》）。这些意象在读者的心里能激活起生动的心理图景，使读者产生一种“内视”效果，就像一幅幅活动的画面在读者的脑海里闪现。在诗歌和散文中，荷载意象的语词序列的变化能在读者心里产生不同的心理感受，这些心里的“影视画面”随着意象的转移而产生不同的体验。“信息焦点”在诗歌和散文中的运用就在于处于末尾语调群核心的成分唤起的意象能造成读者“内视”图景的定格。如“一轮火红的朝阳从朦胧的海面上徐徐升起”这一语句末尾成分“徐徐升起”使读者的“内视”活动定格在海面上火红的朝阳缓缓升起这一审美对象的行为特征上，给人一种动感的体验，具有特定的审美效果。如我们将该句英译成“A red sun rose from the misty sea.”，虽然译文与原句在命题逻辑语义上似乎既“信”又“达”，但由于读者的“内视”活动定格在审美对象活动的背景“朦胧的海面上”，原文的背景反而被凸显，给人一种静态的终结和内视，造成不同的审美体验，因而，译文在审美层次上不等值。

例11）院子里是白朦朦的一片月光。

V1: Over the yard was a flood of misty of moonlight.

V2: A flood of misty of moonlight

由上述例子可以看出，我们在翻译活动中，一方面要不拘泥于语法表层结构的制约，另一方面也要探讨实现语句深层结构的语义和话语语意以及交际功能的等值。实践研究者不应单纯为技巧而技巧，应以对原文话语措辞和句式传达的可能的语意或语用意图进行分析为前提，探讨对原文语意或语用意图再现的各种技巧，比较用不同技巧或方法所得的译文之间的语义差异或不同的语意效果。

例12） It was our view [1] that the United States could be effective in both the tasks outlined by the President [2]...that is, of ending hostilities as well as of making a contribution to a permanent peace in the Middle East [3]...if we conducted ourselves so that we could remain in permanent contact with all of these elements in the equation.[4]（张培基等编著，《英汉翻译教程》1980: 153）

译文： 如果我们采取行动以便能够继续与中东问题各方始终保持接触，那么我们美国就能有效地担当起总统所提出的两项任务，那就是在中东结束敌对行动以及对该地区的永久和平作出贡献。这就是我们的观点。

我们可对整个话语内容的信息值或状况作如下分析：全句分为四个相对完整的意群。意群[1]“It was our view”在话轮或话语衔接中是一个有标记的话语提示语，说话者首先以此亮明自己的观点，其信息值较低，因而注意价值也较低。意群[2]的内容属于已知的背景知识，不属于说话者观点的内容，处于不突出的句中位置。真正属于说话者观点的内容或对听话者来说是新信息的即是意群[2]和意群[4]。意群[2]内容中信息值较高的是could be effective，但仍能为听话者所预知（或“能”或“否”）。其观点的中心所在是意群[4]所表达的内容，即如何才能有效地完成总统提出的两项任务。原文的整个信息结构安排是符合话语交际和话轮衔接规律的。说话者将其观点的中心内容处于述位的语调群核心部分，自然起到强调和突出的作用。如果用传统的语法句子观来分析，自然得出不同的结论：“这个句子是由一个主句、一个同位语从句和两个状语从句（条件、目的）组成。‘这是我们的观点’是主句，也是中心内容”（张培基等，1980）。这样，就将包括总统提出的任务也纳入在内，作为说话者的观点，显然是不合适的。基于这种分析，就容易得出这种翻译观：“按照汉语的习惯，通常条件在前，事实在后……，这个句子可以逆着原文的顺序译出”（同上）。其结果，译文将意群[1]放至最后独成一句，起到一种总结的作用，而不是原文的话语衔接和观点提示作用。将表作者观点的中心内容处于主位这一信息值较低的位置，而突出和强调总统提出的两项任务这一已知的背景知识，这样就未能忠实地将原文说话者的交际意图表达出来。

改译：　我们的观点是：美国能够有效地担当起总统提出的两项任务，即在中东结束敌对行动及对该地区的永久和平作出贡献，只要我们采取行动，继续同中东问题各方始终保持接触。

例13）　And I take heart from the fact [1] that the enemy, which boasts that it can occupy the strategic point in a couple of hours [2], has not yet been able to take even the outlying regions [3], because of the stiff resistance that gets in the way.[4]（张培基等编著，《英汉翻译教程》1980: 152）

译文：　由于受到顽强抵抗阻挡着，吹嘘能在几小时内就能占领战略要地的敌人甚至还没有能占领外围地带，这一事实使我增添了信心。

《英汉翻译教程》对原句的传统句法分析是："这个句子是由一个主句，一个同位语从句、两个定语从句和一个宾语从句组成的。'事实使我增添了信心'是主句，也是全句的中心内容"。其翻译的依据是："按照汉语表达习惯，通常因在前,果在后，……这句可以逆着原文的顺序译出"。要正确地传达出原文的信息结构的侧重性，我们首先应对原句四个意群的信息值作出分析：意群[1]中的And是话语衔接标记连词，表明说话者在谈"我"所掌握的情况的另一方面，即对战况消息的反应。意群[1]有一定注意价值。意群[2]对说话者和听话者来说是已知信息，属于背景信息，其注意价值不是很大，因而置于句中非突出位置——非限制性定语从句。说话者要突出的是让他感到鼓舞的原因，因为在此之前，说话者对己方战士能否抵挡住敌人的进攻毫无把握，一直在焦急地等待消息，令人鼓舞的消息传来，说话者将表达话语中心内容的"己方战士能展开顽强的抵抗"置于语调群的核心，侧重表达了他受到鼓舞的兴奋心情。译文将原语句的突出成分置于句首，降低了其注意价值，又将原句意群[1]置于句末给以突出，改变了原句信息结构的侧重性含意及其产生的特定交际效果。

改译：　这消息让我受到鼓舞：敌人吹嘘能在几小内占领战略要地，现连外围地带都进不了，他们在进攻途中受到了顽强抵抗。

上述例子说明话语的信息结构分析对翻译表达的制约性。英汉两种语言在话语信息传递过程中虽然有其相同的突出或强调某一成分信息内容的方式：口语中用重音标示，书面语中用特定的句型，如英语可用分裂句CLEFT SENTENCE，汉语则用“是”字结构，这种“有标记焦点”容易为我们所注意，但语句末尾无标记信息焦点这一新信息的中性位置则常在翻译中被忽略。其次，处于语句的主位位置的信息内容也因其在话语或语篇中起到自然衔接作用而得到一定的强调或突出，尤其是当该成分荷载新的信息内容时。主位和述位的末尾两个位置是信息内容可能得以强调的位置。在此种信息结构的翻译中，译者主体性的知识构成还在于他是否能理性地或能动地把握整个话语信息流或语篇中的新旧信息或主次信息值的分布，若只按照自己的语感或简单地按照汉语习惯表达方式作出经验性的操作处理，就难以表达出原作者或说话者的语用含意，尤其是翻译影视作品的人物对话，这种会话含意的再现和表现值得特别重视。

5.3 内涵语义特征与概念语义的析取

在译者主体性研究中，译者主体性是指一种理想的构成，即深入探讨理想的译者主体需要哪些语言知识、文化知识、学科知识、经验知识、理性知识等才能成为一个理想的译者主体。译者主体性是一个不断发展的、不断交流的、不断积累的、不断完善的动态构成。这种动态构成中，有些相关翻译知识和技能的积累是译者主体自身不断努力和认真经验总结的结果，有些则需要在主体间之间的交流才能获得，因为每个译者主体都有其自身的局限性。但是，主体间之间的经验交流或理论认识必须通过具体概念才能认识和摹写现实，否则只能意会不能言传。比如，英语语言中的语词（words）是指具有重轻读语音和拼写形态的符号，汉语中的字也是具有声调和字形的音响或书写符号，其语义则是概念，概念是由外延和内涵两部分构成的，外延是指某个字/词所指向外部世界或心理世界的对象，这个对象物具有范畴或类的特征，及任何一个字/词的所指都具有类或范畴的语义特征。如“analylist”（分析家）的外延是指“a person who does...”（进行某种活动的人）,其内涵是“who is skilled in making detailed examination of the elements or structures of a substance, especially for the essence of sth”。在语言使用或翻译活动中，我们会发现有时并非所有的语词或词组或短语都具有类似的明晰的外延与内涵结构，它们只有空泛的语义框架，如“has one's go”，其词典给定的语义是“try to do sth”。“do”和“sth”的语义都是空泛不定的，必须依赖译者主体对其进行语义充实。这种有待充实的语言表达式在具体语境中的意义是动态的，动态意义不完全是由词典给定的，也不是简单地由经验得出的，而是由译者主体根据特定的语境所建构的含义充实，其本质就是译者主体性发挥的语境化意义表现或再现。先考察下述例子：

例14）　*Analysts* have *had their* go at humor, and I have read some of this interpretative literature, but without being greatly instructed.（*Some Remarks on Humor*，by E. B. White）

从语义形态看，谓语动词had their go是个语义空泛的动词短语，译者无法简单地对其按照词典释义进行移译：*？分析家们试图做幽默，……，译者必须发挥其主体性，按照特定语境动态地对其进行语义充实。有待于解决的理论问题如下：

1）译者如何对其进行语义充实并且如何确定；

2）译者主体的这种主观能动性有多大的客观合理性；

3）客体的这种语义形态在语境中的变化有何普遍意义以及有何规律可言。

一个具有外延和内涵结构明晰的概念与另一个只有空泛语义框架的语言表达式共现于语境中会发生何种关系？译者主体的能动性发挥的本质是什么？有何主客观互动性的原理可循？这是翻译理论与实践需要解决的问题。从上述实例关系看，我们可以作出演绎性推论：

当一个空泛语义框架的语言表达式X和一个具有外延和内涵结构明晰的概念Y共现于语境中时，空泛语义表达式X必然获得语义明晰概念Y的关联性内涵语义，或者说认知主体通过认知思维的运作，将Y的关联性语义特征析取出来置入X的语义框架内，使X获得关联性语境充实义，这种充实义就是译者主体性发挥的思维路径的运作或主客观互动的结果。

对上述实例解析如下：

首先考察analysts 和 have one's go 的词典释义，词典释义一般是一种惯用语义。

Y = analysts: persons who are *skilled in a detailed examination of the elements or of* a substance etc.

X = have their go = try to <u>do</u> sth

斜体部分为内涵语义明晰概念Y的关联性内涵语义特征，表达式X的空泛语义try to do sth的语义充实必须由语境获得，其中do 获得Y的skilled in a detailed examination of the elements or structure of的语义内涵，sth获得humor的语义，humor与Y的内涵语义又形成关联性，即humor必须具有可分析的结构和要素。可将X的语境化含义充实的暂构义机制图示如下：

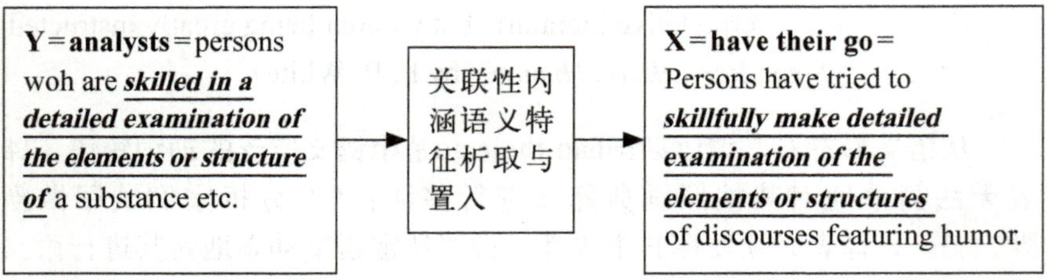

通过关联性内涵语义的析取，我们得到have had their go 的语义充实，其译文是对这种充实性语义的一种重构：

译文： 分析家们对幽默的结构与要素进行了剖析，我也拜读过一些有关解释性文章，但并不觉得有多大教益。

再考察空泛语义表达式do justic to 的含义充实及其主体性发挥的思维运作特点：

例15a） "... As for your Elizabeth's picture, you must not have it taken, for what painter could do justice to those beautiful eyes?" (Putiride and Prejudice)

例15b） He cooked a delicious dinner, but we couldn't really do justice to it, because we'd eaten too much already.

在15a）中，painter 和do justice to以及beautiful eyes构成最佳关联性语义关系，即painter的内涵语义特征在语境中能够被析取出来置入空泛语义表达式do justice to中的do，从而使其获得 painting /drawing picture of sth/sb的语义结构，其中sth/sb则由beautiful eyes充当，而justice保留自身的语义特征rightly或 properly。在译者主体的认知思维运作中，其主观能动性必须考虑目的语的句法结构特征，即受制于译入语的客观条件，在选词构句上符合目的语的行文习惯或美学特征。将该例的空泛语义表达式do justic to的语义充实的认知机制图解如下：

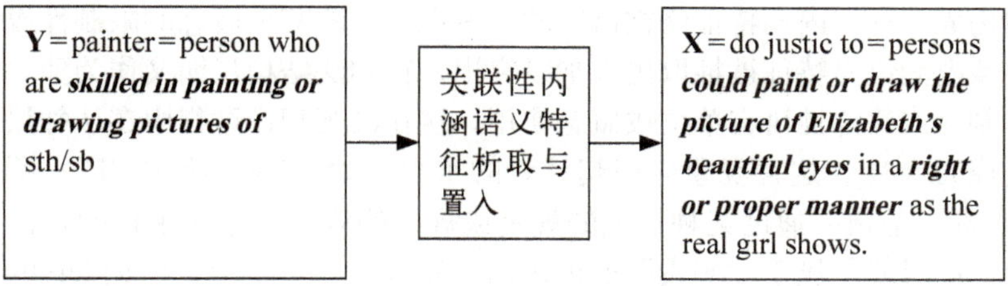

译文："至于伊丽莎白的画像，你不必描绘下来，有哪个画匠能惟妙惟肖地描绘出她那双美丽动人的明眸呢？"

在15b）中，eat 和do justice to以及delicious dinner构成最佳关联性语义关系。在语境中，eat的内涵语义特征被析取出来置入空泛语义表达式do justice to中的do，从而使其获得 eating: having sth as food throuh chewing 的语义结构，其中it则由delicious dinner充当，而justice保留自身的语义特征rightly或 properly。将空泛语义表达式do justic to的语义充实的认知机制图解如下：

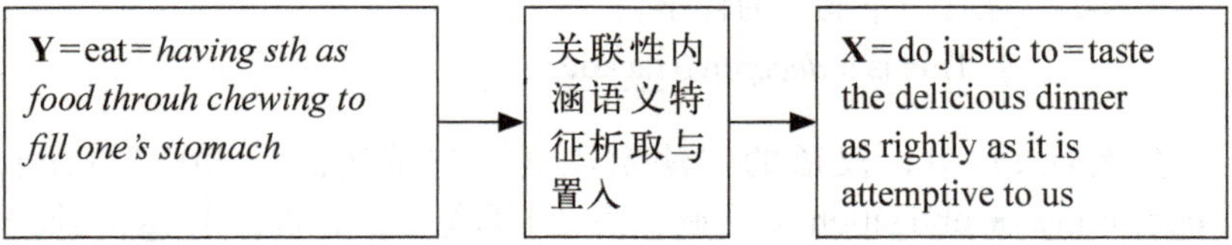

译文：他烹饪出一顿美味可口的晚餐，可我们真的不能好好地品尝了，因为我们已经吃得太撑了。

就语词与概念的关系而言，语词是概念的表达形式，概念是语词的思想内容。概念在反映事物本质属性的同时也反映具有本质属性的事物自身，是事物本质、类的反映，是思维的结果。但从上述实例分析看，英语中有许多符号表达式并无确切的含义或思想内容，而是取决于语境中关联性语言单位的语义的置入而获得含义充实，这种语言意义的形态为译者主体性在英汉翻译中发挥提供了客观基础，译者主体不仅需要明确其关联性概念的语义内涵特征，还需要能通过认知思维判断作出析取与置入的操作处理，最后给予符合语境的重构性表达。

有趣的是，汉语中经常出现一些限制性或描述性概念与其修饰语之间构成一种"内涵特征修饰语"的强调现象，即某个概念的限制性或修饰性内涵语义特征被抽取出来加以突出，在句法结构层面又作为独立的限制性或修饰性语言单位或概念使用，这在汉英翻译过程中在认知层面造成冗余性，这种现象应引起译者的重视。如："应尽的职责"，所谓"职责"是指"通过某种形式的规定或规约的应该承诺或承担的责任"，故"应尽的"属于"职责"的内涵语义特征。在英语中，语词duty的概念语义是：legal responsibility or obligations，其中legal就是"法定的"，"法定的"就是"应尽的"。故概念语义的认知思维中，英语的duty等值于汉语的"应尽的职责"。这说明，明确语义结构特征有助于我们认识翻译信息处理的思维过程：不同民族的人通过对词语或概念语义特征的掌握，对共同熟悉的事物都有相应的概念化了的认知图式，能在由概念构成的认知结构中自动进行认知补缺，使之整体连贯，这是一种对相关信息进行组合、充实、完形的心理过程（Armbruster，1996）。

例16a）人民解放军……将保卫祖国视为自己应尽的法定职责。
译文： The PLA… regard protecting the motherland as their *legal* duty.
（"2002年中国的国防"，《北京周报》，2003年9月）
例16b） 这是一个骗人的幌子。
? This is a *deceptive* facade.

在例16a）中，汉语的"法定职责"与英语的"duty"（*legal* responsibility or obligations）在概念语义上是等值的，再译出legal 则属于冗余信息，造成译文行文累赘。这说明，合格的译者必须正确地辨析概念的内涵与外延意义。现在有不少英语学习者，也包括许多英语专业学习者，过分依赖于英汉互译的电子词典，此类词典的优势是快捷方便，但最大的缺点是贪图快捷而只记对应的释义，导致于他们掌握单词的意义也是概念对概念式的简单记忆，如 duty = 职责, legal = 法定的，而不是整体性地记住概念的内涵+外延结构语义，如：duty = *legal* + responsibility，或 obligations = *law/moral* + pressure/promise *that forces one to do sth*，以致于造成在翻译过程中对一些常用概念进行简单的一对一式的移译，不能发挥应有的主体性，这也是主体性知识结构缺失的表现。

就例16b）而言，"facade"的内涵和外延结构为：outward appearance [外延], esp. "a *deceptive* [内涵] one"；汉语"幌子"的语义结构为："骗（或迷惑）[内涵]人的伎俩[外延]"的含义。在翻译过程中，译者只有敏锐地辨析出"facade"的内涵和外延的构成才能避免将内涵语义特征显化为外在的特征修饰语，造成译文累赘。这种译者只有“译”而无译者主体性而言。

5.4 概念内涵语义的语境化扩展

在翻译过程中，我们会发现有些表达形式在特定语境中具有渲染、夸张、变异、陌生化等特点，在目的语中不符合一般经验性或常规性表达方式，因而译者主体不宜简单地按照英汉词典给出的若干选择性概念，而应透过表层形式意义，深入把握其概念内涵语义特征，通过语境化辨析，进行相应的语境化语义扩展，进行意义再构。如：

例17)　My father has decreed, in his *infinite wisdom*, that all motorbikes are killers, so I can't buy one.

字面意义：*? 我父亲以他无限/穷的智慧（才智/明智/学识）裁断，所有的摩托车都是杀手，因此我也就买不成了。

一般英汉词典对infinite给出的等值概念有“无穷的”、“无限的”，对wisdom提供的可能的对应概念有“智慧，才智；明智；学识”。但这种空泛的概念意思的搭配不符合该语句在汉语语境中读者的经验或体验：“我”父亲具有无限的智慧 / 才智 / 明智 / 学识？译者必须调动其主体性，对infinite wisdom在该语境中的适切性语义进行重构。从另一方面看，原文说话者的意向性意义虽然有俏皮的特点，但应通过语境化再构得到，而不是直接移译原文的概念语义。这是因为英语概念的内涵和外延语义具有结构性语义特征，而且其语义结构成分往往倾向于具体化，说话者或作者也倾向于使用这些具体化了的语义特征，并希望读者也能通过自己的认知能力给予重构。如wisdom（experience and knowledge shown in making decisions and judgments）的语义内涵特征由experience 和knowledge两部分构成，译者应析取这两个关联性语义特征分别与infinite进行搭配性重构，再在目的语中寻求相应的俏皮式的语言形式。将其语境化重构意义图示如下：

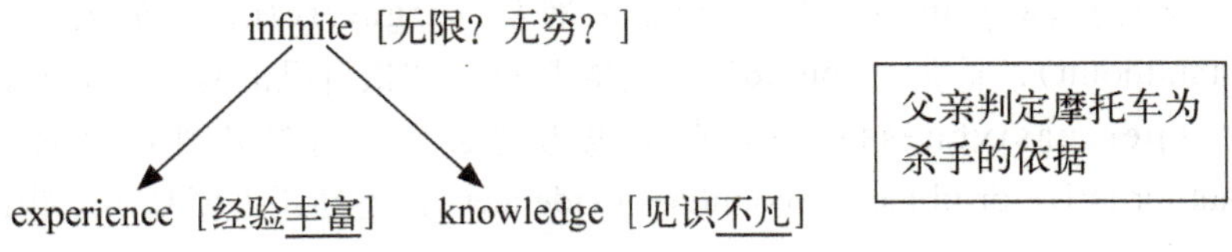

译文：我父亲自以为经验丰富、见识不凡，判定所有的摩托车都是“杀手”，因此我就买不成摩托车了。

在概念内涵语义特征的语境化扩展上，译者主体的认知能力和可推论性起到重要的作用，这也是检验译者主体是否能够正确地发挥其主体性的主观依据；同时，对语言使用中的关系概念之间语义特征的把握则是主观认识的客观基础，它构成关联性推理的起点。如何判断概念之间是否具有“最佳关联性”（optimum relevance）（Gutt, 1990），并且各概念语义特征之间有何制约性、趋同性、具体明晰化或引申等，译者主体必须依赖于对语境中潜在存在着的参数关系概念之间的认知逻辑关系的把握。如下列中broad sweep的语义引申的明晰化形成的认知过程：

例18）I was most *impressed* by the *broad sweep* of her *argument*.

字面意义：*？ 我对她论辩的宽广范围印象深刻。

上述字面意义的译例显然不为中文读者所接受，不符合汉民族对类似生活体验中的经验表达方式，觉得所表达的关联意义过于空泛而不达意：对辩论的宽广范围最为感到印象深刻？形式意义没有表达出说话者的交际意向性。即使在原文读者中，他们也不会停留在字面意义之上，还需经过认知加工才能获得说话者真正的意向意义。先考察英语中broad sweep的语义特征：

sweep: extent covered by sth; range

broad: large in size from one side to another; covering a wide area; wide; extensive

sweep 表示物理世界中可延伸或可覆盖的空间（范围）或抽象之物所及的程度；broad表示相对于长度的宽度，具有可延伸的空间特征。这两个空泛概念在语境中必须依附某个特定的参数概念X才有所锚定，这个X在该语句中就是事态概念argument，它们与X构成互参关系，认知上受制于X，即两个表示程度或范围的空泛语义在与X（argument）的语义关系的制约下产生语义趋同，其引申的认知机制推论链为：

辩论（argument）的目的在于辩驳（argue/refute）他人的观点（standpoint），伸张（uphold）自己的观点→伸张自己的观点就要有说服力（persuasiveness）→要有说服力就必须具有权威性或客观证据（authoritative or objective counter—evidences），还且还需要利用这些证据组织推理和论证的逻辑方式对他人观点进行反证或证伪（disproof / falsify）→要成功地实现辩驳的目的和无可辩驳地压制对方就必须“旁征博引”（cite various evidences）→旁征博引则需要援引各方面的大量证据加以组织论证，使自己观点的主观性（subjectivity）得到普遍论据的支持而凸显其客观性（objectiveity prominence），从而使论辩“说理有力”（ powerful reasoning）。

在这个认知机制的推论链中，“旁征博引”中的“旁征”和“博引”就是原文中的“broad sweep”在此具体语境中的意向意义的指向性趋同，“旁征博引”的论据能产生“说理有力”的效果，能使听众印象深刻（impressive）。故“旁征博引”、“说理有力”与“最为印象深刻”之间在目的语中构成了最佳关联性搭配，这种认知机制的过程描述旨在反映译者主体性发挥的本质特点，也旨在说明翻译过程中的意义形态与意义建构的主观认识与客体意义互动的关系性。下面将意义形态与意义建构的译者主体性发挥过程的认知机制模式之一图示如下：

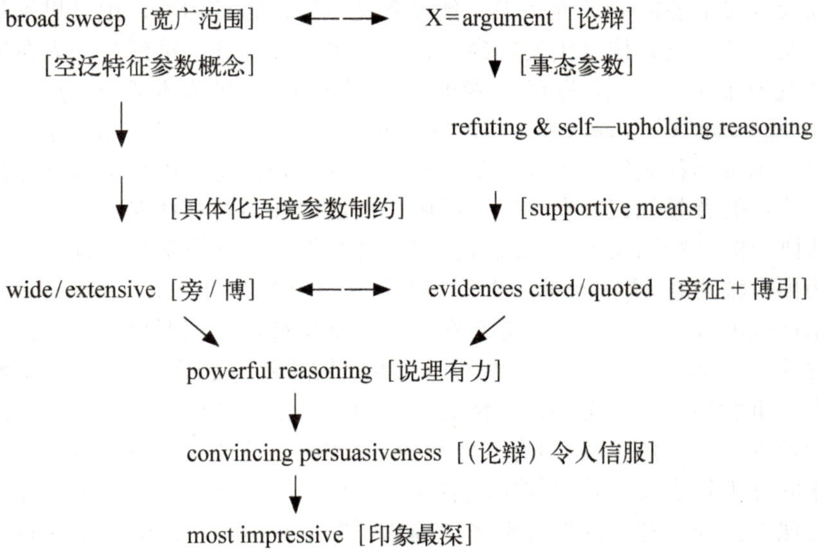

译文：a）她在论辩中旁征博引，（说理有力），使我印象最为深刻。
b）她在论辩中旁征博引，（辩才可嘉），给我印象最为深刻。
（笔者译）

这类意义形态重构的译者主体性现象可进而反拨宏观理论原则规约性，对其规约的内涵进行动态修正，即传统所论的“忠实”或“求信”

原则规约必然是动态的，因为原文所谓的“原义（意）”往往不是原文的形式意义或在翻译中不能囿于原文的形式意义，而是一种关系意义，关系意义是需要译者主体建构的语境化意义或意向性意义。动态的“忠实”或“求信”原则观不仅不会束缚或僵化译者的翻译行为，反而会促使译者发挥其主体性，根据语境参数关系对原义（意）作出有理据的引申，获得目的语读者乐于接受的译文。

5.5 预设意义、语义蕴含与话语含意

在译者主体性发挥中，意义形态是一个开放性的意义范畴，因为人们对语言使用的新颖性和社会变化性是一个永无止境的过程，其认识也是不断深化和拓展的过程。以“预设意义”这一意义形态来说，它首先是以一个范畴概念被认识的，然后在不同的语言研究者和翻译研究者的深入探索下，逐渐使之得到拓展性研究，形成了不同次类型的预设意义形态的概括性认识。预设意义与预设思维相关，预设思维是从某一特定已知信息出发，经过认知逻辑思维推导，达到另一先在地客观存在或主观认为存在着的信息的过程，其基本形式为：‘X presupposes Y’ means that if X is true, Y has to be true。在语言学文献中，预设亦称先设或前提，是一种潜在的已知信息，或是交际双方共同认可的背景知识。在交际过程中，预设表现为一种推理关系，它以话语中的某些词句为基础进行推理，这些能作为预设基础的词句被称为预设触发语（Levinson, 1983）。有基于真值条件的预设，也有基于语用情境的预设。预设可分为存在预设、事实预设、词汇预设、结构预设等（Leech, 1974; Yule, 1997）。笔者曾从翻译角度区分了词汇语义预设、事实预设、事态预设、情景含意预设、语用预设、范畴预设、结构预设、存在预设7种形态（曾利沙，2006）。这些预设意义对译者主体的知识构成具有重要的实践意义，也成为主体性发挥的主客观互动的理据。预设意义的形态多样，翻译研究丰富多彩，总的说来，具有双重理论与实践意义。

一是在翻译实践和理论认识中，译者主体通过预设的辨析，对若干具有先设关系的概念作出简化处理，将被简化的先设意义视为读者可通过认知能力补充的意义，即某些作为预设的词汇意义可在语境中作必要的虚化，以适应目的语行文的经济简明的风格要求；或是作必要的增译，以避免在目的语中造成不符合经验逻辑的表达形式。例如：

例19)　国务院昨天发布公告宣布，为表达全国各族人民对四川汶川大地震遇难同胞的深切哀悼，国务院决定，2008年5月19日至21日为全国哀悼日。

形式意义：? The State Council, the Cabinet, in order to express the profund condolences of all the ethnic prople over the victims at the massive earthquake striking Wenchuan County in Sichuan Province on May 12, yesterday decided and announced May 19 to 21 *as* the national mourning days.

在上例中，"宣布"的行为以"发布（公告）"（书面文字形式）为先设，即"发布（公告）"是"宣布"的预设性行为，没有形成正式的文告也就不可能通过广播电视和报刊等的公开"宣布"；其次，"决定"又是"发布"的预设行为，因为国务院发布文告必须经过集体讨论，对具体的内容进行表决。从认知思维看，"决定"和"发布"都是"宣布"的预设，都是受众能够通过认知思维予以补充的，不必逐词译出，一个"宣布"则可推出"发布"和"决定"的先设行为，否则造成译文累赘繁复，不符合国务院文告的简明风格。而且，汉语原文的语序无法被逐词逐句译为英语，新华社译者充分发挥了主体性，对其进行了简化和重组才形成合适的译文：

译文：　The State Council, the Cabinet, yesterday announced May 19 to 21 *as* the national mourning days for the victims in a massive earthquake striking Wenchuan County in Sichuan Province on May 12.

例20)　……属水的女人几乎都是男人梦寐以求的妻子。（罗茜：《五行中的女人》）

对于上例中"妻子"的翻译，若按表层形式译为"Women with the nature of water are almost *the wives whom* are earnestly craved after by men."，则造成可能的预设意义：属水的女人都已成为男人们追求的"他人妻子（已婚女人）"。在当今中西方社会里，去追求他人的妻子属于第三者插足的不道德行为，故此译文不符合读者的经验逻辑认识，译者应发挥主体性，在作出相应的释义基础上进行翻译操作处理：

译文：　Women with the nature of water are *capable of making*

themselves good wives and turn out to be those earnestly craved after by men.（笔者译）

其二是在翻译实践批评理论研究中，预设意义可作为一种译本评价的"意义参数"（曾利沙，2000），以此作为译本质量评估标准的依据之一，不仅能反映译者对译文处理过程中可能产生的意义形态认识的维度与局限性，还能藉此说明问题的性质，进而提高译者在翻译实践中应注意的事项。也就是，不仅积极的译者主体性体现于对意义形态的把握、重构或再创，其不足与局限也可从意义形态范畴层面予以定性概括性认识。如：

例21）"……对投资在200万元以上的新建、扩建和装修改造工程，实行招标采购"（《2002年中国的国防》）

译文：...and projects *newly built, expanded, or revamped* each involving an investment of over 2 million *yuan* are undertaken *through public bidding*.（《北京周报》，2003年1月9日p.vi）

例22）After an impatient oath or two, she got her hair away from her eyes, *sufficiently* to obtain a sight of him.

译文：她不耐烦地咒骂了一声，把头发从眼睛上拨开，才看到了他。（张培基等编，《英汉翻译教程》，1980）

例21）的译文存在事实逻辑预设意义问题，即新近已经完工的、扩建和装修好的工程还需要投标吗？显然不符合人们的经验逻辑认识，宜改译为：...projects *to be built, expanded, or revamped*...。

例22）的译文存在事态预设意义，即原文"sufficiently to obtain a sight of him"的预设事态是说"没看清楚"，拨开头发才看清；而译文"才看到了他"的先设是没看到，把头发从眼前拨开才看到。此句宜译为：她不耐烦地骂了两声，把头发从眼前拨开，才看清楚是他。

除了预设意义外，类似的还有蕴含意义。所谓蕴含是指一种逻辑或语义关系，其逻辑表达式为$p \supset q$，即概念X蕴含着概念Y的语义内容，据其形态可分为认知蕴含、词汇蕴含、结构蕴含等。认知蕴含是指某个缺省的信息内容能通过认知思维推导出来；词汇蕴含是指一词语概念蕴含另一词语概念的语义特征；结构性蕴含是指某个语言结构的信息为句中特定词语的认知语义逻辑结构所蕴含。在中译英时，熟悉词语概念或语句命题语义及其蕴含的认知逻辑结构特征，则可避免在翻译中造成不必要的重言式（tautology），导致语句累赘繁复。如上面讨论过的例19）“国务院昨天发布公告宣布，为表达全国各族人民对四川汶川大地震遇难同胞的深切哀悼，国务院决定，2008年5月19日至21日为全国哀悼日”，其中“全国哀悼日”在认知思维上就蕴含着“全国各族人民（对四川汶川大地震遇难同胞的）深切哀悼”，故新华社的译文就没有重复译出“全国各族人民”和“深切哀悼”的蕴含意义：The State Council, the Cabinet, yesterday announced May 19 to 21 *as the national mourning days* for the victims in a massive earthquake striking Wenchuan County in Sichuan Province on May 12.

再如“国家要发展，民族要振兴”的表达形式中，汉语“振兴”（prosperous）在词汇概念语义和认知思维上就蕴含着“发展”（development），即振兴必然意味着发展，不发展又怎能振兴？从英语概念语义看，prosperous的释义为successful thriving, esp. financially, 而thriving的释义为grow or develop well and vigorously。其次，国家和民族亦相互蕴含。从外宣翻译表达的经济简明原则看，只要译为“A nation desires to be properous.”即可，不必译为累赘繁复的平行结构：A country wants to develop and a nation wants to be thriving. 语义蕴含的问题在汉译英中比较常见，尤其是在政府工作报告和白皮书的英译中较为明显。如：

例23）　“中国……加强武装力量建设和边防、海防、空防建设……”

译文：　China...strengthening the *building* of its armed forces and *that* of its frontier *defense*, sea *defense* and air *defense*.（《北京周报》2002，p.iv–3–I）

从语义蕴含看，building 在认知思维上被strengthen（making stronger）所蕴含，即：在使武装力量更强大的过程中就必然蕴含着建设，不建设又怎能强大？故building为冗词；其次，strengthen building的搭配不符合认知逻辑，因为我们不习惯说“使……的建设更强大”，而说“使军队或国家（建设得）更强大”。明确这点，就可避免重复译出句中两处“建设”。

改译：　China...strengthening its armed forces and their power of defending its frontier, sea and air....

与语义蕴含有关的另一意义形态是“话语含意”（discourse implicature），是语用学的一个概念。所谓话语含意是指听话人/读者根据所说/写出的话或措辞所暗含的意思的一种推论，有时又与蕴含有一定联系。如“积极努力参与……”的译文“make active efforts in participating...”可能给英语读者产生的话语含意是：谁还能做出不积极的努力（平卡姆，2000: 36）？再从认知看，“effort”（努力）本身就蕴含“active”的认知语义，即当我们说某人学习努力时，无疑意味着他学习积极，没有积极的态度又怎能有努力的行为？又如“为了广大群众的利益”的对应译文是“for the interest / benefit of the broad masses”，英语概念masses的释义为“the ordinary working—class people”，是全称概念，指称所有的普通劳动或工人阶级。但限定词broad意为large in size，是部分概念，broad使得全称概念masses的语义范围在认知逻辑上缩小了，在英语中反而造成不必要的话语含意推导：政府只为大部分群众利益，少部分群众不在考虑之内。故其译文不应囿于汉语的表达习惯，宜译为“for the interest / benefit of the masses”。

5.6 译者主体性思维路径的可描述性

在对翻译实践的认识中，我们常见到如下经验性表述：在翻译过程中，“一个词的具体意思由该词所处的环境所决定，或在一定的上下文中才能确定某个词的意义，然后在另一种语言的同义语链中寻找等值物”（蔡毅、段京华，2000: 180），“文学翻译是一种艺术，是一种再创造的过程”，“忠实地传达原作的思想内容，创造性地再现原作的艺术特点和民族特点，不是简单地复制原文的文字符号，而是努力再现文字所表达的客观现实（包括全部思想与形象），赋予文字以生命”（同上：185）。这种一言以蔽之的表述是一种必要的宏观理论概述，但难以从中窥视译者主体的艺术创造的过程及其主客观理据，简单的说明不足以构成可阐释的概念框架，不具客观实证性、可表征性和可操作性，无助于我们系统地认识文本“词义”、“语境”、“上下文”、“艺术再现”或“创造性”的本质特征。文本意义是如何在其语境中获得特定意义的？其意义生成机制如何？有何操作理据可言？不同实践主体在艺术创造性地再现原作思想内容过程中有何心理轨迹？能否以概念范畴的方式对其进行心理表征，赋予其特定的理论形态，进行系统描述？这些问题的研究都与译者主体性相关，因为意义的语境化和意义的再创或重构过程就是意义的动态体现。笔者认为，译者主体的任何艺术创造性或二度创作都是可以从可描述性、可阐释性、可推论性、可印证性、可操作性角度进行考察的，其研究维度可以多样化，但其核心就是考察所谓创构的语境化意义是否可以对其作出定性和概括的方法论认识，或从多大层面、多大程度上揭示了翻译活动的规律性，这种规律性认识无论是对翻译实践还是对翻译理论的深化都具有十分重要的指导意义。以下例解析作一讨论：

例24）　As to my younger daughters, I could not take upon her to say—I could not positively answer—but I *did not* know of any *prepossession*; My elder daughter, I must just mention—I felt it incumbent on her to hint—was likely to be soon engaged.（Pride and prejudice, Jane Austin, p.69）

上述引文是英国著名作家简·奥斯汀的代表作《傲慢与偏见》中班纳特太太和柯林斯的对话片段。该场景是柯林斯对班纳特家的几个年轻貌美的女儿独有情钟，意欲求婚，而班纳特太太则向柯林斯介绍说，大女儿已订婚，几个小女儿倒还有希望。作者在此处用了一个抽象名词prepossession，在译文语境中不能直接移译英汉双语词典释义。prepossession属于抽象概念，派生于动词prepossess，英语词典对该动词的释义是：1）（of an idea, feeling, etc）take possession of（a person）；imbue（inspire or permeate with feelings, qualities, etc）使具有（某种思想、想法）；使先充盈（某种感情）。2）a prejudice（usu. favorably and spontaneously）使偏爱（参见（DK Offord Illustrated English Chinese Dictionary）。从字面形式意义看，prepossession的释义为“the action or condition of taking possession of a person”，在上文语境中译者根本无法在汉语中直接移译这个抽象概念的基础语义：I did not know of any prepossession（我不知道任何的X？）。若要译出通顺连贯的译文，译者必须对其进行意义重构，要对意义的再创过程和认知机制作出可证性描述，则需要相应的理论阐释框架和一系列辅助性概念。下面从语境参数理论及其程序化表征的方法论作一描述（关于参数理论可参见曾利沙，2002, 2004, 2005, 2007, 2011, 2012）：

首先确立关联性参数：

【1】话题参数：谈婚论嫁（柯林斯看上了班纳特太太的几个年轻貌美的女儿，有求婚意向，班纳特太太有心让柯林斯在四个小女儿中挑选）

【2】话语参与者柯林斯意向参数：求婚

话语参与者班纳特太太意向参数：允诺（有心纳其为婿）

【3】婚姻信息参数：大女儿即将订婚

【4】意图参数：含蓄暗示、抓紧机会（班纳特太太明确告诉柯林斯说大女儿可能快要订婚，却用抽象的语词“not know of any prepossession”来表达含蓄的意图，暗示几个小女儿他还有希望，应赶快抓紧机会求婚）

然后求解prepossession的语境化嬗变意义：prepossession = X = ?

【1】从英语词典释义中析出prepossession的关联性概念语义的结构成分：

有待充实的结构语义槽		有待充实的结构语义槽
sb's feeling	take possession of	*a person*
or *sb*	permeates with feeling of	*sb*
有待充实的结构语义槽		有待充实的结构语义槽

【2】根据语境人物关系，对析出的抽象语义结构的左、右边有待充实的槽（不定成分）进行语境化充实（replenishment）：

（*I didn't know whether my younger daughters'* feeling）have taken possession of（any *men of heart or not*）

（I didn't know whether my *younger daughters are*）permeated with feeling of（*men of heart* or not）

【3】在目的语中寻找适合语境中特定人物、特定意图和语言风格的表达式（注意过去时 didn't know 而非 I don't know 的语用含意）：

根据经验常识，我们知道女子谈婚论嫁的过程必须是首先要有“意中人”或“心上人”或“心仪之人”，然后确定“恋爱关系”后则成为“拍拖对象”，经过一段相处了解有了结婚意向或订婚后便成为“未婚夫”或“未婚妻”。根据上述语境的人物关系，我们可以对prepossession 的深层语境化命题结构作出充实：

I did not know of anything about my younger daughters whose feelings were *possessed or enchanted* by any young men.

Or: I did not know of anything about my younger daughters who admiored any young men.

至此，可得出prepossession = 心仪之人；意中人

看看翻译家王科一的译文：

> "讲到我的几个小女儿，我没有什么意见——当然也不能一口答应——不过我还没有听说她们有什么对象；至于我的大女儿，不可不得不提一提——我觉得有责任提醒你一下——大女儿可能很快就要订婚了。"（《傲慢与偏见》王科一译，P85）

原文抽象概念prepossession的英汉词典释义为："偏爱"或"先入观念"，在此语境中被译为"对象"，为人物关系概念，在译文语境中是达意和语义连贯的，但未能译出 prepossession的概念在语境中女性人物话语的情感语义特征，即说话人班纳特太太暗示柯林斯：在趁我几个小女儿还没有心上人或意中人之前，你要抓紧博得她们的芳心。故若将该语句译为"不过，我还没有听说她们已经有了心上人/意中人"，更能体现说话人的话语语用含意：几个小女儿即使有"男朋友"，若非意中人还可以努力争取过来。

英语文学作品具有美学张力，表达形式丰富多样，如具有抽象性、隐喻性、隐晦性、模糊性、不定性、多义性、间接性、经济性、缺省性、空白性、语境性、关系性、连贯性、衔接性、互文性、新异性、美感性、暂构性、变体性、嬗变性、陌生化等特征，尤其是对一些日常熟悉的常用词汇，也常常发生语境化嬗变，给译者造成翻译的难点，需要译者发挥主观能动性。如"place"这个抽象处所名词在文学作品语境中并不可以简单地译为汉语对应的处所概念"地方"。在简·奥斯汀《傲慢与偏见》、《爱玛》和《理智与情感》中，该词共出现248次，在三部小说中出现频率依次为73次、97次和78次。在不同的语境参数制约下，place出现范畴概念语义转移的现象，其译文呈多样性。问题是为何"place"被译为不同的概念，如何描述译者主体性发挥的思维路径，有何理据，则是值得给予可描述和可推论性研究，从中窥探英语文学作品汉译的多重本质特征。下面从语境参数理论视角对几个典型实例作一程序性解析。

例25a）I am sure Wickham would like *a place at court* very much, and I do not think we shall have quite money enough to live upon without some help. Any *place* would do, *of about three or four hundred a year*....

在《傲慢与偏见》中，伊利莎白结婚时收到了莉迪亚的一封贺信，信里出现这句话（见上页）。其中place的语义受制于court，court是个多义概念，具体语义取决于语境参数。根据达西的上流社会贵族身份参数 + 关系参数（达西母亲是位伯爵小姐），处所参数（court）不是指法院、球场或其他基本范畴概念，而是指称“宫廷”（royal court）；受物质参数（money）+（谋生）手段/方式参数（live upon）+ 数量参数（three or four hundred a year）的共现制约，可知a place是指在宫廷里的某个“职位”或“工作”，place失去了其原型空间范畴an area的语义特征。再根据言外时空背景参数（英国18世纪末）+人物身份特征参数（下层社会的莉迪亚的谋生愿望），从历史文化与社会关系语境的可体验性看，若将place译为“工作/职位”则不贴切莉迪亚的社会阶层身份。故译者将其译为“差事”（替人跑腿办杂事），其内涵特征符合莉迪亚人物身份及其措辞的语体风格。此处抽象处所概念place 跨域转义为“（谋生）手段/门路”范畴。其跨域转义的共现语境参数关系图示如下：

{at court［宫廷］} +

{about three or four hundred a year［每年三四百磅］} +

{时代背景 / 人物身份} → place［差事］

译文：我相信，威科姆一定很想在宫廷里找份差事做做。要是没有人帮帮忙的话，我们实在没有多少钱维持生计了。随便什么差事都行，只要每年能有三四百镑的收入。(孙致礼译)

译文：我相信，威科姆一定很想<u>在宫廷里</u>找份<u>差事</u>做做。要是没有人帮帮忙的话，我们实在没有多少钱维持生计了。随便什么<u>差事</u>都行，只要<u>每年能有三四百镑</u>的收入。(孙致礼译)

例25b）Mrs. Gardiner abused her stupidity. “If it were merely a fine house richly furnished,” said she, “I should not care about it myself; but the grounds are delightful. They have some of the finest woods in the country.”

Elizabeth said no more — but her mind could not acquiesce. The possibility of meeting Mr. Darcy, while viewing the *place*, instantly occurred.

V$_1$:　加德纳太太骂她傻。"假如光是一座富丽堂皇的房子，"她说，"我也不会稀罕它，不过那庭园景色实在宜人，那里有几处全国最优美的树林。"
伊丽莎白没有作声，但心里却不肯默许。她当即想到，她若是去那里玩赏，便很可能碰见达西先生……。(孙致礼译)

V$_2$:　…… 她立刻想到，如果到那儿去欣赏风景，很可能碰到达西先生……。(王科一译)

在文学翻译中，两种不同语言的概念使用各有其特定的表现方式，并产生不同的审美效果，如何再现原文原型基本范畴概念的表现风格及特征，是对译者主体能动性发挥的广度、深度和效度的一种综合考量，尤其是文学语言的具体形象性和情感特质的表现对译者的艺术思维及其操作处理方式提出了高度要求。如上述例子中的place是指彭伯利庄园，若将其译为"地方"或者是"彭伯利"都不合适。根据意图参数（嘉丁纳太太话语的语用意图）："要是光光只有一幢富丽堂皇的房子，我也不会把它摆在心上"，可知她们感兴趣的并非房子或者建筑。根据客体特征参数delightful grounds和finest woods，从语义连贯和人物内心的可体验性看，viewing the place体现的是彭伯利庄园的园林景观和自然风景这一特征范畴。王译采用范畴语义跨域转移，将空间概念place译为该空间场所具有的显著特征——风景，更能适切地表达伊丽莎白的担心：若是去欣赏彭伯利的庄园美景，就可能会遇到达西先生。此例中，place跨域转义为事物"特征"范畴，其跨域转义的共现语境参数关系图示如下：

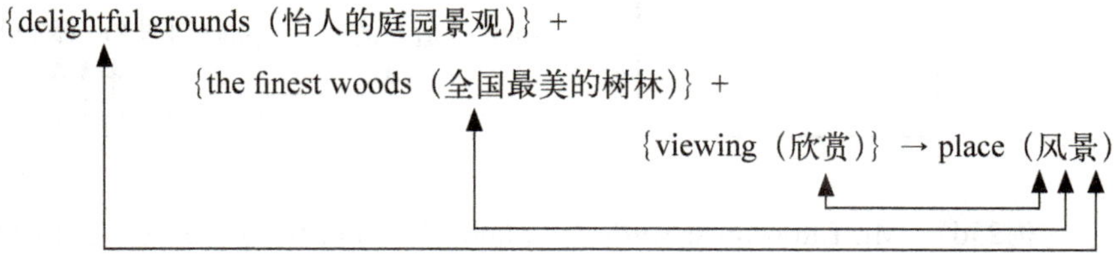

例25c）*The want of proper families* in the place…he was still unwilling to admit that the *inconvenience of such a mixture* would be any thing, or that there would be the smallest difficulty in every body's *returning into their proper place* the next morning.

V$_1$:　爱玛解释说，这里没有几家合适的人家……他仍然认为这样贫富同乐不会带来多大的不便，第二天早晨大家又都各

守本分。(孙致礼译)

V_2: ……他还是不承认这样贫富同乐会带来多大不便，或者在第二天早晨各自回家后会有丝毫困难。(祝庆英、祝文光译)

在文学作品中，基本概念place 有时在特定语境中会造成含义隐晦，译者若不能充分把握语境参数的制约性，往往会造成译文的晦涩和不可体验或经验性。如上例中place分别被译为“本分”和“家”，哪种译法可取呢？根据处所 + 状态参数（the want of proper families）可知开舞会找不到合适的家庭，言下之意就是附近家庭的社会地位、贫富状况差距较大；再根据状态 + 特征参数（inconvenience of such a mixture）可知，差距较大的家庭一起开舞会可能会有些不便；行为趋向+状态参数（returning into + proper）表明，place指的是各个家庭成员翌日要“回/恢复”各自原来惯有的某种状态。从可体验性看，状态参数（proper）说明此处place并非表示场所范畴“家”，因为家无适当不适当之分，应该是表抽象的“身份”范畴，即 their proper place的语境化内涵指向贫富家庭各自的社会“身/本份”。孙译的“本分”是适合语境的，也是读者可经验的；祝译的“各自回家后（会有丝毫困难）”造成读者的认知困惑和关系情景的难以体验性：舞会后回各自的家难道还有困难或不困难之说？此处的place跨域转义为“身份/地位/位置”等抽象范畴，其跨域转义的共现语境参数关系为：

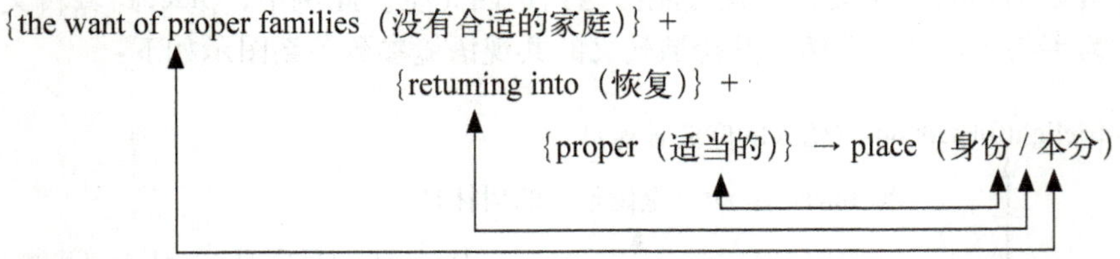

例25d) Mr. Elton must *smile less*, and Mr. John Knightley *more*, to *fit them for the place*.

V_1: 为了要跟那场合协调起来，埃尔顿先生要少笑一点，约翰·奈特利先生要多笑一点。(孙致礼译)

V_2: 埃尔顿先生必须少笑一点，而约翰·奈特利先生必须多笑一点，这样待在客厅里才合适。(祝庆英、祝文光译)

在英语文学作品中，处所概念place有时发生的语境化范畴迁移可能兼顾时—空范畴概念特征。如上例中place在两种译文中可谓相差甚远：孙译是“场合”，祝译是“客厅”。二者是否都可接受？根据行为特征 + 程度参数（smile + less/more）可知是他们各自要改变一下神态；从行为 + 主体参数（fit + them）的可体验性看，他们需要变换微笑的神态来适合或者协调某个特定的交际场合或时机（communicative occasion/situation），而不是一般场所范畴概念“客厅”，这难以让读者得到常规经验体验而产生困惑：为何在客厅里有人要少笑，有人要多笑？此处孙译语义连贯，贴切语境。此例中 place跨域转义为“场合”范畴，其跨域转义的共现语境参数关系为：

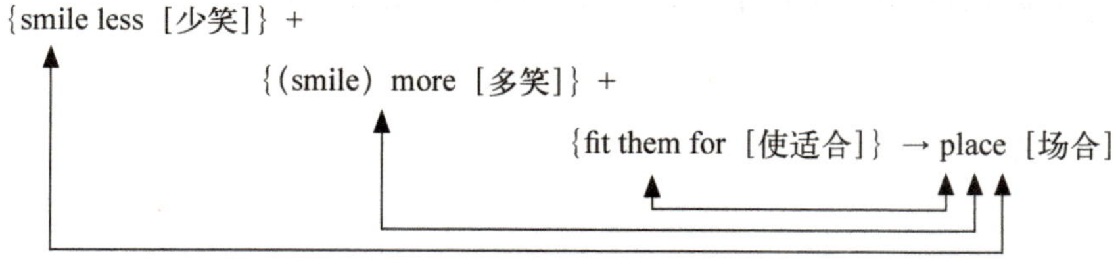

5.7 小结

一种语言文字系统是一种意义的符号系统，其基本概念意义在系统内是相对稳定的，但在语言运用中，特别是在文学语言的运用中，该系统中的文字符号却带上了作者个性特征。语言文字使用的个性特征使得其固有的基本概念意义处于一种不稳定的运动状态。就语际转换而言，我们认为，不同语言学习者逐步习得的并在其知识库中巩固下来语言文字所荷载的基本概念意义具有“历时性”特征，而在文本中出现的相应的文字符号则往往具有“现时性”特征，这种现时性特征是其历时性特征和作者个性特征相结合的一种意义体现，在语际转换过程中以一种尚未成型的潜在的“原创意义”（intended underlying meaning）出现在“文本的意义空间”（罗兰·巴尔特语）之中，在形成译文之前构成文本的一种“意义期待”（meaning to be expected or realized），有待译者将其明示化或固化，我们将译文中经过译者明示化或固化的语符意义称为“暂构意义”（currently reconfigured meaning）。或是一种历史给定了的“固化语义”（曾利沙，2001, 2002）。

故译者主体性的发挥涉及词汇语义、语句命题、概念范畴、信息结构、语篇修辞等各方面的不同形态的意义表达。在翻译过程中，英汉两种语言各自的使用规律对翻译操作活动具有一定的制约。近几十年来，语言学家们在语言学研究领域取得了丰硕的成果。他们对语言这门古老的研究课题从不同方面、不同层次、不同角度进行了深入全面的探讨和研究：对其结构进行静态的描写，对其功能进行动态的论述，对其理解从认知上进行揭示，对其活动从交际上进行阐述，对其运用从语用上进行认识。这些语言学理论所反映的各种系统的语言学思想对我们今天的翻译活动具有重要的理论指导作用。翻译是一门实践性很强的不同语言之间的互译活动，作为一个训练有素的翻译工作者，需要一定的翻译理论和原则做指导，除了一般的翻译理论外，又有各种的语言学理论知识，更能提高自己的理论修养，使翻译活动具有一定的科学性。

第六章
主体性艺术创造典型体现的可描述性

6.1 引言

本章运用宏观与微观研究相结合的方法就文学翻译中译者主体性艺术创造的典型体现和典型意义进行讨论。在翻译学理论研究中，探讨译者主体性的本质特征必须从实践出发考察其典型体现，而非笼统地将其泛化，从概念到概念式地进行抽象的思辨性阐发。脱离实践的翻译理论研究只能在宏观理论上就翻译的特点进行主观的、甚至片面的认识，难以深窥其本质特征。研究者只有深入实践挖掘复杂的翻译现象背后的那些具有典型特征和典型意义的实例，才能揭示出翻译活动的本质特征，从而总结出对策性的经验技法，从翻译活动的目的、方向、条件等多维视角推衍出相应的具有公理性质的原则理论。在宏观方法论层次，笔者曾提出在“艺术再现”和“艺术表现”的概念框架来表征文学翻译艺术创造性的主、客体互动性特征及其层次、程度、范围与形态（曾利沙，2006, 2012）。在微观层次则采用定性分析与量化综合相结合的方法，通过对客体各要素的性质进行标识，再考察其在译作中的对应分布及其形态变量，对主体的思维形式和特征以及操作技巧和操作理据进行概括，最后达到对文学翻译艺术创造性的本质特征及内在规律形式的程序性表征，并以此为深化文学翻译批评或评析的可描写性程序表征提供方法论参考。

在文本翻译操作中，有许多不同类型的“难点”，针对这些“难点”的创造性操作能折射出翻译活动不同的本质属性，理论研究者对这些不同属性的认识又可作出不同的理论概括。比如在文学翻译活动中，译者主体性的典型体现之一就在于“意义给定行为”和“风格意义的等效再现”，即文本的意义解读需要兼读者身份的译者的参与建构，以及原文特定风格特征在目的语中需要给予相应的审美再现。针对文本意义生成或给定的翻译现象，笔者曾从实践现象的反思出发，提出“弹性意义载体”和“多度视域”的理论认识，即一个语词的拼写和语音形式是不变的，但是它的概念“语义”却是多变的，因而具有多义性。也就是说，语言符号是意义的载体，这个载体的外壳（声音与形式）是不变的，但是它却在使用过程中不断获得新的“义项”，就好像西游记中神仙手中神奇的法器“布袋”，一个小小的能扩缩的布袋把唐僧师徒都收入其中。语言符号同样具有这种弹性扩展功能，一个小小的语言符号有时能容纳N个义项，各义项既有共性，又都有不同的区别性语义特征。我们可作以下推论：设有语词X, 且该X 的词形与语音不变，该X在不同语境C中可获得不同的语境义（contextual meanings），表征为：Cm1, Cm2, Cm3, Cm4, Cm5, ……；由于语言使用的语境具有动态性，那么，该X 则可获得Cm—n个语境义。一个能使语形语音不变的语词在概念语义变量上不断充盈扩展的语境必然具有“语境张力”，语境张力由“力点”构成，力点则是语境中能使特定语词获得新义的其他语符的映射力（曾利沙，2001，2002）。例如第五章中讨论的语境参数理论的可描述性和可阐释性的运用分析，就是对“弹性意义载体”和“语境张力”观的一种深化和拓展，使其更具科学性。这是因为在翻译活动中，译者若要准确地辨析出特定语词在语境中的语义嬗变或给予其语境化意义的重构，就必须具有“多度视域”的感知、知觉和辨析能力，而语境制约因素大多是隐性的、无标记的，需要译者将自己的视阈延伸至言内上下文中或辨识言外社会历史文化语境中那些潜在地存在着关联性制约因素，并加以综合辨析。“多度视域”理论将这类语符的意义转换操作纳入特定的理论范畴进行研究也就决定了该理论的适用性及其明确的针对性。“多度视域”的研究还带有对文本意义生成予以哲学意义上的反思，它表明了实践主体在自身活动中所进行的旨在揭示如何“把握构造概念判断和推理的真实意识行为的结构”，是对“意义的给定行为”或“面对能为人所直觉的意义形式以及构造它的意义行为”的研究（胡塞尔，见王岳川, 1999: 39）。这种针对基于翻译问题的现象性研究正如乔治·穆南所指出的，“我们从翻译理论或翻译学中吸取的唯一好处，便在于澄清翻译的许多困难，将之分类，概念化，以便能总结出一种决定的逻辑。目的在于启发译者，为其在翻译中作出选择的决定时提供帮助”（许均、袁筱一，1998: 11）。对于“弹性意义载体”和

“多度视域”的理论范畴化和概念化，能使我们多维度地寻求对翻译过程中行为主体对客体（典型操作单位）“是什么”的真理性含义的探讨，即辩证动态地对“信”或“忠实”的本质进行证伪，它亦体现出实践主体“要怎样”或“应怎样”的具有评价意识的语际转换方法论意义上价值观。翻译理论与实践研究不是局限于对个别具体对象表象的把握，而是透过个别认识一般和通过现象看本质，是在一定抽象层面上对带有普遍性和规律性的操作规程的反映，或是理性地探索这种操作规程中主体的思维运动轨迹，揭示行为主体对客体的一种整体性的认识与思考方式。

6.2 文学翻译艺术性的典型特征：译眼

所谓典型即指同类中更具代表性的个别事物，而代表性即指最能表现该类事物的本质特征。一般说来，愈是接近纯粹形态的事物愈具有典型性（田运）。在文学作品翻译中，并非通篇文字内容和形式都要求译者主体能动地进行艺术表现或再现，只有那些在塑造人物形象、表达人物情感、刻画人物性格、揭示社会关系冲突等方面具有感人的美学效果的独特语言表达形式才能体现出典型的艺术性。最能典型地体现文学作品艺术创造的常见于一些所谓的“文眼”（literary eye）的语言表现形式，如王安石的“春风又绿江南岸”中的“绿”；又如“竹怜新雨后，山爱夕阳时”中的“怜”字（唐·钱起）。这种“文眼”在文学翻译活动中则成为译者的操作焦点（focus—manipulation），为译者提供了艺术创造性的契机和自由空间，它需要译者具有高超娴熟的艺术表现力。笔者在此将其称为译者艺术创造的“译眼”（translation eye），这些“译眼”在内容与形式上所体现美学特征具有直观模拟再现和情感体验的艺术表现性价值。黄振定（1998: 127）认为，翻译艺术性的典型表现，可归结为“直观—模拟”的思维操作方式，即翻译中对原文从内容到形式的创造性的直观和模拟，其特点是借助直接语感、移入形象、意境、情趣等，达到语义和风格整体把握与再造。直观—模拟（不同于解构重组）的特点，体现了艺术性的思维方式和操作过程，是一种不同于知性逻辑思维的感性体验，心领神会，灵机一动的模仿；译者深入原作精髓，使其思想内容和风格形式完整得到再现，特别是再现艺术作品的形象、神韵。傅雷（1979）认为：“总之译事虽近舌人，要以艺术修养为根本：无敏感之心灵，无热烈之同情，无适当之鉴赏能力，无相当之社会经验，无充分之常识（即所谓杂学），势难彻底理解原作，即或理解，亦未必能深切深悟”。这种艺术再现或艺术表现要求译者主体具有较强的双语文化知识和感悟力以及丰富的形象思维、情感思维、关系思维、经验思维和想象张力，尤其是对原作主题及主题倾向的全面透彻理解，将原作中的典型艺术内容和形式以及风格价值特征在目的语中得到创造性地等效再现。

在宏观方法论上我们引入相应的概念框架。其方法论意义在于：当我们以特定概念或观念去规范或解释现实时，该概念或观念也就转化为方法。方法就是自觉地从一定角度、模型或框架（概念）出发，把不能直接到达的总目标或最终目标化为一系列能直接达到的分目标或阶段目标（即分析），并按照一定程序或结构把各种直接达到目标的活动关联起来（即综合），以间接达到不能直接达到的目标（刘永富，2002: 8）。这就是说，方法的实质也就是从一定角度、模型或框架（概念）出发进行的分析与综合，一切方法都只是这种分析与综合的特殊表现或特殊运用。

在微观方法论层次，我们采用定性分析与量化综合相结合的方法，通过对论域内客体各要素性质进行标识，再考察其在译作中的对应性分布及其形态变量，并对主体的思维形式和特征以及操作技巧和理据进行概括，最后达到对文学翻译艺术创造性的本质特征及其内在规律形式的程序性表征，以此揭示文学翻译艺术创造的典型体现。

6.3 文学翻译的艺术创造：“译‘眼’”

原作中既有显性的“译眼”，也有潜在或隐性的“译眼”。从语言形态看，隐性“译眼”表面上看来似乎无独创之处，但却在一定层次或形态上给译者提供了某种艺术创造性的契机，使译者能够籍此调动和发挥其艺术创造性，在译作中给予艺术表现，获得特殊的审美价值。如大家所熟悉的毛泽东的诗句“不爱红装爱武装”，孤立地看其中的“红装”和“武装”两个概念并无艺术特色，但在诗作中则触发了音、形、义三个层次的审美价值，故许渊冲先生别出心载地将其译为to face the powder not to powder the face，体现了译者的艺术创造性，使译文和原文在审美价值特征层面具有等效性，不失为一种可借鉴参考的译文形态，具有理论方法意义。在文学翻译实践中，隐性“译眼”的范围要大于显性“译眼”，给译者赋予了更广的艺术表现空间。这两类范畴的区分旨在为文学翻译评析或批评提供一种反映文学翻译艺术创造性本质特征的概念表征工具，以便明晰地考察在文学翻译活动中译者的艺术创造性是在何种层次、何种程度、何种范围，并以何种形态表现出来的。其次，也籍此有理据地考察和比较原作者和译作者的艺术创造对象之间的对应与隔离，并通过对译者操作显性和隐性“译眼”的理据分析，揭示“译‘眼’”动态过程中译者的思维特征和形式，如知觉思维、形象思维、情感思维、认知逻辑思维、情景思维、经验思维、逆向思维、比拟思维、多维思维、整体思维、文化干涉思维等。通过运用相关概念，我们能集中考察译者在感知文学作品的“译眼”时，是如何不满足于停留在抽象或朦胧的表象状态，还力图根据自身体验或艺术鉴赏力，以何种特定手段对所感知的客体予以动态地模拟重构或给予艺术再创造。对显性和隐性“译眼”与“译‘眼’”的辨析与操作处理的思维过程解析如下。

6.3.1 显性“译眼”与“译‘眼’”

例1）到麦当劳去吃什么？有人总结说：吃时髦，吃清洁，吃快捷，吃氛围，吃气派，吃档次，吃高雅……闹了半天，还没有涉及“吃饱肚子”。（《广州日报》）

此例属于风格层面的显性“译眼”。一般而言，文学作品的风格具有频率性特征，并通常运用了非常规或变异性语言形式，具有可定性概括的审美价值。如上例中语言形式“吃xx”重复出现9次，除了“吃饱肚子”属于常规形式外，其余8个都属于非常规的变异性表达式。这些变异形式若单独使用并不构成风格艺术特征，只有集中体现在话语中才获得典型性，具有了显性“译眼”的审美价值——“幽默诙谐”，也为其英译的艺术创造提供了主观能动性发挥的空间。原文的这种审美价值特征是以变异性的频率特征呈现出来的，由于不同语言文字和语法体系的差异以及民族文化思维的差异，任何作品的风格特征都是不可简单地复制或移译的，而对具有审美价值特征的风格的艺术再现都不可能是纯粹意义上的形式再现，必须是基于差异之上的意义形态的“等值”，或凸显某种审美特征的形式化“等效”。故审美风格特征的再现应遵循等效原则，在目的语中译者应力求艺术性地再现这种审美风格特征，即9个“吃xx”的形式结构能否在英语中创造出相应的9个同形结构的表达式，并且能符合英语的语言习惯和读者能接受的语言形式。译文如下：

For what do we go to Mcdonalds? Summarized are the following answers: *for* its popularity, *for* its remarkable cleanness, *for* its instant service, *for* its exotic atmosphere, *for* showing off, *for* its excellence, *for* enjoying its elegant fashion, ... With so many "*fors*", yet we have not come to "*for* our stomach". ——笔者译

原文是说去麦当劳吃什么，按常规经验，一般是去吃饱肚子，即去麦当劳的目的所在。但是，作为一种异域快餐饮食文化在中国的蓬勃发展，深受中国青少年和儿童及其父母这个群体消费者的欢迎，他们去麦当劳的目的可并不简单地是为了吃快餐，而是具有了多种综合性因素，故有上述幽默诙谐的评论。其幽默诙谐的风格特征在汉语译文中就是以模拟的方式同样译出9个"for xx"的结构，其中同样也有形式变异，但这种形式变异在整体风格特征中能为英语民族读者所接受，同样能艺术性地再现原文幽默诙谐的审美价值。再如下例的"译眼"——dish的频率与变异的形式化审美特征：

例2）Patricia Potts, the girl with the smashing silhouette who was Scunthorpe's *Dish* of the Month in October—the *dishiest dish* in the area—was *dished up* with a *dish* of trouble on her way home from bingo last night. (Geoffrey Land: What's in the news?)

上例中的美学风格特征是通过dish一词的5次重复与形式变异实现的，可定性概括为"俏皮幽默，略带讽刺"。若简单地按照原文语言形式的风格特征进行模仿性移译会弄巧成拙，难以再现其审美价值。文学翻译的艺术再创的本质在于求"信"原则（原作风格倾向的忠实再现）基础上的求"美"（审美特征的频率与变异的等效再现），要求译者对原作具有审美价值特征的"译眼"等效性地从音、形、义相统一的美学效果上作出努力。受语言文字客观条件制约，我们不能直接在汉语中对音、形、义三要素进行简单转换，只能求其等效性的审美形式再现。从话题看，原文的新闻报道是关于斯坎索浦城选美皇后出事的事件性报道，记者运用dish这个词的变异性修辞将一连串的事件信息压缩在一个语句中，既显得紧凑俏皮，又略带讽刺意味；从语义看，作者将波茨姑娘比作谁都想品尝的秀色可餐的美味佳肴dish，突出了她的胜出不仅在于体美貌美，尤其是她侧影美得慑人心魄，令人垂涎欲滴，结果在晚上从赌场回家的路上出了麻烦。将其风格特征的等效再现的关系图示如下：

原文审美风格特征	dish — dishiest — dish — (was) dished up — a dish of
	↓ ↓ ↓ ↓ ↓
译文审美风格特征	体美貌美 — 更美 — 美眉 — 美妞［中的］美妞 — “美”［出了］

译文：帕特里夏·波茨姑娘体美貌美，侧影更美，是斯坎索浦城本月（10月）当选的折冠美眉，她一举成为本地美妞中的美妞，于昨夜从赌场回家路上不幸“美”出了大麻烦。

上述译文中“美”及其变体的量不相等，但文学翻译的艺术再现不是对原作风格的频率特征的简单模仿，而是针对“译眼”的美学价值特征力求风格上的近似再现，以及运用同样的创造性手法。如在操作策略上力求a）从“dish”相对应的概念“美”字上衍生出一系列相应的形式变体：貌美、娇美、甜美、美妞、美眉；b）模仿原作者活用词语的技巧，即名转动，将形容词“美（出了）”加双引号作动词用；c）保留原文紧凑的句法特征，将若干事件压缩在一个语句内，重现原作新闻报道那种简洁紧凑、俏皮的语言风格。

6.3.2 隐性“译眼”与“译‘眼’”

在文学作品中，有时一些普通熟悉的日常用词或用语看来平淡无奇，然而一旦进入诗歌或散文中，用以表达特定的主题或作者特有的风格特征时，这些用词用语可能成为隐性的“译眼”，可通过译者的艺术洞察力，将其化作富有节奏、韵律和诗意的语言形式，以表达特定艺术形象和情感特质。对于文学作品的艺术性，不同论者都有其侧重性的认识，如“艺术是情感的表现形式”（苏珊·朗格）；“故情者，文之经，辞者，理之纬”（刘勰：《文心雕龙·情采》）；“文学是使用语言塑造形象，表达作者思想感情的艺术，它的功用在于感人，而感人的力量来自神韵”（方梦之，2002: 126）。语言的情感与形象在于其感人的神韵，而神韵在于语言的形象性、情感性、韵律性的统一，这是文学作品翻译的艺术特征的三个重要属性。考察下面例3）中斜体部分表现主题关联性之“译眼”的文字：

例3）The *possibilities of pleasure* seemed that morning so enormous and so various that to have only a moth's part in life, and a day moth's at that, appeared a hard fate, and his zest in *enjoying his meagre opportunities to the full*, pathetic. （from The Death of the Moth, by Virginia Woolf）

V1: 那天早晨的欢乐也许会无边无际，也许会多姿多彩，而我的生命中却只有一只飞蛾，一只白昼的飞蛾，这样的命运看起来难以令人接受，但是他对于那些微弱希望的极力追求，富于激情，让人怜悯。(李迎春译)

V2: 在这样一个似乎充满无限欢乐的早晨，命运却只让他扮演一只蛾子，这多少有些残忍，而这只蛾子努力地享受着这少得可怜的快乐，又显得多么可悲。(路璐译)

V3: 这天早晨，生命的乐趣表现得淋漓尽致又丰富多样。相比之下，作为一只飞蛾浮生在世，而且是只有一天生命的飞蛾，真是命运不济。虽则机遇不堪，飞蛾却仍在尽情享受，看到这种热情不禁引人稀嘘。(陆谷孙译)

这是意识流作家弗吉尼亚·伍尔芙的著名小说《飞蛾之死》一文的片段，该文通过作家对小生命体细腻的观察和富有情感和形象生动的描述，表现了"自然界生灵的丰姿与活力"的主题，以及同情于"小生命向困境抗争、向往自由、不屈不挠、直至生命殆尽"的主题倾向。9月的一个清爽宜人的早晨，一只白昼出没的飞蛾被困屋内，感受到窗户玻璃透过日光，飞向透明的窗户，意图寻找冲破困境的出路，然而阻隔向往自由光明的屏障坚不可破。蛾子左右上下冲突，无数次冲撞寻求突围的企图都徒劳无功，直到精疲力竭，滑落到窗台玻璃底沿，它已耗尽全部能量，纤细的蛾足在挣扎，翅膀在扑腾，想努力支撑着身体往上爬，却有心无力了，脚朝天地掉落到窗台上，奄奄一息，最后细足一阵抽搐挣扎，端正了躯体后便一命呜呼。作者的语言特点及其风格在于朴素隽永、清新自然、流畅简净、意蕴丰富、饱含情愫、感染力强。从翻译角度看，原文朴素简净的语言如 possibilities of pleasure / so enormous and so various / to have only a moth's part in life / a day moth's at that / appeared a hard fate / his zest in enjoying his meagre opportunities to the full都是常见的形容词或名词，无所谓艺术表现的显性之"译眼"，但是在主题及其主题倾向的统摄下，这些文字隐含着主题关联性之"译眼"，译者应将作者对蛾子所处的困境以及求生的不懈努力、(叙述者角度看上去)乐此不疲的细腻观察与情感体验结合起来给予艺术表现。而译者能否把握住这种"主题之眼"

则是译好这段文字的保证，否则无法反映出该散文深邃的主题或意旨。possibilities of pleasure 具有语境关联性，承接上文的描写，应是指那天早晨窗外自然界无数不同形态的生命体，如白嘴乌鸦、马、农夫、山岗点缀的植物在宜人的天气里充满着活力，展示着各自的乐趣。这从上文的“such vigour”和“The same energy which inspired the rooks, the ploughmen, the horses”的描写中体现出来；抽象形容词so enormous and so various 分别说明自然界“生命形态”和“生命乐趣”的程度——“大”与“丰”，即各种生命形态极为丰富，展现的生命乐趣多姿多彩，充满生机与活力；to have only a moth’s part in life / a day moth’s at that / appeared a hard fate是一种窗外与窗内生命形态的对比，即窗内“我”看到的却是一只陷入困境的白昼飞蛾；only一词的限制重点在介词短语at that，at that是回指性照应语，是指作者将上文飞蛾在窗户上扑腾飞舞的情景融入她的思绪之中：“The same energy…sent the moth fluttering from side to side of his square of the window—pane", 即自然界各种生灵充满活力和丰富多彩的乐趣，然而房内这只飞蛾却只能在“他”的一扇方窗空间内上下左右扑腾，不能不说是hard fate。然而，这只飞蛾似乎却热衷于将他的单调扑腾动作（下文有simple activites / dancing的照应描写）进行到底。在表现enjoying his meagre opportunities to the full中，译者应深入从作者观察评论的视角和飞蛾向往着窗户外面自由世界那种坚持不懈和乐此不彼振翅扑腾的神态去体验和把握。

李译“早晨的欢乐无边无际，也许会多姿多彩”未能译出该文的主题之眼，“欢乐无边无际”指的是范围，将possibilities译为“也许”表达一种不肯定性，改变了作者的语态，难以产生语境连贯，实际是指自然界生灵具有无数可能的生命形态，且生命乐趣多姿多彩，此处用以对比和突显命运不济的飞蛾的窘境：“他”的乐趣则仅展现在一个窗户范围内动作单纯地扑腾。李译“我的生命中只有一只飞蛾，……这样的命运看起来难以令人接受”则误读为作者的不济命运了。同样，路译“充满无限欢乐的早晨”亦没有译出主题之眼，原文的hard fate也并非说飞蛾呈现的生命形态是“有些残忍”，实质上是说窗外各种形态的生灵们一个个都在清爽宜人的自然中幸运地享受着各自的生命乐趣，而眼前的飞蛾则被困屋内，受窗户玻璃的阻隔，无法享受外面清新的空气和自然景色，陆译的“命运不济”则准确表现出了这种境况对比。对于enjoying his meagre opportunities to the full的译文，路译的“享受着这少得可怜的快乐”和陆译的“机遇不堪，飞蛾却仍在尽情享受”表现出了其隐含的作者评价性语态，而非李译的“微弱的希望”。opportunity 语义为“favourable time, occasion or circumstances”（有利的时机、场合或环境），在此语境中应是指飞蛾的时运和出没的境况不济。陆译的“只有一天生命的飞蛾”（a day moth）欠准确。从常识看，飞蛾并非只有一天的生命；从意识流看，作者此时的意识里并没有预见到飞蛾会累得毙命；从上文照应看，作者开头就着重说明了这是一只白昼出没的蛾子。综上所述，笔者将其改译如下：

> 这天上午，（自然界）生灵们形态各异，生命乐趣丰富多姿，而房内这只浮生于世的飞蛾，白昼出没的蛾子，真是时运不堪。虽然时运不济，飞蛾却乐此不疲地在窗户上上下左右扑腾，不禁令人唏嘘。

可见，文学作品丰富的审美张力体现在大量的隐性之眼，给译者主观的艺术创造提供了客观条件。再如黎巴嫩诗人兼作家纪伯伦（1883–1931）是一位擅长使用对比和比喻的浪漫主义和象征主义作家，他的随笔具有散文般的韵律美，尤其是在表达富于哲理的思想中体现出诗意的意境，故要艺术性地再现纪伯伦的优美、隽永、简洁的文笔，译文切忌词句的冗长，尤其是其中能唤起读者感官的语词概念都具有隐性“译眼”的审美张力，翻译时译者应力求形象与情感的融合，再现作者语言风格的神韵。考察下面的实例：

例4a）It is not the *image* you would *see* nor the *song* you would *hear*,
But rather an *image* you *see* though you *close* your eyes
and a *song* you *hear* though you *shut* your ears.
美既不是你看见的形象，也不是你听到的歌。
美却是你闭着眼睛也能看见的形象，掩着耳朵也能听得见的歌。
——冰心译（下同）

上例中表示人体部位器官和感官语词eyes, ears, image, see, hear, 以及常见的动词如close在译文中均被译为日常口语化拖沓的风格形式，不能再现纪伯伦那种优美、隽永、简洁的语言风格，尤其是难以表现其蕴涵的哲理性意境。笔者将其视为广义上的隐性“译眼”，为了再现纪伯伦诗作的艺术风格特征，故将其译为：目睹、倾听、合眼、掩耳、仍视、仍闻、之象、之歌、之曲。译文如下：

美非你目睹之象 倾听之歌，

乃是你合眼仍视之象，掩耳仍闻之曲。——笔者译（下同）

例4b）It is not the sap within the *furrowed* bark, nor a wing *attached* to a *claw*,
But rather a garden *forever in bloom* and a flock of angels *forever in flight*.
美不是皱巴巴树皮中的液汁，也不是连接爪子的翅膀。
美是一座永远开花的花园，一群永远飞翔的天使。

例4c）People of Orphalese, beauty is life when life unveils her *holy face*.
But *you are life* and *you are the veil*.
Beauty is *eternity gazing at itself in a mirror*.
But *you are eternity* and *your are the mirror*.
奥法利斯的老百姓啊，美就是揭掉面纱露出神圣的脸时的生命。
然而，你们是生命，也是面纱。
美是不朽在揽镜自照。
但你就是不朽，也就是镜子。

在翻译活动中，艺术形象的再现不是简单译出原文语词概念语义所唤起的“意象”，还要仔细地切身体验这些意象是否能在译入语读者中唤起等值或等效的形（意）象或情感。如例4b）中的译文“皱巴巴树皮”、“连接爪子的翅膀”、“永远开花”、“永远飞翔”，以及例4c）中的译文“神圣的脸”、“是生命”、“是面纱”、“是镜子”，显得生硬、重复，缺乏美感和富有哲理的诗意性意境，尤其是让读者难以体验到自然界鸟的翅膀竟然有连着爪子的。在汉语诗歌或散文语言中，一些人体部分的俗称如脸、头、眼、口、脚等不具有雅致的风格特征或诗意语言的审美价值特征，如上例中holy face就不宜译为“神圣的脸”。纪伯伦使用的概念意象都有其特定的寓意或象征，并且体现其主题之眼——生命之美，以及主题倾向——生活之美、沧桑之美。尤其是例4c）所表达的人生之美的真谛——美就是你自身的生命之美。为了凸显主题之眼“美”的形象性、情感性和韵律性的统一以及哲理性意蕴，笔者将其改译为：

例4b）她非满布犁痕树皮中的液汁，亦非附依禽爪的羽翼，
而是一座繁花永灿的花园，一群振翅不息的天使。

例4c）阿法利斯的民众呵，一旦生命露出圣洁之容，即刻显现生命之美。
你们就是美的生命，也是掩美面纱。
美是永生揽镜自照。

你们就是美的永恒，也是映美之镜。

诗歌与散文都具有韵律和节奏美的风格特征，这些风格特征的再现应以凸显作者意欲表达的主题与主题倾向为原则，可适当增译，扩展语义，以突出主题，如上述译文“美的生命、掩美面纱、美的永恒、映美之镜”中的语词“美”在原文表层结构中是没有的，但又是作者想要凸显的主题倾向。只有在主题统摄下的风格美的艺术再现，才能使译文在结构的节奏性、文字的形象性、行文的韵律性上实现诗歌或散文意境的高度统一。

6.4 “译‘眼’”的艺术再现和表现

译者艺术创造集中体现于译“眼”的过程。从可描述性研究方法看，我们可在程序性表征过程上找到可行的研究方法，即首先考察原文与译文之间可直观的操作对象“译眼”部分（加下划线表示）及其性质的对应性转换，即将“译眼”所蕴含的典型形象或情感形式作相应的定性分析和量化综合；其次，对原文中“译眼”所蕴含的n个形象或情感形态在译文中的对应性作出描写，并将译文中那些与原文相对应或近似意象的转换视为“艺术再现”，而将译文中那些增生性意象或与原文中那些不（完全）对应或被置换了的意象视为“艺术表现”；然后对译者的思维形式与特征、微观层次的操作技巧和操作理据进行综合概括。

6.4.1 意象重构、虚实相生

例5）她或许是我们的老奶奶，满头银丝，满脸皱纹，世人都用“慈祥”去形容她，但很少有人[M_1]能品味[M_2]/皱纹[M_3]/背后那岁月与历史[M_4]/拂过[M_5]/的幽香[M_6]。她无须再用[M_7]/铅华[M_8] /刻意雕饰[M_9]，我却分明看见她和她的老伴共同演出那首动人的歌——《牵手》。[9个意象]

(She is very charming when singing “Hand in Hand” in a duet with her lifelong companion. White—haired and wrinkled, she may be one of our grannies, a perfect image of kindness as she is often described.) *The furrows / ploughed / by time /deny / replenishment / with cosmetics, for they are / fertile soil /radiating*

/the fragrance /of history.（陈文伯译）[9个意象]

对艺术再现和表现的程序性表征：

（1）首先对ST划线部分意象（用M表示）作定性分析和量化综合： [M_1] 皱纹（静态视觉意象）；[M_2] 岁月与历史（物化了的时间意象）；[M_3] 拂过（动感意象）；[M_4] 幽香（嗅觉意象）；[$M_{5\text{-}6}$]（无须再）用铅华刻意雕饰（物象+行为意象）。

（2）其次考察TT的意象对应转换、变量分布和重构整合：

对应再现的意象（艺术再现）：

[M_1] 皱纹=furrows：对应再现。英语对应概念还有wrinkles/lines等，译者之所以选择furrows是为了使用其比喻义，以便与plough搭配而获得鲜明的形象效果；

[M_2] 岁月与历史=by time/of history：有对应但被拆译，动态转换；

[M_4] fragrance =幽香：概念对应；

[M_8] 铅华=cosmetics，概念对应；

[M_9] replenishment=雕饰，概念对应；

不对应的意象（艺术表现）：

[M_3] 拂过≠ploughed：意象增译；

[M_7] 无须再用≠deny：不对应，该部分与[M8]和 [M9]经重构与整合属艺术再现+表现；

[M_7] fertile soil ≠ ø：缺省，无对应，为增译，理据是与上文ploughed在语义和情境上相照应，是plough意象的情景逻辑蕴含；

[M_8] radiating（动感嗅觉意象）≠ø：无对应，为增译。原作“品味……幽香”（行为意象+物象）被整合在一个V–ing 之中，读者在审美体验上可感知到：仿佛在“散发”着能让人“品味”的“幽香”。从形式看是一种意象置换，从思维特征看是一种创造性的间接形象表达；

[M_9] 很少有人能= ø：无对应，在形式上被虚化或意象背景化。在理论认识上，我们将这种动态操作视为“忠实”原则的动态体现，即局部服从整体，弱化或虚化局部，以突出整体意象的鲜明性与和谐性。

（3）译者思维特征：

a）形象思维、情景逻辑思维、艺术创造性思维；

b）操作技巧：增译、转换（如化人称主语为非人称主语）；

c）操作理据：文学翻译“忠实”原则的动态体现——以局部的虚化突出整体意象的和谐与审美感。

6.4.2 变化视角、情景交融

例6）有的人如游客，不急不慌，走走停停，[M1] 看/花开/花落，[M2] 看/云卷/云舒，有时也在风中走，雨里行，[M3] 心/却像/[M4] 张开的网/，[M5] 放过了/[M6] 焦躁苦恼。（“飘逸人生”）

Others travel leisurely like tourists. They would take time off now and then *for a look at* / *blooming flowers* /*or fallen petals*. They would stop to *admire* /*clouds gathering* /*and dispersing*. Even when they go against the wind or are caught in the rain, they never get annoyed, for *worries* / *slip off* / *their minds* / *as from an open net*.（陈文伯译）

对“译眼”的艺术再现和艺术表现的程序性表征：

（1）对ST划线部分句法特征与意象性质分析：[M_1] 看花开花落（（V+（S+V）+（S +V））；[M_2] 看云卷云舒（V+（S +V）+（S + V））构成两个复合意象：前者由一个行为视觉意象“看”和两个状态物象“花开+花落”构成；后者由一个行为视觉意象和两个动态物象“云卷+云舒”构成；[M_3] 心（感知意象）；（像）[M_4] 张开的网（状态物象）；[M_5] 放过（行为意象）；[M_6] 焦躁苦恼（情感意象）

（2）对TT意象的对应转换、变量分布、情感表现和重构整合的分析：

对应性转换——艺术再现

复合意象 [M_1] 看=for a look at，概念对应转换；花开花落=blooming flowers or fallen petals（（V–ing+NP）+（V–ed+NP））：情景逻辑思维推演下的艺术再现。其中“花开”译为blooming flowers，“花落”则译为fallen petals而不是falling petals，“花”不译flowers而译“petals”，这是因为在现实世界里不是一朵朵花在落下，而是花瓣。而falling petals的意象特征是花瓣正从花朵上落下来的动态过程，在现实世界里，一般情况下花瓣是由外层向内层逐渐枯萎的，除非遇到大风，否则一般不会纷纷扬扬地落下。这是译者经验思维、形象思维和情境逻辑思维综合推演下的艺术再现。

复合意象 [M_2] 对应性转换—艺术再现的是：“云卷云舒” = clouds gathering and dispersing，属于概念对应性转换。

不对应转换—艺术表现的是：看≠admire：不对应，为增译。“看”的英语对应概念有see/watch/look at/gaze等，但译者不是机械地寻求概念对应，而是充分运用情景思维、形象思维和情感思维，化视觉行为意象为心理情感形态——admiring。“watch/look at/ gaze”等词只能直观地再现“看”者观看云彩变幻运动的外部神态，而admiring不仅表现出“看”者内心的赞叹、愉悦之情，还在情景上蕴含着“看”者那种凝神的外观神态，可谓匠心独具，是翻译艺术创造性的典型表现。

[M_3]、[M_4]、[M_6] 为对应性转换——艺术再现：心= minds：主语位置被置换，变化视角，为艺术再现；张开的网=open net：概念对应转换；焦躁苦恼= worries：情感意象被突出置于主语位置，变化视角，为艺术再现；

[M_5] 为不对应性转换——艺术表现：放过了≠（worries）slip off，意象被置换；worries因与slip off搭配，获得更富动感、鲜明的形象。

（3）译者思维特征：

a）形象思维、经验思维、情景思维、逻辑思维与创造性思维；

b）操作技巧：词类转换、结构重组、变化视角；

c）操作理据：“译眼”使得“忠实”原则被动态化，这说明微观层次体现的读者审美需求可反作用于宏观理论原则，理论与实践具有互动性：行为的目的指向性对原则具有制约性。

6.4.3 化动为静、以情寓意

文学翻译需要译者运用自己全部的创作才能（思想、感情、想象力、联想力、共鸣力、生活经验、历史知识、审美趣味、逻辑感、艺术分寸感、语言技巧等），把原作的艺术意境用另一种语言再现出来。原作的艺术意境实质涵盖了“意义、意思、思想、意味（flavor）、概念、内涵（connotation）、味道、精神（spirit）、情调（emotional appeal）、意趣（interest）、神韵（Verve）、风格（style）等。）

例7）做土比做叶也许更好，<u>不争不抢</u>，<u>无声无息</u>，滋润着花。《偶感三则·花》

Perhaps the earth is still better than leaves, *humbly* nurturing flowers *without complaint*.（陈文伯译）

对“译眼”的艺术再现与艺术表现的程序性表征：

（1）意象分析和定量综合：不争不抢（否定性行为意象 M_1+1，重言式（tautology））；无声无息（听觉意象 M_2+1，重言式）

（2）对主体思维过程的溯因分析：M_1+1）不争不抢≠humbly：不对

应，为增译，属艺术表现。“争”的英语对应概念有contend/vie/strive/scramble+for；“抢”的对应概念有snatch/grab/wrest/seize等。译者没有选用相应概念似乎出于以下考虑：用动词对译，就必须增译出相应完整的句子结构，但随后又是动宾结构的“滋润着花”，若连用两个动宾结构，则为：…*It does* not *contend for fame or gain with leaves* and *silently nurtures flowers*，就会造成过于写实，不仅语句冗长，也失去文字的张力和韵味，失去散文的美感。故译者运用逆向思维，以反说正译的操作技巧，化动为静，即将动态的行为意象转化为静态的内心情感形态——humbly，仅用一个副词就十分简洁含蓄、形象生动地表达出事物的内心情感和性格特征，更符合“土”的特点，可谓“点睛”（a life—bringing touch）之作。M_2+1）无声无息 ≠ without complaint：不对应，为增译，属艺术表现。译者不满足于简单运用对应的英语概念，而是深入把握事物的情感特征，将听觉意象转化为精神拟人化的情感形态，与humbly一词相照应，比原作更能表现事物的性格特征，是创造性艺术表现的典型体现。

（3）译者思维特征：

a）形象思维、情感思维、逆向思维；

b）操作技巧：反说正译、词类转换（如动词→副词）、从行为拟人化到精神拟人化的转换；

c）操作理据：文学翻译审美目的作用于“忠实”原则，译者在“译眼”上获得了艺术创造的自由空间，但这种自由是基于理性分析基础上的自由，主体的自由本质力量不能完全覆盖客体，是客体的主体化，具有紧密的内在联系。

6.5 小结

本章从文学翻译艺术创造性的本质特征和规律形式出发，对反映典型艺术创造性的意义—意象转换的层次、程度、范围和形态进行了分析和描述。郑振铎（1921）认为，“除了忠实的翻译以外，一种对原文的著作的风格与态度的同化，在译文里也是很重要的。能够办到这一层，这个翻译，才能算是好而且完全”。费道罗夫也曾指出，翻译就是用一种语言把另一种语言在内容和形式不可分割的统一中表达出来的东西，准确而完全地表达出来（《翻译理论概要》，汉语译本，中华书局，1955）。这种文学翻译艺术创造性的本质及其规律特征是值得给予深入研究和相应的程序化描写。概括如下：

翻译艺术创造的本质特征主要在于：

a）客体在特定层次和范围内给主体提供了具有艺术创造性的客观基础，见于“译眼”所体现的表现形式；b）文学翻译艺术创造性的自由空间典型地体现在对原作的艺术再现和艺术表现过程，但主体的本质力量不能完全覆盖客体；c）这种艺术再现和艺术表现是出于满足于读者的审美需求，是对情与景的诸种意象形态的动态模拟并以特定语言形式的再现或表现。

翻译艺术创造的规律主要在于：

a）主、客体互动过程中的主体创造性是基于对客体意象形态或情感形式内在逻辑联系的理性把握；b）规律需要相应的概念表征自身，而概念具有知识规范和多维逻辑导向作用；c）规律是理性思想的凝结，需要从经验模块上升到理论模块，在宏观、中观、微观层次上形成一个开放的规律系统。

以上述概念框架和基于微观层次的定性定量分析印证文学翻译的艺术创造性，不仅可以避免文艺学派以全称命题（判断）表述的“翻译是艺术再创作”或“文学翻译是两种语言文化之间的竞赛”之类非科学的理论表述，而且为文学翻译评析或批评提供了方法论参考。此外，还有助我们深化对文学翻译操作过程的认识并形成对策，即主体必须“将意义看作是能动的而非凝滞的实体，必须通达权变”，“关键在于把握意向，形式受制于意向的调节”（刘宓庆，2001: 352），而“主体应能化客为主，通过客体再现自身，即客体在制约主体的同时正好为主体提供了一个发挥能动性的契机”（刘宓庆，2001: 70）。

第七章
论翻译主体性范畴化研究的拓展

主体性的规定内在地包含着观念的、认知的因素。人要取得主体地位，就必须先成为客观世界规律和本质的认识者。认知功能首先表现为能动地反映客体的功能。主体能动地反映客体的功能集中表现为主体意识对客观世界的摹写和规范。

——贺善侃（2000: 73）

7.1 引言

自杨武能在“阐释，接受与再创造的循环”（1987）中提出“翻译主体”概念并进行过有关讨论以来，中国语境中翻译主体性相关研究已有20余年。侯林平（2006）曾对1996–2005年间译者主体性研究做过总结，但仅关注译者主体性研究，忽视了相关方面的研究。该文将1996–2001年间定为起步阶段，将2002年以后定为发展阶段，忽略了翻译主体性研究萌芽期的理论氛围。翻译主体性相关研究已成为翻译学理论重要研究课题之一，成绩很大，问题也不少，仍有待于建构性拓展。本章拟对中国语境中翻译主体性相关研究的理论与方法、成绩与问题、学理规范进行总结与反思，针对其理论范畴化建构作一论述，以期深化研究内容，拓展理论维度，促进译学发展。

7.2 翻译主体性问题的缘起

20世纪40年代以来，西方翻译界译论、流派或主义精彩纷呈，全球翻译理论研究呈多元化格局。中国有关建设独立的翻译学思想在20世纪80年代末初现端倪，由于中国传统翻译理论囿于“标准”或“策略”之争，其研究的单一性和片面性使得学者们纷纷引介西方翻译理论或文论，拓展新的研究视角（谭载喜，1984；吕俊、侯向群，2006）。其中，翻译主体性相关研究无疑是最具哲学基础的译学课题，可拓展的理论范畴也最广。主体（性）原是西哲范畴概念，20世纪70年代前后，随着阐释学、接受美学和解构主义思想传播，主体性讨论进入文艺等领域，并产生了女性主义、后殖民主义等思潮。历史上，“翻译一直处于……一种‘被遮掩，被压制，被排斥状态和仆人状态’”（刘云虹，2002: 412），随着逻各斯中心主义被解构，翻译中的主体性问题开始凸显出来。肇始于70年代的翻译研究文化转向，开拓了翻译研究新空间，苏珊·巴斯内特（1996: 10–24）曾以“显现”这个关键词确认了译者在翻译中的主体地位。自此，翻译研究的文化范式成了翻译研究的主导理论，“翻译研究重心从‘怎样翻译’到‘翻译什么’和‘为什么要这样翻译’转移”（段峰，2008: 17）。与西方相似，中国主体性研究首先出现于哲学界。20世纪70年代末，李泽厚（1979）将其引入中国哲学界，并在哲学界和美学界引发了一场关于主体性的大讨论，进而波及文艺界而成为文学创作研究中的热门话题。主体性讨论在中国语境内被具体化，为翻译界展开翻译主体性相关讨论做了哲理上的铺垫。在中国文学界主体性大讨论营造的理论氛围及西方译界重视译者研究的推动下，翻译主体性相关研究受到中国译界的广泛关注也就顺理成章了，其研究视野也日益扩展。

7.3 中西方主体性相关研究的特点

西方有关翻译主体性研究早于中国，但不足有二：其一是视野狭窄。其相关研究仅局限于译者本身，忽视了其他主体性因素。如列维（1966）的“错觉”论、霍尔姆斯（1988）的翻译过程论、埃文·佐哈尔（1978）的多元系统论、图里（1995）的翻译规范论、西奥·赫曼斯（1985）以及勒菲弗尔（1992）为代表的“操纵”和“改写”论、谢莉·西蒙（1996）等的女性主义、尼兰贾娜（1992）等的后殖民主义均围绕译者展开；其二是缺乏内在逻辑性与系统性。胡庚申（2004）指出，西方有关译者的著述对译者主体或主体性的有关概念界定、性质与研究内容均未作系统性论述。如哈提姆与梅森等人在书名中凸显“译者”概念，内容却只涉及语篇结构分析。即使是以凸显译者地位和作用的解构主义翻译观，其核心内容也缺乏对译者具体行为、地位和作用的专门论述。在西方研究者看来，翻译主体似乎限于译者，此问题进入中国译界后却引发争论。《中国翻译》曾刊登系列文章对翻译主体与主体性所涉核心问题进行过讨论，并进而拓展到对主体间性和主体本质论的研究，取得了许多积极成果（许均，2003；陈大亮，2005；屠国元、朱献珑，2003；杨武能，2003；孙艺风，2003；蔡新乐，2005；曾利沙，2006）。从文献检索分析看，中国翻译主体性相关研究呈以下特点：1）初期反应滞后。自杨武能于1987年提出翻译主体问题到1994年第一次出现以"主体"为关键词的翻译研究论文，时隔7年。1994–2002这8年中仅10余篇文章，显然对学术新方向反应滞后。2）研究高潮迭起。至2008年，以"翻译+主体"为题目关键词的文章总计达375篇；以"译者+主体"为题目关键词的文章达479篇；以"翻译+主体间性"为题目关键词的论文43篇。其中，2007年以"翻译+主体"为题目关键词的论文100篇，2008年76篇；而以"译者+主体"为题目关键词的论文，2007年达122篇，2008年为130篇。3）维度日益扩展。我们根据这些论文题目特点，以［译者主体（性）+研究问题/视角］的结构，将其大致分为9类：1）XXXX（X）+（重新）认识/必然/作用/发挥/发现/探究/张扬/思考/思辨/启示；2）研究视角（从改写/哲学/接受美学/阐释学/认知心理/创造性/后现代……看）+ XXXXX；3）XXXX（X）+意识/关系/本质/主体间性研究；4）XXXX+翻译客体；5）译者主观能动性+创造性+关系；6）XXXX（X）+译家研究（林语堂/杨宪益等）；7）XXXX（X）+文本类型（文学/旅游/外宣/影视/汉诗/译学词典等）；8）XXXX（X）+具体作品研究；9）主体翻译思维/过程/等）。短期内译界研究兴趣点如此集中，可见其潜在研究空间可观。不过多数论文题目结构模式化且内容大同小异，研究者虽引用哲学层面主体（性）的一般界说，却不能将一般理论具体化和特殊化，仍囿于朴素的理论感性认识，其研究目的似乎都在力求证明或揭示翻译主体（性）存在的重要性或理据性，未能就翻译主体性相关研究的特殊性、联系性、学理性、实证性、科学性等给予充分详尽的阐释。

7.4 翻译主体性相关研究的问题

中国研究者在翻译主体性相关问题研究方面拓展了理论维度，但普遍存在学理性不足：1）忽视理论研究的逻辑前提。理论研究的科学性要求首先对相关概念给予内涵与外延界定，翻译主体的界定取决于内涵规定性，对主体性和主体间性的认识也须基于主体概念内涵的明晰性。然而，多数研究者只是将译者/读者/作者等作外延式范畴划分，而在主体和主体性讨论中却缺乏前后一致的内涵规定性。2）理论范畴不清，论述缺乏深度。科学理论研究要求它阐述内容的逻辑明晰性和经验的可推演验证性。不少研究者忽视作者/译者/读者之间的本质区别，仅根据一般主体间性或主体交往理论就将其笼统地纳入主体范畴，或作出广义和狭义主体论的简单分类；许多研究者强调作者/译者/读者主体性，却只论述译者主体性，并未论证作者/读者主体性在翻译活动中的表现形态特征。正如胡牧（2006）所指出：学者们对翻译主体研究热情前所未有，……但对很多问题的探讨仅一笔带过，令人感到意犹未尽。3）研究的片面性。胡牧（2006: 67）曾指出五点片面性：a）将翻译主体等同于翻译主体性；b）忽视对翻译主体受动层面的探讨；c）忽视对翻译主体性的被动层面的探讨；d）无视主体间性的制约层面，仅强调个体主体的差异性；e）忽略复数主体概念的存在以及夸大主体间性在翻译研究中的作用。我们认为，其片面性还体现于两方面：一是缺乏从宏观到微观层面的主客互动的系统性研究，弱化了翻译主体性理论对实践的规律性指导作用；二是把翻译主体性相关研究与传统理论割裂开来，避开了"忠信"价值原则，使翻译主体性成了只有自主能动性而无"忠信"价值原则的主体性。在文化学派高举的"翻译即改写"、"翻译即操纵"、"翻译即叛逆"的旗帜下，译者主观能动作用过度张扬，可能导致译文无论正确与否都被认可和描述，翻译因此而变得无度可量、无规可循、无法可依（刘卫东，2008: 95）。4）缺乏元理论创新及相应的术语体系。翻译学是门综合学科，脱胎于语言学，融合于传统和现代文论，借用相关学科术语无可厚非。但"在概念使用上，不同领域必有其各自的特殊规定性，故而切忌在不同领域之间不合适宜地互换概念"（傅世侠，2002: 41），否则，"只是把词的使用境况作为其抽象规定的可以随意选择的附属例证"（单少杰，1989: 190）。许多研究者将哲学中一般意义上的主体性相关概念引入翻译语境后未能结合特定语境重新予以概念内涵界定，并根据新的事实推衍出涵盖不同理论范畴层面的概念体系，以适合翻译学语境中的特殊指向性。其存在问题的思维方法特点正如刘宓庆（1999: XIII）所言："中国译论家囿于传统文艺方法论影响，重宏观描述，……没有对客体微观剖析和科学系统的形式论证，导致传统翻译理论缺乏始终一贯的范畴界说和符合现代逻辑学的定界分析，模糊性、印象性太强，内涵流变，难免见智见仁，而且往往流于空泛”。

7.5 翻译主体的内涵规定及其范畴化

许钧（2003）曾对“谁是翻译主体”的认识分歧作了归纳：1）译者是翻译主体；2）原作者和译者是翻译主体；3）译者和读者是翻译主体；4）原作者/译者/读者均为翻译主体。对翻译主体可有不同界分，但在研究中必须明确不同主体间的共性与殊性，且应能分别对其本质特征进行实证描写。哲学层面一般意义的主体（性）与译学语境中的主体（性）有何联系和区别？马克思实践主体论衡量“主体”的要素有四：1）实践性——实践是主体产生或存在的前提；2）目的性——主体实践以认识和变革客体为旨归（无客体变革即无主体性）；3）主—客体关系性——二者只存在于一定关系或条件范围内；4）主观能动性与创造性（贺善侃，2001: 14–15）。多数研究者在翻译主体性相关研究上忽视了这些综合要素（量）的共现性，如将一般作者与读者视为翻译主体，却并未从其翻译实践参与形式、目的指向、主客关系特征和在目的语中的主观能动创造的物化形态四方面进行论证。值得强调的是，马克思主义的主体性与实践性和规律性密不可分，是同一过程的三个不同侧面，主体受客体制约，故主体性以客体规律性为前提，规律性是有效发挥主体性的客观基础（同上：18）。同样，中国译界忽视了翻译主体性相关研究中的主体、实践、规律三者之间的关系及其表征，“规律是各门科学得以成立的客观依据”，而“各门具体科学所揭示的规律是某一研究对象或领域所共有的普遍规律”（罗长海、肖春燕，2003: 95）。我们认为，这些问题的解决可从理论范畴化入手，以揭示其各自的本质区别和相互联系，再厘清各范畴的理论依据、理论概念、理论性质、理论目标、理论任务、理论方法、理论条件等，并作出系统描写，以体现出翻译学理论研究的学理性与科学性。为此，在翻译学语境中，我们区别五类主体范畴：常态主体（normal subject）、非常态主体（unnormal subject）、参照性主体（referential subject）、关涉主体（involved subject）、交往主体（interactive subjects）。阐述如下：

常态主体—译者主体：指历时或共时性地参与翻译实践的恒常性主体，其主体四要素及其主体性体现最具典型性和可证性。中外译界对此已取得共识，不再赘言。

非常态主体—特殊作者主体：一般作者是原创实践主体，只相对于原作客体而言，并非语际翻译实践主体，彼实践不同于此实践。一般作者在创作完成后其发挥主体性的实践阶段业已结束，他已无法对文本解读施加动态影响，原作成了对应于作者和读者世界的相对独立的文本世界或一种自在的历史存在，它以自身的语符结构等构成特定的话语世界。金元浦（1997: 111）指出，作者创作实践过程中的审美心态、情感活动、感物起兴、心理意象以及艺术手法呈现的现实语境，除了有限部分被书写固定下来外，其进行创造的完整心境、当下心理现实和文化背景已绝大部分消失，只留下了必须再度阐释的一个“符号世界”。此时的文本进入了由同类文体、主题、题材等构成的可互相确定的、固定形态的文本间世界。然而，一旦进入翻译过程，静态的原作也就以译者为对立面，转化为动态的客体对象而存在，译者则成为现实主体。不在场的作者却不能以译者或目的语文本为客体对象而构成主客互动关系，不存在参与即时性翻译实践的能动性，更谈不上主体客体化或客体主体化。即便译者在翻译时需考虑作者或与其视界融合的意义辨识问题，但此种所谓视界融合中的作者视界已非完全是原作者的视界，而是译者主体根据作者的历史和社会文化语境、创作意图和互文性特征，以自己的认知语境和先验结构去重新体验和重构的结果，这实际上是翻译过程的“前翻译”阶段，且具有一定的主观片面性和局限性。实质上，作者及其作品已成为译者主体识别和体验的对象，均为其客体的构成部分。接受美学认为的读者—作者间的“对话”对于翻译主体而言，实际上只是译者向作者发出的对原文意义询探式和协调性的单向“对话”，其中并无任何作者动态的自主性、能动性和创造性之要素。故将一般作者纳入翻译主体范畴毫无现实意义。那么，作者在何条件下可以获得翻译主体地位并发挥主体性作用？我们认为，一般作者创作时并不以把所创作品翻译成其他语言为目标，但有时具有双语语言文化知识的作者将自己的作品翻译成外文而体现出主体性，或某些作者专门为预期的翻译活动而撰写或创作（如对外宣传文本等），或作者不懂外文而将自创作品请他人译为外文，并且这些作者就自己的创作理念、艺术形象、意义象征及其中某些晦涩模糊的文字解释给译者，因而在一定程度上影响着译者的译作生成，他们无疑具有了翻译主体的殊性特征。此类作者主体化具有非主流性和非恒定性。

关涉主体—译者主体的延伸式主体：指那些以不同形式或不同程度地参与特定译者翻译实践的关涉主体。如萧乾曾申明在翻译《尤利西斯》过程中受到众多友人不同形式的支持与帮助，他们针对一些问题提出了宝贵意见；而英国文化委员会及一些外国专家等则提供各种参考书、地图、录像带以及帮助解答翻译过程中所遇难题（参见《尤利西斯》译本序，第26–27页）。这些人都可视为特定翻译活动的关涉主体。此类关系说明有时译者主体因自身的局限性而产生主体延伸，需要与相应的关涉主体进行对话和协调，在译作中体现出某种程度的主体客体化或客体主体化，是主体间性关系的表现形态之一。

参照性主体—参与性读者主体：指以特定方式对译者主体具体实践中的相关问题进行商讨或发表意见的读者。一般译文读者只是潜在的、不在场的社会读者群体，并不参与译者主体的即时性翻译实践，也就谈不上什么读者的主观能动创造性发挥或主客互动性，故无主体和主体性而言。一般译文读者是译者根据自身所处的社会现实需求所设想的目的语读者群体，历史上或现实中许多译文读者并不懂原作语言及其产生的文化历史语境，他们是译者（兼读者身份）在自己历史经验基础上换位思考的对象，译者主体最大限度只是考虑一般读者群体的审美需求及其社会意识形态对译文的某种策略性影响。但也有一些具有双语文化知识者以译文读者的方式部分地参与译者主体即时性翻译实践的讨论交流，阐述自己对译作意义重构或艺术创造性表现的意见，从而间接地形成主客互动关系，影响译作的生成。此外，在翻译批评活动中，身兼读者身份的批评者对实践结果的批评在一定程度上影响特定译作的重译，故翻译批评者亦属于参与性读者主体。但他们只是表达对原作内容作何理解以及如何翻译的“意见”或“观点”，仅为译者主体提供参考，并不会强加于译者，译者可接受或不接受，故称之为“参照性主体”。

交互主体—互动性译者主体。指历时或共时性直接或间接地相互影响、相互交流的译者个体和群体。“交往既是实体，即关系范畴，也是活动，即功能范畴，是一种功能性互动过程”，“它于主体对客体的功能发挥相互交融，共同构成主体性功能的发挥机制”（贺善侃，2001: 168–169）。就个体交互主体而言，任何成功的译者都必须经历一个向他人学习和交流，不断反思和提高，最后达到成熟的过程，其间必然会在同类文体或题（体）材等互文性文本翻译实践中形成特定的审美意识、操作方法、表现手段、经验总结和规律表现等，与他人达成共识，沉淀为自己的认知结构、知识图式、原则策略，进而借鉴于并影响自己的翻译实践，体现出一定程度的交互性主体能动创造性。就群体性交互主体而言，常见于集体讨论、个人执笔以及政府部门或专业机构发起的重大文献翻译过程中的集体讨论、商榷、润色、修订、校对，最后由个人执笔定稿的情况。不同个体的主体性集中作用于同一译作，凝聚着集体性的主客互动关系。

概言之，常态译者主体性贯彻于翻译实践始终，其深度与广度最大，而非常态主体、关涉主体和参照性主体只是潜在或然性的，是在一定关系（条件）范围内转化的翻译主体，其参与实践的主体性发挥有限，是对译者主体局限的补充。交互主体虽未直接参与即时性实践，但是通过翻译理念和方法等间接介入个体的实践，在某种程度上支配着译者主体的能动性发挥，其主体性特质的现实化只能通过译者个体自我反思给予实证，是比较特殊而非典型性的主体范畴。各主体构成的主体间性关系并非静态的，而是一种动态的建构式存在。就其共性而言，翻译活动具有社会属性，翻译主体是根据目的语社会价值需求或审美理念等而发挥改革客体的能动性和创造性的实践者，故必然获得“价值主体”（value—oriented subject）之特质。机械的、毫无能动性和创造性的译者之主体也就谈不上主体性，即便是译者也是毫无现实意义的主体。

7.6 翻译主体性相关研究的理论范畴化建构

科学理论的一个前提就是明确性，对客观事物的说明要尽可能明确，应能有客观的方法来检验（Leech, 1974: 60）。哈提姆和梅森曾指出：“要探讨翻译活动的普遍规律，在翻译研究中有必要建立一套可供分析的范畴系统，确立一种可供描述的元语言”（1990: 5）。范畴体系的构建是规律认识的另一重要属性，范畴性是指对事物联系和发展统一的客观环节的表述，“人们在认识客观事物之网的过程中，通过一个个范畴把认识的成果凝结起来，如同打上一个个结，这样就能在纷繁复杂的现象之网中理出个头绪来，即把事物、现象的本质反映出来”（肖前等, 1981: 203）。将一个个范畴按其相互关系组织起来的结构体系就成为系统，只有系统化了的规律形式才具有联系性、普遍性和稳定性的特征。在翻译主体性理论建构问题上，我们采用范畴系统的方法论：首先明确主体内涵要素量与质的规定，然后再根据历时和共时翻译活动中的客观事实将主体范畴化。在“翻译主体”子范畴下衍生出常态翻译主体、非常态翻译主体、关涉性翻译主体、参照性翻译主体和交互主体五个次范畴，相互之间既有共性又有殊性，既有区别亦有联系。各次范畴主体分别涵盖翻译实践中的相应事实，能为进一步的客观实证研究提供理论依据。在“翻译主体性”子范畴之下，我们推衍出“翻译主体客体化”和“翻译客体主体化”以及“翻译主—客互动性”三个次范畴。前两个次范畴的研究是以事实为依据，以描写或试验为方法，以揭示翻译实践过程或结果中不同翻译主体客体化和翻译客体主体化形态特征，并对其进行定性概括为任务，以对主体性发挥的物化形态进行理论表征为旨归；后一个次范畴的研究是以事实为基础，以阐释和描写为方法，以解释其主客互动机制与性质为任务，以探讨主—客互动过程中其客观制约的规律性为旨归。继而，我们在“翻译主体客体化”之下拓展出“翻译主体认识论”、“翻译主体局限论”等次次范畴；在“翻译客体主体化”之下拓展出“翻译客体规律论”、“翻译客体形态论”等次次范畴。从实证研究出发，我们在“翻译主体间性”子范畴下拓展出“常态—非常态主体间性”、“常态—参照主体间性”、“常态—关涉主体间性”和“交互主体间性”四个次次范畴。其研究任务是探讨不同主体间性之间的对话与协调的表现形态与特质，以挖掘相关历时史料与考察共时性交往状况为方法，以揭示特定翻译活动过程中各主体间性交往的各种表现为旨归，包括对主体之间交往协调过程中的实践活动、认识活动、价值活动、思维活动、接受态度、美学思想、参与程度、能动性、创造性、片面性等的认识。此外，我们将其与传统理论的“忠信”价值原则结合起来，拓展出“翻译主体价值论”和“翻译主体价值选择论”等子（次）范畴，进而探讨主体性与忠信价值原则之间的辩证关系。不同的子（次）范畴对应不同层面的客观事实，有其不同的研究目的、任务、内容与方法。下面将翻译主体性研究范畴拓展图示如下：

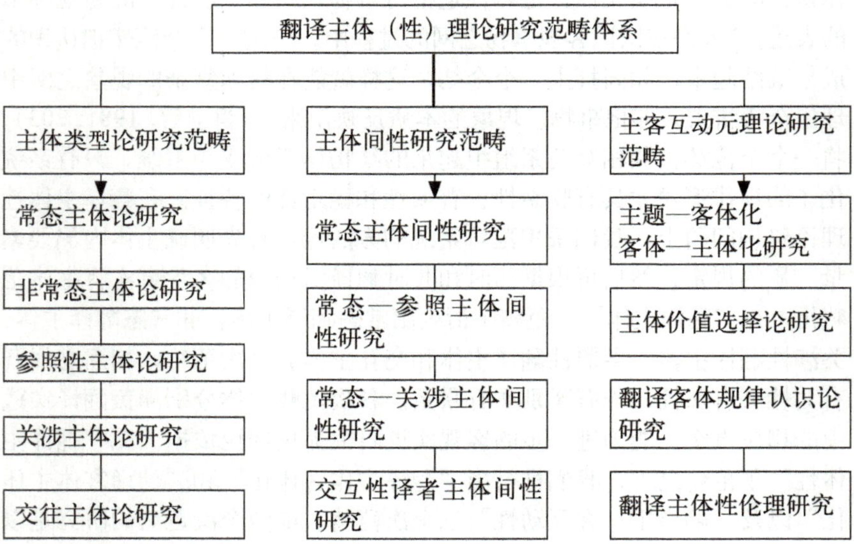

上页的图示说明翻译主体（性）衍生三大研究子范畴，各有自身的理论基础和外延，而各子范畴下辖若干次范畴，各次范畴都有其研究对象、内容、目的和任务等。

7.7 小结

翻译主体性相关研究的理论建构既需宏观思辨和条分缕析的范畴体系建构，更需层层深入和毫发剖析式的微观实证性描写，体现出新的研究思想、研究精神、研究理路和研究方法。翻译主体性范畴化建构在学理上要求研究者实证性地对各范畴内容进行详尽的定性描述，对客观制约下主体性发挥的物化形态及其规律性作出理论概括，从实践感性上升到理论感性和理论理性认识，使中国语境中翻译主体性相关研究体现出自己的特色。

第八章 翻译伦理学研究范畴体系拓展

“每当哲学发展到总结阶段时，思维就进入辩证法领域。这是哲学家、逻辑学家对辩证思维的形式进行考察，提出辩证逻辑的一些原理。又因为一定时代的人类思维是一个有机联系着的整体，这时也一定有一些科学领域的方法达到辩证阶段，可从中概括出辩证逻辑的原理。”

——冯契（1994）

8.1 引言

翻译伦理研究涉及价值问题，针对的是翻译活动的人际关系（朱志瑜，2009），其研究任务主要是翻译活动参与者应遵守的规范和责任。翻译是受人的意识支配为实现特定目的和意图的主观能动性活动，涉及译者与作者、读者、翻译评论者以及翻译赞助人等之间的关系，故翻译活动具有伦理性质（骆贤凤，2009）。王东风曾从文化介入角度论及翻译过程中伦理干预的必然性问题，认为翻译作为一项社会实践，仍需要伦理道德的约束（王东风，1998）。从翻译学理论发展的广度看，翻译伦理研究无疑是其不可或缺的组成部分。但目前的翻译伦理研究存在一些认识上的误区，“方兴未艾的翻译伦理的分析存在很多问题”（葛林，2007），尤其是其研究的理论范畴过于狭窄，不利于翻译学系统理论的构建。本章拟就当前翻译伦理研究中的主要问题以及对翻译伦理学理论范畴整合与拓展的原理与方法作一阐述。

8.2 研究现状

传统翻译理论研究突出规定性，往往把暗含主观价值判断的“忠实”标准归结为主体对文本的从属关系，没有从伦理角度深入探讨；20世纪七八十年代的描写翻译研究由于重客观、重理性、重分析、重经验等，埋没了价值问题（朱志瑜，2009）。法国当代翻译家、哲学家安托瓦纳·贝尔曼针对西方传统翻译中的“我族中心主义”提出了“翻译伦理”概念,但这一思想并没有引起译界注意（王大智，2005）。随着翻译学研究视野的拓展，翻译伦理研究受到重视。皮姆、切斯特曼、韦努蒂等都对翻译伦理问题进行过论述。切斯特曼曾预言：“翻译研究的下一阶段将以伦理主题为特征”（Chesterman, 1997）；皮姆也指出：“伦理已经成为跨文化分析的热点,在翻译研究中也如此”（Pym, 2001）。国内翻译伦理研究肇始于吕俊2001年的《跨越文化障碍——巴比塔的重建》。至今，国内有关翻译伦理研究文章近40篇，有逐年增多趋势。除了引介西方翻译伦理研究成果外，有的研究者用伦理学理论来分析翻译中的具体问题[1]，也有的着重探讨翻译伦理深层次理论问题[2]。近年来，国内外有学者开始从学科建设层面来思考翻译伦理问题（Bassnett, 2004），吕俊（2006）根据哈贝马斯的交往伦理学提出了建立翻译伦理学的设想。可见，翻译伦理研究已经开始触及学科理论的系统建构层面。随着翻译伦理研究逐渐热点化，有人甚至提出了翻译研究的伦理转向（罗虹，2008），国内还出版了第一部翻译伦理研究专著[3]。不过，仔细研读国内外有关翻译伦理文献，我们认为现有研究存在很大缺陷，即混淆了翻译伦理与译者伦理。阐述如下。

8.3 存在的主要问题

翻译伦理和译者伦理是不同层次的概念，后者只是前者一个次范畴。很多研究者把翻译伦理等同于译者伦理，他们所论的翻译伦理实际上是

1 代表性论文有：唐培，从翻译伦理透视文学翻译中的文化误读 [J]．解放军外语学院学报，2006（1）；孙致礼，译者的职责 [J]．中国翻译，2007（4）；王姣、陈可培，从翻译伦理分析《红楼梦》两个英译本 [J]．中州大学学报，2008（5）。

2 代表性论文有：高玉，论“忠实”作为文学翻译范畴的伦理性 [J]．外国文学，2004（2）；葛林，翻译伦理再思考 [J]．广州大学学报, 2007（12）；曾记，“忠实”的嬗变——翻译伦理的多元定位 [J]．外语研究，2008 (6)等。

3 彭萍，伦理视角下的中国传统翻译活动研究 [M]．北京：外语教学与研究出版社，2008．

译者伦理[1]。其主要原因有四：一是译者地位的重要性：整个翻译活动的主体工作均由译者完成，没有译者不成翻译；二是人们的现象意识：译者的活动显而易见，故人们普遍认为翻译乃译者之事；三是对翻译活动的偏见：长期以来人们认为翻译只是译者个人行为，不管好坏，责任也理应在译者；四是翻译伦理问题产生的根源：安托瓦纳·贝尔曼最初提出翻译伦理本身就是针对译者在翻译实践中过度自由问题，且本世纪初翻译研究的伦理回归也是因为文化学派的翻译研究过度纵容译者，导致译者权力失去监督和制约。随着20世纪90年代翻译研究的文化转向，翻译伦理曾一度沦陷。在文化学派高举的"翻译即改写"、"翻译即操纵"、"翻译即叛逆"的旗帜下，翻译概念被刻意模糊化，译者主观能动作用过度张扬，失去翻译伦理制约的译者成为翻译的操纵者、叛逆者，从而使译文无论正确与否都被认可和描述，甚至假译也得以披上合法外衣，翻译因此而变得无度可量、无规可循、无法可依（刘卫东，2008）。正是针对这些乱象，翻译伦理的价值才被重新发现，翻译研究也才再次回归伦理层面。可见，从译者角度谈伦理，谈译者对"他者"的责任，实际上是对翻译研究文化转向以来所出现的乱象的一种反拨，是一种理性回归。

要建立翻译伦理学，视角仅局限于译者，研究范围无疑过窄，也不可能建立起有效完整的翻译伦理体系。翻译活动是一种社会交往活动，是翻译主体间的对话，涉及到主体间关系的处理和协调问题。换句话说，翻译是在包括委托人、译者、读者、评论者、政府管理部门等多个主体因素共同作用和相互协调中实现的。故要建立有效的翻译伦理体系，必须拓宽研究维度，把翻译活动所涉各方都纳入翻译伦理学范畴。如翻译理论研究中的抄袭现象、文献引用中的断章取义问题、学界理论观点对话和翻译批评中的态度与方式方法问题、翻译出版或管理部门的责任等，都属于翻译伦理研究要考察的内容。

8.4 基本理论范畴的整合与拓展

学界对翻译伦理研究的狭义性已有所意识，并尝试拓展其范畴，但类型划分不足，概念内涵欠明确。如陈学斌等受朱献超和韩子满（2006）

1 代表性论文有：Chesterman, Andrew. Memes of Translation [M]. Amsterdam & Philadelphia: John Benjamins Publishing Company, 1997；王大智．关于展开翻译伦理研究的思考 [J]．外语与外语教学，2005 (12)；汤君．翻译伦理的理论审视 [J]．外国语，2007 (4)；刘卫东．翻译伦理的回归与重构 [J]．中国外语，2008 (6)；朱志瑜．翻译研究：规定、描写、伦理 [J]．中国翻译，2009 (3)．

的启发，从道德层面把翻译伦理内容概括为译者伦理和赞助人伦理，并把赞助人伦理再分为管理者伦理和出版社伦理（陈学斌、刘彤，2007）。且不论把翻译伦理仅归于道德层面是否合理，其分类就不全面，把赞助人和管理者混为一谈也欠妥。葛林（2007）针对翻译伦理研究缺陷引入了哈贝马斯的交往伦理学，她指出贝尔曼、皮姆、切斯特曼等人虽一再声称要从主体间的责任和权力关系角度分析伦理，实际上却“将翻译伦理等同为译者的责任”；而卡萨林·戴维斯、克里斯蒂娜·沙弗纳、图里、许钧、杨恒达等则直接从译者对于其他主体的责任角度思考伦理。她认为翻译伦理既要考虑译者责任,还应考虑其他主体的责任，这样才能保证翻译成为文化群体间交往的合理工具。同时，她还指出翻译伦理应涉及到译者忠实于文化间伦理的必要性、中西方忠实策略的异同、译者迎合读者责任的相对性等（葛林，2007）。我们认为，从跨学科视角来审视翻译活动中各个主体承担的相应责任，并以此拓展翻译伦理学的研究范畴，无疑具有启示意义[1]。不过，葛林对主体间的翻译伦理关系分类尚不够全面和清晰，对伦理思考过于注重细节，还处于具体化、零散化的阶段，缺乏更高理论层次的整合。我们认为，翻译伦理学的拓展首先应从宏观上建立一个比较全面的基本理论范畴框架，并进而明确各范畴的理论性质、对象与内容、研究任务、研究目标、研究方法、理论阐发等，并作出系统描写，以体现出翻译伦理学研究的学理性与科学性。图示如下：

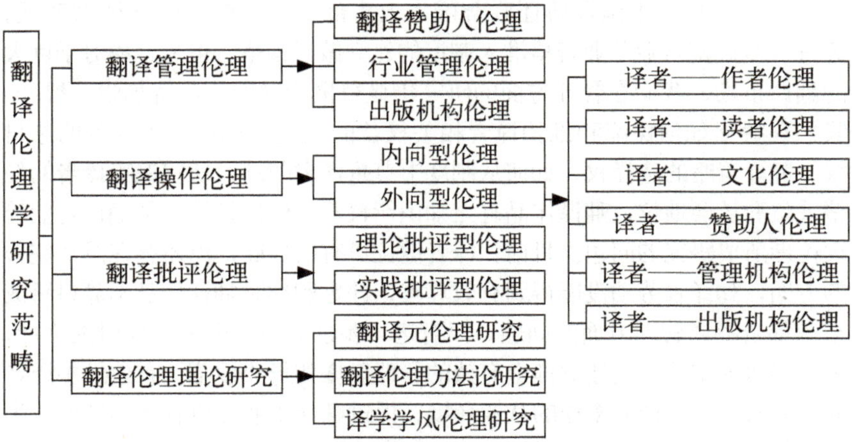

翻译伦理学研究范畴的拓展维度

1 实际上，最早把 Habermas 的交往理论引入翻译伦理研究的应该是吕俊。他在 2006 年的著作《翻译学—— 一个建构主义的视角》就提出了建立在 Habermas 这一交往伦理学基础上的翻译伦理学的设想，不过他并没有对翻译伦理学的具体问题展开研究。

下面就翻译管理伦理、翻译操作伦理、翻译批评伦理和翻译伦理理论研究的特点与内容等作一分述。

8.4.1 翻译管理伦理

翻译管理伦理是指与翻译活动有直接利害关系的一方在规范、监控和服务译者过程中产生的伦理关系，包括赞助人伦理、行业管理伦理以及出版机构伦理等三个次范畴。其研究对象与内容是赞助人、政府或行业管理人员及出版机构等在翻译活动中各自所负的伦理责任；其研究任务是探讨赞助人如何根据自己的具体目的需求赋予译者特定的权利和义务，行业管理者如何制定切合实际的行业规范、从业资格准入制度、译者权益保障制度、翻译质量监控制度以及翻译责任追究制度等；其研究目标是为政府主管部门提供强化管理机制决策的依据。目前，这方面的研究工作基本处于空白。迄今为止，我国没有真正意义上的翻译行业的管理机构。不过，近年来在中国译协的努力下，翻译行业管理有了一定进展，如中国译协翻译服务委员会与中国标准化协会联合编制了翻译领域的首批国家标准——《翻译服务规范 第一部分 笔译》和《翻译服务译文质量要求》，并分别于2003年11月和2005年6月正式公布，这标志着中国翻译行业向规范化管理迈出了重要一步，对规范翻译服务市场具有重要意义。此外，中国译协还联合国家人事部开展了翻译资格证书考试，为进一步规范行业从业资格准入制度的建立做了铺垫。但是，相对于巨大的翻译市场，我们在管理方面的研究仍显得极为薄弱，亟待加强。譬如，我们还缺乏如何保障和维护译者相关权益的制度。如何尊重译者的选材权、翻译策略的选择权，如何从制度上尊重译者劳动，切实保障译者的经济地位和社会地位，翻译作品有无知识产权及如何保护等都是翻译行业管理伦理所要研究的问题。目前，译者地位虽有所提高，但还存在亟待完善的方面，如译者劳动没能得到有效尊重，评定职称时翻译作品不算科研成果等都是翻译管理方面的问题。只有进一步加大行业管理伦理研究力度，才可能协助主管部门建立健全有效的管理制度和行业规范，有效维护译者的合法权益，给译者宽松的从业环境，促进翻译事业健康有序的发展。朱献超等（2006）认为，翻译管理者伦理意味要善待译者、维护译者合理待遇、不强迫译者翻译内容不健康的东西等。出版机构的伦理责任主要在于把好译文出版关，防止内容低俗、粗制滥造译作流入市场，履行对译者的监督职能。翻译管理伦理问题的研究有待于全面深入。

8.4.2 翻译操作伦理

翻译操作伦理，亦即译者伦理，主要探讨译者在其翻译活动中应遵守的规范和承担的责任，包括内向型伦理和外向型伦理两个次范畴。内向型伦理主要研究译者如何在翻译活动中维护自身利益或同一群体的利益，如争取自己和群体的基本权益，争取正当的社会地位，维护自身和群体利益不受损害等。任何一个译者在翻译时都会自觉维护自己的人格、信仰、道德准则或者同一群体的共同人格、信仰和道德准则等。例如，在现在的男权中心社会中，很多女性译者为了维护自己和自己群体的利益在翻译中对原文进行增补、加写前言和脚注乃至劫持原文（葛校琴，2006）。目前，对译者的这种内向型伦理的研究尚未起步。现阶段翻译操作伦理的研究基本集中于译者的外向型伦理，即译者的他者责任，包括译者对原作者的责任、对目标读者的责任、对原语文化和译语文化的责任、对翻译赞助人的责任、对翻译管理机构的责任以及对出版机构的责任等。译者外向型伦理研究比较深入，如芬兰学者切斯特曼（Chesterman, 2001: 139–154）在总结过往翻译伦理研究的基础上归纳出译者伦理的五种模式：表现原文或原作者的忠实伦理、服务于赞助人的伦理、与其他主体间的交际伦理、文化规约性伦理以及职业承诺性伦理。切斯特曼认为，译者的首要任务在于理解赞助人的意愿，理解原文，理解读者的期待，译者有责任为读者提供解释。其他许多相关研究文章基本上围绕切斯特曼提出的几种模式展开。刘卫东在切斯特曼五个伦理模式基础上，从交互主体性理论视角提出了原文作者—译者伦理、译者—委托者伦理、译者—译文读者伦理，以及源语文化/原文作者—译者—目的语文化/译文读者伦理。我们认为，刘卫东的分类不够清楚，切斯特曼的分类似乎更清晰些。刘卫东所区分的第一类和第四类易使人产生误会：第一类为原文作者—译者伦理，似乎不是谈译者对作者所负有的伦理责任，倒像是指作者对译者所负有的伦理责任。其阐述虽然强调交互主体性理论，倡导交互主体间的尊重和平等对话，强调作者与译者之间是相互尊重的交往关系，但他指出，他们之间的翻译伦理就体现在译者对原文作者的尊重以及对原文作者意图的准确传承之上（刘卫东，2008）。其第四类也较模糊。切斯特曼的规范伦理，实际上是指译者在翻译过程中对源语文化和目的语文化所负有的伦理责任，即不歪曲和尊重异质文化，不损害译语文化，而刘卫东的分类似乎不是在谈译者对两种文化的伦理责任，反倒像是在谈两种文化对译者负有的伦理责任。再者，他把源语文化和原作者并列，把目的语文化和译文读者并列的做法欠严谨。原文作者和源语文化、译文读者和目的语文化之间不可能完全划等号。

8.4.3 翻译批评伦理

翻译批评伦理研究范畴可拓展为理论批评伦理和实践批评伦理两个次范畴。前者研究目的在于通过探讨构建翻译批评伦理的基本原则与方法等，最终建立起具有普遍有效的主观与客观互动的翻译批评标准体系，作为翻译批评应遵守的基本伦理规范；后者目的在于建立批评者的自律机制，在译界或学术群体中形成学术常规。长期以来，我国翻译批评缺乏可供遵循的批评规范，批评者大多停留于主观印象式的经验点评式批评，主观武断性强。正如董秋斯（1951）曾指出的，我国翻译批评多流于经验之谈，三言两语，说服力不强，其原因在于没有完备的翻译理论体系和公认的客观标准。目前，我国译界存在不少批评伦理意识缺乏的现象，有的学者从他人译本或翻译教材中发现几个有问题的孤例就展开武断性批评，并上纲上线，不是就事论事，而是上升到对译/作者的意识形态取向进行批评，或质疑其认识和翻译能力；还有的学者进行理论批评时批而不证、破而不立，进行实践批评则纯粹自说自证，刻意拔高自己，翻译导致译界纷争不断，这种不具建设性的无谓争论浪费了期刊资源，也为读者不满。鉴于传统翻译理论集中于几个抽象而泛化的概念，如“信、达、雅”、“忠实”、“神似”、“化境”、“对等”、“等效”、“三美”论等不具有可描写性、可印证性、可操作性，不能完全用以指导翻译批评，近年来有学者提出了一些富有见地的观点：辜正坤（2002）的“多元标准论”在一定范畴内具有可阐释性；郑海陵（1999）指出翻译标准应具有内涵明晰化、条理化、系统化，具有可操作的客观检验功能；曾利沙（2000）提出建立翻译批评参数化体系的观点，即对任何翻译实践问题的主观批评应有相应的参数作为论证的客观依据，并在（2006d, 2009a）中提出翻译批评的逻辑论证方法和本体论意义批评的阐释框架，拓展了翻译批评的视角和维度。我们认为，从伦理学角度考察翻译批评标准的建立应遵循一定的原则和方法：一是明确什么是主观标准和客观标准，对其进行科学界定，并对其相互关系作出描写；二是翻译批评客观标准不宜太过琐细，应是对客体自身属性的一种系统性定性概括，以形成对客体的概念化认识，成为可操作和可阐释的整体性客观依据；三是主观标准建立对应客观标准，对纳入特定客观标准进行价值批评的内容原则上应有一定的容忍度，不应完全以个人偏好的美学观或价值观作为衡量标准；四是翻译标准体系层次性认识，应建立基于本体论、认识论、价值论、方法论、系统论的翻译批评理论体系。从伦理学角度考察翻译实践批评理论规范及其标准建立，我们认为可以哈贝马斯的交往理论作指导，应体现出原则性、针对性、量—质关系性、定性性、事实性、商榷性、建构性的原则。首先，翻译实践批评应根据不同的文本类型辅以相应的原则，如曾利沙（2009a）提出商务翻译实践批评应根据“商业伦理”原则；其次，翻译实践批评不应囿于孤例，应采用“以类度类”（荀子语）的方法，透过现象把握其本质特征，从个案特殊性中演绎出一定范畴内的共性问题，再对其进行定性概括，将其与主—客观标准联系起来以理晓之。针对相对完整的译本批评，批评者应对同类型的问题从量与质的关系上予以统计辨析，不宜散而批之不得要旨。更为重要的是，针对实践问题的批评应注重事实，批评者应明确是否为译者态度和责任心或意识形态原因，或偶尔的粗心疏漏和校对问题，或是刻意的有所逾矩的“艺术再造”，或是译者由于自身局限性而对客体属性特征认识不足等。批评者应采用商榷式的、有论有证的、评析兼顾的、平心静气的批评策略，既要指出问题，亦要肯定成绩，对相关问题应从理论感性上升到理论理性认识，以便通过翻译批评和经验总结，在学术共同体中达成共识，最终目标是为翻译理论与实践教学提供范例，也为促进翻译理论发展和研究性实践的推广起到积极作用。

8.4.4 翻译伦理的理论研究

翻译伦理的理论研究主要探讨如何将伦理学有关原理应用到翻译研究中，或探讨采用何种学科理论或哲学观指导翻译伦理研究，并建立相应的伦理学概念体系。我们认为可从三个次范畴进行研究：翻译元伦理、翻译伦理学方法论、译学研究学风伦理。翻译元伦理研究（meta—ethics study）主要是以西方伦理学和道德哲学为理论基础（彼彻姆，1990；拉斐尔，1998；徐向东，2006；王敬华，2008），从逻辑思辨角度追问和反思建立翻译伦理学的理论前提与依据，以批判的态度考察伦理学及其相关理论的合理性和有效性，为跨文化交流的翻译活动建立一套普世伦理原则体系；翻译伦理研究的方法可采用分析伦理和哈贝马斯有关事实与规范、交往行为理论为指导（西季威克，1993；哈贝马斯，2003, 2004；

向敬德，2006)，主要利用概念分析、逻辑分析和话语分析等方法对翻译伦理学学科理论观念、方法、结构、现象以及表现形式等进行探讨，突出研究视角的科学性、系统性、整体性、批判性、深刻性和敏锐性，并对翻译伦理学的基本概念、性质、功能、原理、学科框架、研究对象、研究方法等作出理论表征，以保证学科理论建设的合理性和有效性。译学研究学风伦理建设可以借鉴美德伦理学（virtue ethics）中的“善”的原理，主要研究如何使外在的翻译学伦理规范转化为主体的内在“美德”或“品质”(王海明，2003)，并以此作为规范自己行为的指导思想和基本原则。译学学风伦理建设是翻译伦理学学科体系的建设的重要组成部分，可以在一定程度上减少直至杜绝译界理论研究中违反翻译伦理的现象。为此，除了要努力探讨建立合理有效的翻译伦理规范外，还要探讨如何使译学研究者遵守相关的翻译研究学术伦理规范，使其成为研究者自律的行动指南。其研究的主要任务就是探讨如何建立严格的学术规范以及学术审查和奖惩机制，对从事翻译学术研究人员开展有针对性的学术规范讨论。其研究目标是减少直至杜绝译界理论研究中违反学术伦理的现象，维护正常的学术研究环境。目前，翻译研究中存在的主要问题有以下几方面：一是盲目从外，“在理论研究上有一种自我轻视的倾向，不少人很愿意紧跟在外国学者的后边做介绍加评点的文章，参考文献全是外文的或是翻译的，有意无意地忽视国内同行的研究”(杨自俭，2006)，或对同行们近期的研究成果全然不顾，在讨论理论问题上只顾自说自证；二是翻译理论研究脱离实践，总在几个空泛的概念上绕圈子，甚至故弄玄虚。沈苏儒先生曾经说：“我们常看到的倒是一种置身于象牙塔内、以玄妙空谈和玩弄新词为乐的风气。所以我以为我们的翻译研究必须要开创和建立一种从实际出发、密切联系实际、解决实际问题的学风”(沈苏儒，2007)；三是欺世盗名，或把别人的研究成果据为己有，或将一大堆拼凑的材料稍作整理就成了“编著”，而且是“系列”性的，或明明是编著的内容堂而皇之地注明“专著”。近年来，在学术研究界因剽窃而学术失范的事例屡见不鲜，翻译研究界公开和非公开的例子不少。在谈到学术风气和学术道德问题时，季羡林先生有段话很有代表性：“这样明目张胆的大骗当然是绝不允许的。还有些偷偷摸摸的小骗，也不能不引起我们的戒心。小骗花样颇为繁多，举其荦荦大者，有以下诸种：在课堂上听老师讲课，在公开学术报告中听报告人演讲，平常阅读书刊杂志时读到别人的见解，认为有用或有趣，于是就自己写成文章，不提老师或者讲演者以及作者的名字，仿佛他自己就是首创者，用以欺世盗名。这种例子也不是稀见的。至于有人在谈话中告诉了他一个观点，他也据为己有，这都是没有学术良心或者学术道德的行为”（季羡林，2000）。季羡林先生的这段话虽然不完全针对翻译研究而言，无疑也适用于现在的翻译研究领域。

8.5 小结

20世纪末，西方新的译学思想引发了我国译学界的学科意识，翻译学的建构成为研究热潮，并在学科框架理论研究上取得了建设性成果。但迄今为止，翻译学的理论体系还远未建立起来，其学科理论建设仍是译学界一项极其重要的任务。我们认为，译学研究要在系统理论建构上取得突破性进展就必须在宏观框架理论基础上拓展相应的理论范畴。翻译伦理学就是在文化转向背景下拓展出来的译学系统理论的重要理论范畴。但是，宏观层面的范畴还必须进一步次范畴化才能进入系统的论证阶段，并进而观照微观层次的翻译实践，发挥其理论对实践的指导作用。本章从理论整合和范畴拓展视角出发，在指出已有研究的不足之处的基础上，对其进行了系统化整合，并拓展出了相关的理论研究的次范畴，明确了各个次范畴的研究目标和任务等。但这些理论范畴要发挥其对翻译实践的指导作用还需要进一步的阐述和论证，还有待于更多的研究者加入对这一课题的研究，以便推动翻译学的分支学科“翻译伦理学”研究的发展。

第九章
翻译学理论逻辑范畴体系的整合与拓展

“理论企图使它的内在一致性和它所解释的经验材料相互协调：这就是理论的合理性。理论是开放的，具有生态依赖性，它依赖于应用它的那个经验世界”。

——[法] 埃德加·莫兰（2002）

9.1 引言

从发生学原理看，翻译理论源自于翻译实践，源自于实践主体对客体或对象及其环境条件关系的认识。翻译实践既体现于个体的实践，也体现于群体的实践，任何社会性的个体或群体的翻译实践在社会效果的追求上无疑都具有一定的理想形态，复杂而丰富的翻译实践以及各种语言文化差异、认知思维差异、社会历史影响等制约因素使得翻译行为所追求的理想形态面临种种选择，而任何选择的背后都有其一定的理据，这种理据就是一种内化了的理论，一种处于经验感性状态的认识，或是关于客体方面的，或是关于主体方面的，或是二者的统一，我们可称其为“前理论”。从社会行为学看，实践主体中那些对特定实践对象具有强烈的理想状态和经验意识的个体必然会将自己或群体交流的“内化理论”外显化，形成一定概念或命题形态的表述，并且烙有主体的个性特征。我们可将其称为“雏形性理论”（曾利沙，2005b），一种基于经验认识之上的理论感性认识，有待于论证、条理化和完善的理论（曾利沙，2006c）。其理论职能在于解释特定范围内实践对象应如何达到实践主体所追求的理想状态，在理论感性认识和对实践对象的改造之间能够找到合理的解释，这就是莫兰（2000: 142）所谓的“理论企图使它的内在一致性和它所解释的经验材料相互协调”，解释所用的材料来自于特定主体个体或群体具体翻译过程中的经验感性，往往具有明确的针对性、可感性、客观性，而理论感性认识自身则具有意图性、主观性、理想性，它的合理性体现于与“应用它的那个经验世界”中的部分事实之间具有可推论的公理性，即与理论所解释的特定范围内实践内容所获得的经验具有公理性的合理解释。然而，任何实践主体的经验世界是有深度、广度、维度、层次之分的，是有历时性局限的经验，这种局限性无疑会影响实践主体的感性理论的生成。由于经验世界是开放的、永无止境的，翻译理论也是开放的，故从这种意义上说，翻译理论具有生态依赖性。对于翻译学理论的性质，刘宓庆（2005）具有类似的认识，“翻译学是经验科学，理论都是经验的提升，而经验是永远开放的、永远不会完结的，“绝对经验”是一种“理想的虚无”，“绝对真理”在翻译中也不存在，......”。从历史发展的角度看，特定实践主体个体所论的经验感性和理论感性的翻译理论是在特定历史阶段形成的，着眼的是个别的经验，往往具有散论的特点，或受个人理论素养和所处历史时代的局限性，任何源自于经验世界的理论只能在一定程度上解释或反映翻译实践中某个层面、某个特点、某个问题、某种性质、某种关系、某些因素等对理想化的翻译行为的制约或影响，不能全面说明复杂而丰富的翻译实践中不断出现的种种问题，而对这些实践与理论问题之间是否能达成一致性的解释和说明只有在一个相辅相成、相互制约、相互印证的开放性的理论范畴体系内才能进行，只有将各散论性理论进行整合才能成为系统的生态依赖性的理论资源。本章试图探讨翻译学理论研究范畴的科学系统性整合的可行性，其实质就是构建一个宏观—中观—微观贯通的理论研究范畴体系，以便将不同的译论或译观纳入该范畴体系内进行拓展，以及为比较研究不同理论范畴的性质、特点、内容、关系等提供一个参照性的理论框架。从学理性看，只有在系统理论内才能统筹兼顾性地予以有效拓展，尤其是在范畴系统内才能明确其理论性质和理论职能，或者对现有的一些源自于经验感性认识的雏形性理论概念作出修正和完善。这是因为“概念并非是经过一次形成就能取得完成形态的，它有一个从前科学概念到科学概念、从低级阶段的科学概念到较高级阶段的科学概念的辩证发展过程。这样，摹写与规范不断重复，知与不知的矛盾也就不断得到解决，知识的科学性越来越得到提高，人们就获得了在一定历史条件下相对科学的正确认识，达到在一定历史条件下的真知”（彭涟漪，2000: 35）。

9.2 中国翻译理论体系的研究现状

从中国的翻译理论史看，有关翻译理论大都是基于经验层面的经验感性或理论感性的散论性或印象性的译论或译观，缺乏理论范畴或学科理论体系的意识。刘宓庆（2003）总结了我国传统翻译理论的二元对立式的译论形式，如三国时代的支谦在《法句经序》中引自老子的“美言不信，信言不美”；先秦时代的“象与意”、“文与质”；两汉时代的“文与质”、“形与神”、“情与辞”；唐代的“文与道”、“陈与新”、“奇与正”；宋金元时代的“事与言”、“雅与俗”、“意与言”；明清时代的“繁与简”、“文采与本色”；清末民初时期的“体与用”、“传统与继承”，等等。从理论性质看，其译论或译观大多数都是一些基于源语和译入语文本特征认识之上的翻译原则或标准、要求与方法等的表述形式，特别是针对一些较大规模的文化翻译活动，如我国的佛经翻译等，着眼于规范参与“项目”的译者群体的翻译行为，以便对同类题材文本翻译的目的和预期结果有个比较统一的认识。故从理论的发生论看，译论的产生源自于针对较广范围内译者群体在特定题材翻译活动中的原则或方法论规约及其相应的理据性。如道安在《摩诃钵罗若波罗蜜经钞序》中提出的著名的“五失本，三不易”说，等等。从理论主体看，带有经验感性或理论感性特征的“译论”或“译观”更多的是出自于一些个体译者（尤其是职业译者）对自己在特定领域内（文学著作或理论著作等）的翻译活动的主观能动性认识，如严复、鲁迅、林语堂、傅雷、钱钟书、许渊冲等。这些译者主体倾向于从中国特有的修辞哲学和辞章美学等文论中寻找概念或命题，用以对自己翻译实践的经验体会或感悟进行相应的经验总结；或倾向于从中国古代文论中发现可类比的形象概念，用其对翻译活动的特点和性质进行归纳性概括，如严复的“信、达、雅”，傅雷的重“神似而不重形似”论，林语堂的“求义之功、求达之功、求美之功嵌合调和”论，钱钟书的“化境”论、许渊冲在《译诗六论》中的“依、异、艺、怡、易”论，等等；有的则以散论式的“译观”说明或解释翻译的作用、过程、性质、要求、方法等，如鲁迅的“硬译”之说、许渊冲（1992）有关“使人知之、使人好之、使人乐之”、“浅化、深化、等化”、“音美、形美、意美”的论述，等等。这些“理论”的共同特点在于都是针对文学或理论著作翻译特点和接受主体的目的与需求论特征而提出的译观。从这些理论观点中可以看出，任何具有一定素养的译者在翻译实践中都具有“问题—方法”意识，如原文语言文化特征和文本特征与目的语语言文化特征和文本特征之间的差异问题、原文读者与译文读者之间的地域与历史背景差异问题、不同民族语言使用者之间的思维差异与语言表达习惯的差异问题，等等。这些差异问题又引出作为中介的译者主体在协调差异的过程中所经历的价值甄别和形式选择的方法论与原则意识，对这种问题—差异意识的概念化或可推论的命题性陈述就形成相应的理论表征。从这种意义上说，翻译“理论”必然反映出明确地针对解决有关实践“问题”的理据性和“论”辩的观念性，其理论目的在于使特定范围内、特定层面的翻译活动达到某种理想的结果。可以说，翻译理论的职能在于说明翻译客体特点与主体目的与需求之间的关系，以及在一定的抽象层面对实践活动具有方向性的指导意义。早期的这种散论式或印象性的译论或译观构成了翻译学理论的重要组成部分，为进一步的系统性研究提供了结构性理论元素。罗新璋在《翻译论集》的序言中指出，我国翻译理论中的“案本——求信——神似——化境，这四个概念，既各自独立，又相互联系，渐次发展，构成一个整体；而这个整体，当为我国翻译理论体系里的重要组成部分”。中国早期的翻译实践理论具有自身的时代变革与社会需求论特征，正如刘宓庆（2003）所言：“中国译坛先驱一代把握住了一点：以我为本的意义（significance）抉择、以客为本的意义（meaning）转换。主流力量将眼光放在有助于国计民生的翻译上，惨淡经营与宗教、学术、文教、科技、文艺、军事等领域的翻译事业。中国译界一直将忠实的意义（内容）转换、传送、解释等各种代偿性转达形式作为对策之第一要义，务使‘万变’（mode）不离‘其宗’（meaning）。这就是中国翻译传统中的核心价值或价值核心”。这种“以我为本的意义抉择、以客为本的意义转换”的思维定势下产生的译论或译观无疑具有问题的针对性阐发，烙下了理论主体就事论事的经验交流性特征，不同的理论主体对于前人相同的经验认识发表具有共识的观点，针对不同的经验认识或进行论辩或批评，提出自己的观点。这些译论或译观在特定的历史阶段无疑具有积极的社会意义，但我们不能满足于这些片断式的、散论式的经验感性认识或理论感性认识，我们必须从这些理论主体的有关译论或译观中挖掘出他们的翻译思想中具有价值的理论成分，明确其理论生发、形成的历史环境与社会条件，从学理性要素角度去审究这些传统理论的不足，才能更好地在对传统翻译理论的批判与继承基础上，科学系统地整合与拓展翻译学理论范畴。

王宏印（2003）曾对中国传统译论的不足从三方面进行了说明：一是理论意识不强，其译论所运用的语言特点主要是议论式、经验式、内省式、直觉式；二是基本范畴缺乏，其思想表达的思维方式主要是借用哲学或文学艺术之术语，概念内涵界定不清，语义流变不居，难以有效说明理论体系中基本范畴之间逻辑的必然联系和明晰的陈述；三是传统理论主体的学术基础薄弱，演绎思维不发达，形式逻辑不发达，不能追求形而上的终极问题，缺乏西学的治学传统和现代科学的创新精神。他认为：中国传统译论中“大部分单独的论点尚未发展到卓然成一体系的完备状态，因此，我们的任务就是将这些尚未完备的译论观点和说法，加以系统的现代的诠释，使其向着现代的系统的理论形态过渡或完成。”

在现代学科理论发展与创新的语境下，随着社会经济和文化教育的快速发展以及国际交往领域的不断扩展，高校本科、硕士、博士翻译人才培养体系的建立及其翻译教学内容与教材建设的巨大需求，翻译学界的理论意识、学科意识日益强化，如何从现代学科理论阐释角度深化与拓展传统译论或译观成为翻译理论研究者所面临的重要课题。对传统译论的现代转化问题涉及如何立足发展中国译学、以现代译学的范畴、命题、系统为参照系、对传统译论进行整理、解释、继承、发展转化，这需要众多的研究者群策群力、身体力行地予以探索。我国翻译界有不少学者对翻译（学）的理论体系建设都有过深刻的认识和富有建设性的提议。

杨自俭在《对译学建设中几个问题的新认识》（2000）一文中，针对传统译论自成体系问题提出了两个重要的理论问题：1）一个学科的理论体系中西方是否有类似的内部结构系统？2）如何建设不同于我国传统的也不同于西方的一种新译学理论体系？他继而在《我国译学建设的形势与任务》一文中提出了译学建设的5个支柱：1）中国传统译学的继承性研究；2）外国译学的借鉴性研究；3）翻译实践（包括教学实践）中新问题的探索性研究；4）相关性学科的吸融性研究；5）方法论的多层次性研究（包括本学科的、相关学科的、系统科学的、哲学的多个层次）。翻译学理论的整合系统必须具有融合创新的意识，即融合中西译论译观中的基本范畴概念及相邻相关学科理论，针对一系列翻译理论与实践问题形成条理化、明晰化、范畴化、体系化的、从下而上和由上而下的科学理论表征。

谭载喜在《翻译学》（2000）一书中论述了翻译学研究的途径、对象、角度、基本理论等方面所包括的内容：翻译学研究途径包括文艺学、语言学、交际学、社会符号学、翻译学等途径；翻译学研究对象包括翻译的实质、原则与标准、方法与技巧、操作过程和程序、过程中的各种矛盾（目的与手段、内容与形式、作者与译者与译文读者之间的矛盾等）

等；翻译的研究角度包括对比语义学、对比句法学、对比修辞学、对比社会符号学、对比文化学、对比民族语言学、对比心理学等；翻译的基本理论包括翻译的语言学理论、翻译的文艺学理论、翻译的交际学理论、翻译的社会符号学理论、翻译的心理学理论、机器翻译的理论和集各种理论于一身的综合性翻译理论等。无疑，这些研究内容有助于解释和说明相应的翻译现象，能加深对翻译过程中文本特征或客体属性价值特征的了解，以及反映翻译活动主体的主观能动性发挥的主客观理据。但是，该书没有对翻译学基础理论范畴关系特征及宏微观理论范畴体系的建构和拓展给予论述，也未能全面明晰地阐释翻译学理论整合的哲学基础及其深化研究的对象，尤其是未能论及传统理论现代转化的理论方法论路径。

许钧在《翻译论》一书中对翻译学科理论系统的特点有比较深入的认识："翻译学科建设并不是一些具体问题的专门研究的简单相加，需要一种整体意识，宏观的把握和理论的系统化，缺乏系统就是缺乏科学性"（许钧，2003: 15）。他认为："翻译理论研究要注重系统性、层次性、要素性、客观性，以及各要素的相互作用性；翻译活动过程的思维层次、语义层次、审美层次有各自的活动内容、表现形式与传达目的等要素，这些要素自身的特征与活动规律及相互联系与相互作用的不同，构成了翻译层次存在的客观性"。若从翻译学理论的系统性、范畴性、关系性、层次性、要素性、客观性等方面去审视这些不同的基础性研究内容，我们应如何合乎逻辑地将其纳入理论体系的不同层次中，应如何揭示这些不同研究内容之间的相互关系，是值得思考的。笔者认为，所谓"整体意识"是指从一种宏观—中观—微观贯通的全景视域去把握翻译活动的各个层面，其实质就是从纵向与横向交叉视角去认识：纵向体现为体系性，是宏观—中观—微观理论范畴的有机统一，也是对研究对象的理论理性认识的逻辑构造；横向体现为理论认识的层次性展开，是对研究客体或对象本质定性和关系定性的逻辑要求，针对的是不同性质的翻译实践或理论问题的阐发。整体性理论研究的"要素性"应能充分反映笔者在第一章所论的学理性要素，即系统理论中的基本理论概念或范畴都应从理论假说、依据、概念（内涵与外延）、特征、方法、性质、任务等方面作出明晰的概述。在翻译学系统理论研究中，所谓的"客观性"研究应解决客体自身的价值属性的认识论问题，不能为主体所感识和把握的"客观性"就无所谓客观存在，也是没有意义的；而只有为主体所认识和把握的"客体"存在才进入"客观性"范畴，但这种客观性无疑烙下了主体的主观性特征，而主观认识内的客观性无疑反映出价值论的萌芽，是与认识论有着密切联系的理论范畴。故翻译学系统理论的整合性研究要求从宏观到微观、从主观到客观、从系统到要素等各方面进行全面的探索。

刘宓庆在《中西翻译思想比较研究》一书中认为，翻译学属于经验科学，经验科学的理论具有层级性（2003）。他将翻译学理论从“实”到“虚”的层级图示如下：

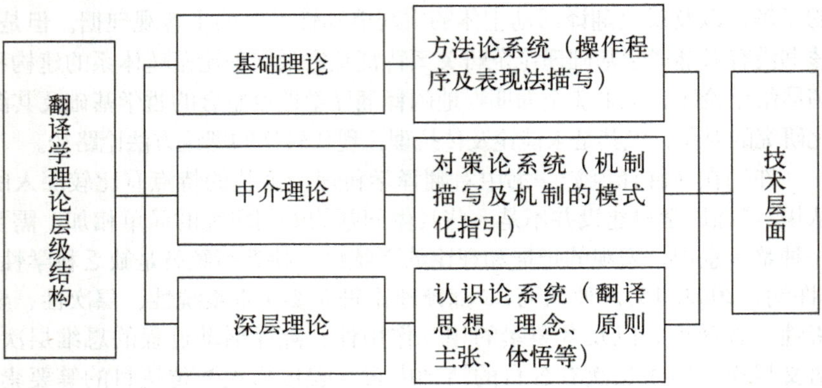

笔者认为，对翻译学理论研究进行分层应体现出各层次的条理性和有机联系性，能将其结构关系清晰地反映出来。但在上述图示中，翻译学理论的层次结构被划分为“基础理论”、“中介理论”、“深层理论”，而“基础理论”和“中介理论”被视为“技术层面”的内容，与“深层理论”相对，似乎有点过于简单。从各层次研究的内容看，其中有些内容的分层似乎有些模糊不清，缺乏逻辑性。在概念使用上，“深层”对应于“表层”，那么，“技术理论”所统辖的“基础理论”、“中介理论”是否隐含着属于“表层理论”的两个次级结构，值得论证。如乔姆斯基所区分的“深层结构”和“表层结构”，前者是指命题意义或逻辑意义，后者是指字面意义，是一种语言结构形式化了的组合意义，二者所表达的意义可以一致，也可以不一致。在翻译学理论层次中，若将“原则、主张、理念”等视为深层理论的内容，似乎无法说清楚“深层”究竟是什么，“原则、主张、理念”等对翻译行为具有理想规约性的理论问题是否属于深层理论，是否与翻译学基础理论研究内容相对（基础理论与应用理论相对），值得认真思考。如果说“深层理论”的特征是“认识论”，那么，“基础理论”中的方法论所反映的“操作程序”等和“中介理论”中的“机制描写”与“机制模式”同样具有认识论的特点。因为，翻译方法描写涉及对语境化意义生成所体现的思维机制的理论阐释，如对语境中的概念或命题的分析、(义素）析取、判断、推论、综合等一系列复杂的认知思维过程的描写，而描述离不开一系列反映认知思维概念的导引，因而本质上属于认识论范畴。其次，方法论和对策论也涉及运用相邻相关学科的理论，即理论转化为方法。翻译方法论研究的实质是，研究主体“自觉地从一定的角度、模型或框架出发把不能直接到达的总目标或最终目标化为一系列能直接达到的分目标或阶段目标（即分析），并按照一定程序或结构把各种‘直接达到目标的活动’关联起来（即综合），以间接地达到不能直接达到的目标”（刘永富，2002）。翻译学的方法论必然涉及分析与综合，其实质也就是从一定角度、模型或框架出发进行的分析与综合，一切方法都只是这种分析与综合的特殊表现或特殊运用。故从这种意义上，理论方法蕴含着理据，翻译理据中有不少内容属于认识论的范畴，并非简单的技术层面的内容。其实，刘宓庆（2003）在该书另一处明确地说明翻译学的基础研究包括八大内容：1）意义（意向）理论；2）理解、(文本）解读理论；3）对策理论（即表现对策论，译文操控包括风格和文体的表现理论）；4）翻译传播（效果）理论；5）翻译审美理论；6）文化翻译理论；7）翻译思想研究；8）翻译教学理论等。显然，此处将“对策理论”和“翻译思想”研究纳入翻译学的基础研究范畴之内，那么，翻译学的基础研究和翻译学的基础理论有何区别，或在研究层次上有何不同，在理论研究任务上是值得廓清的。翻译学理论研究的层次性究竟应包括哪些次范畴研究内容，如何构成一个合乎逻辑的层级体系，以反映翻译学学科理论的科学性，是值得译学界深入探索的研究课题。

9.3 西方翻译理论研究现状

目前，西方翻译理论主义繁多，流派纷呈，生机勃勃，其研究内容涵盖之广，反映了西方译学研究者思维的活跃和创新意识。但是，西方翻译理论史表明，早期的翻译研究层次有限，讨论的问题也比较集中在原则与方法层面，当然也具有散论性特征的译论或译观所体现出的不同翻译思想。潘文国（2002）在“当代西方的翻译学研究——兼谈‘翻译学’的学科性问题”中将西方翻译研究史分为三个阶段：第一阶段为传统的翻译学阶段，从古代的西塞罗（Cicero）到1959 年；第二阶段为现代翻译学阶段，从1959 年雅可布逊（Roman Jacobson ）的著名论文“翻译的语言观”开始到1972年；第三阶段为当代的翻译学阶段，从霍姆斯

(James Holmes) 1972 年的里程碑性的论文“翻译学的名与实”(正式发表于1975年) 开始至今，可称为当代翻译学阶段。

第一阶段的代表人物有泰特勒 (Alexander Fraser Tytler)、萨沃里 (Savory)、弗兰茨 (Frenz) 和理查兹 (Richards) 等，其特点是经验感性研究。如泰特勒 (Tytler, 1790) 的《论翻译原则》提出三条原则：译文必须能完全传达出原作的意思；译作风格与态度必须与原作的性质一样；译文必须与原文一样流畅。主要涉及“忠实”和“自由”，或“直译”和“意译”的问题；萨沃里和弗兰茨主要讨论文学翻译的性质问题，倾向于将文学翻译视为一门“艺术”，艾立克·雅可布逊 (Jacobsen, 1958) 将文学翻译视为一门“手艺”。翻译史研究者将这一阶段的翻译研究称之为“文艺学派”(Gentzler, 1993) 或“语文学派”(陈德鸿、张南峰，2000)。可见这一阶段的翻译研究停留在一些基本原则和对文学翻译的性质的认识上，所谓基本原则是对一般翻译行为的某种规约，是为了使翻译活动在更广泛的群体范围内达到某种理想状态而作的原则性说明。若从原则理论的实质看，这些概念已具备了理论研究范畴的特点，因为“忠实”属于价值原则范畴，但“自由”并非一个理论范畴概念，只是对特定条件制约下翻译活动中译者主观能动性表现“度”的一种说明而已；“直译”和“意译”在宏观上可以纳入“策略”论范畴，在微观上则可纳入“方法论”范畴；所谓“艺术”并非翻译学理论范畴概念，但属于“译者主体性”范畴下的子范畴的内容，即“艺术再现”与“艺术表现”两大次范畴的内容。问题是这些研究者尚未意识到从理论范畴体系拓展上对这些理论概念进行深化研究，但已处于一种雏形性理论认识的阶段。

第二阶段的代表性学者有雅可布逊 (Jacobson)、奈达 (Eugene Nida)、卡特福德 (J.C. Catford)、威尔斯 (Wolfram Wilss) 等。其代表作有雅可布逊的《翻译的语言观》(1959)，将语言学、符号学引进了翻译学；美国翻译理论家奈达的《翻译科学探索》(1969)，所谓的科学性基础就是乔姆斯基 (Noam Chomsky) 的转换生成语言学，基本理论概念包括深层结构、表层结构、命题语义结构、转换规则等术语，翻译理论上提出“动态对等”(后改为“功能对等”)；英国学者卡特福德的《翻译的语言学理论》(1965)，其理论基础是弗斯 (J.R. Firth) 的功能语言学和韩礼德 (M.A.K. Halliday) 的系统功能语法，侧重于文本翻译的功能等值。德国学者威尔斯在其专著《翻译科学：问题与方法》(The Science of Translation: Problems and Methods, 1977) 中旗帜鲜明地指出翻译是科学。该书主要讨论了翻译学的方法论问题、翻译过程与翻译程序、篇章语言学与翻译、翻译的等值问题。从中可以看到，威尔斯的翻译学的理论基础是现代语言学的分支学科理论，基于语言分支学科的翻译过程研究具有分析认识论和描写方法论的特点，这些研究者旨在找到可行的途径来解决文本中语言形式与意义的关系问题，并将其上升为翻译理论“等值”或“对等”层面。但是这些研究的有效性只限于一定范围内文本翻译的现实性，只能对那些与典型性语言现象相关的事例具有说明性和规范性，并不能说明翻译活动的全部，尤其是无法说明文本的多义性、歧义性、模糊性、结构空白性、陌生化、变异性、文化差异的协调性等一系列实践与理论问题。法国翻译学者亨利·梅肖尼克质疑基于生成转换理论和结构主义语义学理论之上的“翻译科学”，认为，奈达所谓的翻译科学“实际上并非建立在真正的科学的意义上，因为它在实质上排除了一切文学翻译，将形式与内涵对立起来”（许钧、袁筱一，2001）。

第三个阶段的代表人物有霍尔姆斯（Holmes）、勒弗维尔（André Lefevere）、巴斯奈特（Bassnett）、图里（Gideon Toury）等。这些译学理论研究者具有比较强烈的理论学科意识，在翻译学的名称上及其研究内容上进行了探讨。霍姆斯在“翻译学的名与实”一文中着重讨论了翻译学科名称、性质、范围等，首次勾勒出了翻译学学科的结构框架，提出了Translation Studies的学科术语。根茨勒（Gentzler, 1993: 2）在他的《当代翻译理论》一书中认为该文“被普遍认为是该领域的成立宣言”。对于Translation Studies 这一术语的汉译，有人译为“翻译研究”，有的则倾向于译为“翻译学”。巴斯奈特于1980年出版了第一本以“翻译学”为书名的学术专著，她认为翻译学研究应突出理论结合实际，最基本的研究领域应侧重于文本和过程。文本研究第一个领域是翻译学史，它也是文学史的一个组成部分。研究各个时期的翻译理论、具体作品的翻译出版过程，人们对翻译作品的批评回应、特定时期翻译者扮演的角色和起的作用、翻译方法的发展，当然还有翻译家的个别研究；第二个领域是翻译与接受语文化的关系。研究作家、作品、文体对译入语社团的影响、译入语语言系统吸收译文的条件，以及选择性原则在这一过程中的作用；第三个领域是翻译与语言学。研究在音位、语素、词汇、句法层面上源语与译入语的比较、等值翻译问题、语言形式控制下的意义问题、语言学上的不可译问题、机器翻译，以及非文学作品的翻译问题；第四个领域可以粗略地叫作翻译与诗学，包括文学翻译从理论到实践的全部内容。可以是一般研究，也可以是具体文体研究，如诗歌、戏剧剧本、电影配音与字幕翻译等；还可以研究比较具体的译家的风格，研究风格的形成，还可以研究原文与译文的关系、作者—译者—读者三者间的关系等等。总之，这个领域的研究最终要能建立一种文学翻译的理论。

对于西方当代翻译理论，刘宓庆（2003）认为暴露出以下几方面的倾向：1）只看“流”，不看“源”，乃本末倒置，主要体现于对本杰明翻译思想未能做到“沿波讨源”；2）缺乏思想深度，特别是审视、判断能力，主要体现于未能把握客体的特殊性，难以据此作出深刻入微的分析与判断；3）忽视整体整合研究，主要体现于未能贯彻宏观—中观—微观层次贯通的从下而上和由上至下的理论建构和实践阐发的统一，而在个人潜能发挥和在独创性译论或译观方面表现出色。刘先生还指出当代西方译论存在一些不足，尤其是对后现代主义的翻译理论的脆弱性提出批评，认为西方当代翻译理论放弃了对欧洲传统翻译思想（基本上属于古典主义）的执著，也放弃了浪漫主义（尤其是德国浪漫主义）对理想的向往，尤其是对翻译过程中意义研究的颠覆[1]。

9.4 翻译学理论逻辑范畴体系的建构

无论是“翻译学”（The Science of Translation / Translatology）或是“翻译研究”（Translation Studies），其共同的理论目的都是从历时或共时性的较广范围内的社会翻译活动中发现实践结构、认识结构、方法结构、价值结构相统一的区间规律性，其不同之处在于“翻译学”（translatology）的“学”（–ology）更强调宏观—中观—微观理论范畴的互动性、内部与外部关联性研究的系统性、研究的可阐释性、可描述性、可印证性和可操作性，更突出“翻译学”的学科性质、特点、形态、建构与可拓展性问题。关于“翻译学”（或简称为“译学”）的认识，不少中外学者对此都有各自的见解和认识。如加拿大语言学教授凯利（1979）认为，一套完整的翻译理论必须涉及翻译的基本问题、翻译方法、程序和翻译过程中的诸种问题（转引自耿龙明，1998）。Pym（2000）从科学研究范式入手认识翻译学理论的发展问题，即从理论过渡到范式。所谓范式是指从外延上可理解为学术共同体所共享的若干具有关联性的“原则集”（sets of principle），包括一般认识观点、关系概念和基本原则，并

1 后现代指的是西方的后现代，它的矛头是针对西方的传统价值观与现代（从19 世纪中期到20世纪40年代末）价值观。后现代鼓吹“消解”，集中于五反：反本质主义（anti–essentialism）、反目的论（anti–teleology）、反基础论（anti–foundationalism）、反反映论（anti–representalism）、反现实主义（anti–realism）(M.C. Lemon，2003: 378)

构成特定的范式，这些成员在讨论翻译问题时都一致性地在这一范式内使用这些基本概念进行交流。迪恩·图里将霍尔姆斯所阐述的翻译学所涵盖的研究内容以结构图的形式勾画出来，图示如下：

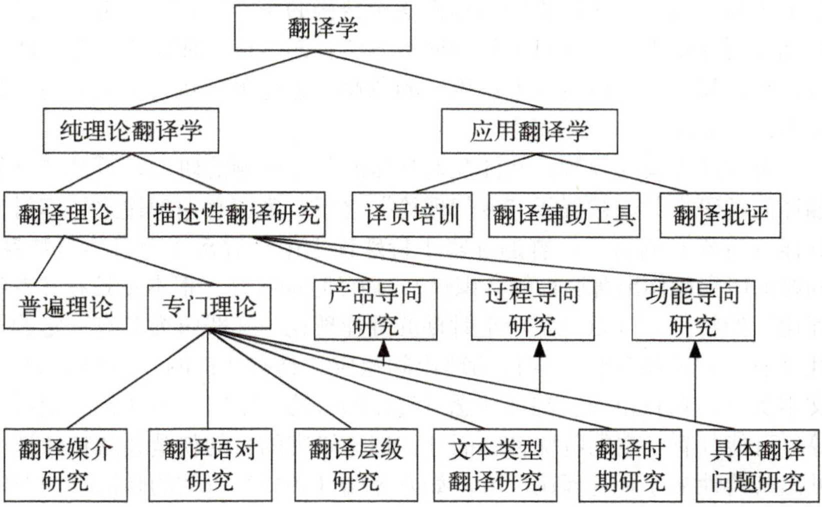

从上图可以看出，霍尔姆斯认为“纯理论翻译学”相对于“应用翻译学”，在“纯理论翻译学”之下区分“翻译理论”和“描述性翻译研究”。在“翻译理论”之下的“普遍理论”致力于描述或解释各种类型的翻译，并加以概括，适合所有翻译的研究。专门理论研究的是媒介、语对、层级、文本类型、翻译时期和具体问题。“描述性翻译研究”重点探讨翻译产品、翻译功能、翻译过程。

霍尔姆斯的翻译学结构图中列出的“结构”性内容是从外延上进行说明，不具有逻辑范畴的内在联系性，将翻译理论、翻译方法、翻译活动等混淆一起而置于“翻译学”理论之下，没有体现出有序的体系性。如“纯理论翻译学”的目标被认为是“描述翻译现象”和“建立一些普遍原则，用以解释和预测翻译现象”；普遍理论被认为是“指那些致力于描述或解释各种类型的翻译，并加以概括”（Munday，2001: 18）。然而，所谓的解释现象、描述、概括、预测等都属于对翻译实践中的各种复杂的变量现象的经验总结，并非“纯理论”。纯理论应该属于翻译学元语言研究，主要任务是探讨什么是翻译“理论”、“原则”、“标准”、“策略”、“方法”、“规律”等发生论、本体论、认识论、价值论、方法论、系统论、控制论等层面的理论思辨性和建构性研究。若我们连什么是翻译活动的规律及其形态特征的基本理论问题都没弄清楚，又怎么能够去预测翻译现象？“描述性翻译研究”之下研究产品、过程和功能导向，也并非纯理论翻译研究，而是对具体的翻译具体问题解决过程或结果的描述，是关于翻译实践的认识论结构和方法论结构的统一的研究。再者，描述性翻译研究重点在于探讨可行的描写方法，而翻译学理论研究的方法众多，只能属于“翻译研究方法论”的范畴，怎能单单将其突出来与“翻译理论”平行于一个层面呢？

对翻译现象的预测必然涉及对具体的翻译问题的研究，可是“具体翻译问题研究”却被置于“专门理论”之下，难道普遍理论之下不讨论具体（特殊）问题吗？普遍性寓于特殊性之中，脱离了对具体（特殊）问题的研究能作出普遍性的认识吗？“翻译时期研究”根本不具有“专门理论”的特点，针对特定历史时期的翻译理论与实践研究既有一定的共性又有一定的特殊性，探讨的理论问题应是具有共性的，但研究对象、文本类型、题材范围、翻译理念（具体的目的、策略、方法、意识形态等）可能具有一定的特殊性。而且，理论研究的目的就是要从特殊性中见出其共性来才具有理论价值。如方开瑞（2012）研究的晚清时期至民国初期这段时间的英语小说的汉译就是运用叙事学理论方法探讨“形式、连贯与规约”的普通理论问题。

霍尔姆斯的“应用翻译学”之下只是若干与翻译有关的活动，基本上没有“应用翻译学”自身的理论研究范畴及其研究方法。若连一套系统的理论方法都没有又如何指导人去培训译员，或编制翻译辅助工具，或进行翻译批评？翻译批评不仅是运用（吸收和借鉴）普遍理论，而且还需建立自己的批评理论体系，并和普遍理论研究之间形成互补互助的关系。

在西方翻译理论研究中，此后很少有学者在翻译学理论体系的整合与拓展上作出令人瞩目的研究，尤其是进行宏观—中观—微观互通的、从上而下、由下而上的逻辑范畴体系理论的建构性研究，即使是各翻译“流派”或“主义”内部也少见具有体系性的建构，而是流于散论式的、主观感性的、印象式的评说，缺乏清晰的逻辑范畴化建构，以至于难以认识各理论自身的性质、特点、职能、任务、目标以及理论值之间的关系。国内学者们对翻译学的体系性与范畴化理论研究虽然给予了很大重视与期待，但具体如何整合、建构和拓展翻译学理论体系却还没有见到任何尝试性的研究。下面综合前几章中的主要研究内容和观点，将开放式翻译学理论研究逻辑范畴体系的特点、形态、联系、内容与次范畴化拓展的方法等图示如下。

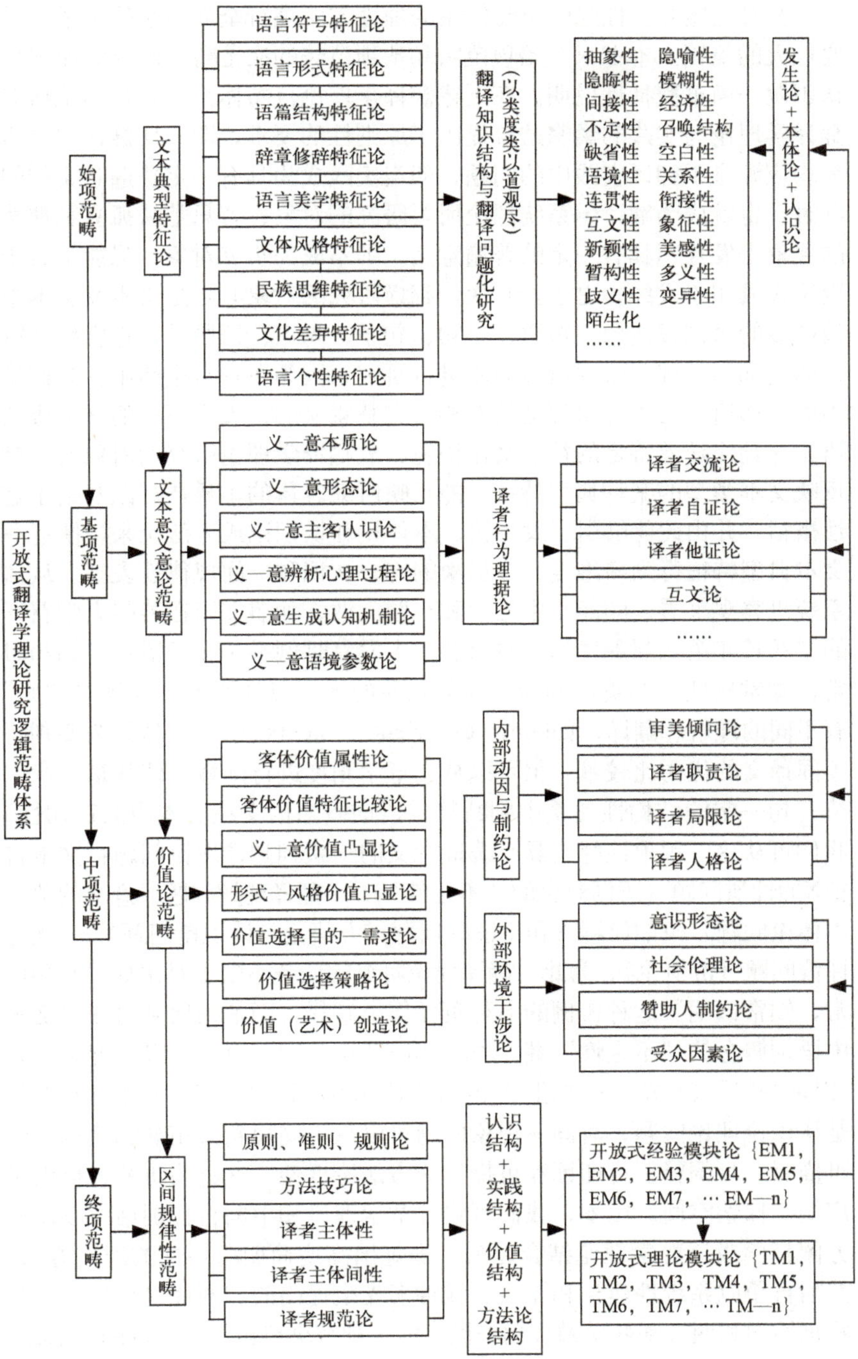
开放式翻译学理论研究逻辑范畴体系
始项范畴
文本典型特征论
语言符号特征论
语言形式特征论
语篇结构特征论
辞章修辞特征论
语言美学特征论
文体风格特征论
民族思维特征论
文化差异特征论
语言个性特征论
翻译知识结构与翻译问题化研究（以类度类以道观尽）
抽象性 隐喻性
隐晦性 模糊性
间接性 经济性
不定性 召唤结构
缺省性 空白性
语境性 关系性
连贯性 衔接性
互文性 象征性
新颖性 美感性
暂构性 多义性
歧义性 变异性
陌生化
……
发生论+本体论+认识论
基项范畴
文本意义论范畴
义—意本质论
义—意形态论
义—意主客认识论
义—意辨析心理过程论
义—意生成认知机制论
义—意语境参数论
译者行为理据论
译者交流论
译者自证论
译者他证论
互文论
……
中项范畴
价值论范畴
客体价值属性论
客体价值特征比较论
义—意价值凸显论
形式—风格价值凸显论
价值选择目的—需求论
价值选择策略论
价值（艺术）创造论
内部动因与制约论
审美倾向论
译者职责论
译者局限论
译者人格论
外部环境干涉论
意识形态论
社会伦理论
赞助人制约论
受众因素论
终项范畴
区间规律性范畴
原则、准则、规则论
方法技巧论
译者主体性
译者主体间性
译者规范论
认识结构+实践结构+价值结构+方法论结构
开放式经验模块论｛EM1，EM2，EM3，EM4，EM5，EM6，EM7，… EM—n｝
开放式理论模块论｛TM1，TM2，TM3，TM4，TM5，TM6，TM7，… TM—n｝

要对上述开放性逻辑范畴体系的理论方法进行全面系统的论述，需要巨大的篇幅。本书只对始项范畴和基项范畴的次范畴化研究的原理性认识做一简单概括性说明。在上述翻译学理论范畴体系中，始项范畴对翻译学理论与实践的紧密结合提出了原则性的要求，即一切翻译理论研究均应源自于翻译实践中的问题，即当实践成为具有一定普遍意义的问题时，也就成为翻译学系统理论所要研究的对象；若只是从孤立和偶然的现象出发且不具有一定的普遍意义，则不成为研究对象，只能是若干散论式或印象式经验之谈。其次，翻译研究的对象必定是文本及文本中被凸显的语词或概念、短语、小句、句子、句束、语段等，也宜结合特定的内部与外部宏微观语境因素进行研究。因为在日常生活中，我们见到的一切语言文化现象都是具有相对完整意义的、大小不一的文本或话语，并且伴随着特定的社会文化语境，故翻译学理论研究的对象要求能反映文本类型的某种典型特征，能反映研究客体的本质特征以及给予定性概括，并由此能够引出发生论、本体论和认识论或方法论来，使这一文本典型特征得到多维度、多层次的充分认识和区间规律性表征。从该系统研究观来看，即能小中见大和小题大做。如潘文国在苏州大学召开的“2012年第四届翻译高层研讨会”上发言时例举了孔子语录“知和曰常，知常曰明”的英译问题，他从收集的多个英译版本中发现对“知”有不同的理解和翻译，如know, experience, understand等。他认为要判断不同译文的优劣比较难，但可以从文章学角度进行阐释，即从篇—章—节—句—字的结构性关系中判断特定语词概念语义在文本中的适切性。我们可从这一现象演绎出具有普遍意义的一系列翻译理论问题：文本特征X的性质问题（语词概念的“不定性”）→ 翻译理解问题（意义的关系本体论问题）→如何解决和论证的问题（方法论与认识论问题）→ 优劣评价问题（价值论）。为此，翻译理论研究的任务不限于对诸如“知和曰常，知常曰明”这种孤例的多种英译作出解释，而是拓展到对任何文本中语词概念的“不定性”翻译现象作出理论认识，也是“以类度类”和“以道观尽”（《荀子·非相》）的认识论和方法论的体现。其中最重要的是认识论理论问题，对同一现象问题可以从不同视角去拓展和建构一套可描写、可阐释、可印证和可操作的方法论框架，这就为研究者提供了广阔的探索空间。比如，我们可将辞章学理论和中国古代训诂学以及西方阐释学或诠释学理论结合起来，提炼出高度简明概括性的理论方法，然后再予以系统性建构和充实。钱钟书先生提出的“阐释之循环”就是将训诂学和西方阐释学融合起来提出的一种解决典籍意义解读的方法论：

积小以明大，而又举大以贯小；推末以至本，而又探本以穷末；交互往复，庶几乎义解圆足而免于偏枯，所谓“阐释之循环”者是矣。Pym（2010）在Exploration of Translation Theory 一书的第六章专门讨论了文本翻译的“不定性”及其解决的方法论问题。他指出：

> There are several ways to explain how traslantion is still possible in a world of uncertainty. Illumination, consensus—oriented dialogue, hermermeneutics, social constructivism, and game theory are some the approaches that may be used to solve this problem.

当然，对翻译的“不定性”问题的研究还可以深化和拓展，如对文本不定性的种种表象根据其特点作出进一步的次范畴化分类与定性概括，揭示其本质特征和关系特征；在方法论上还可引入语义学、认知语言学、语篇语言学、语境参数论等认识工具，使其更具有可阐释性、可描写性和可操作性的区间规律性认识。

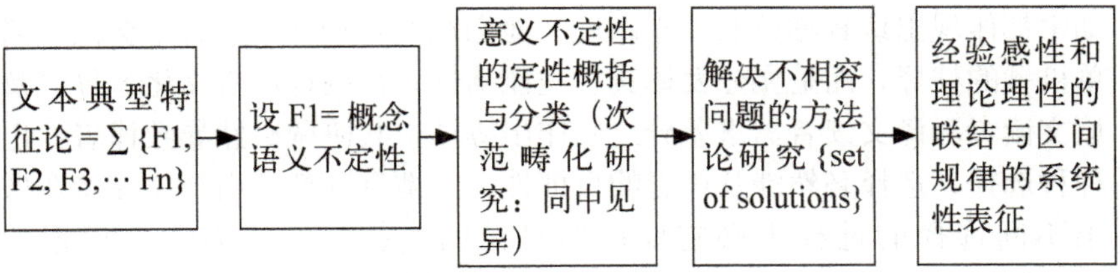

基项范畴与始项范畴具有紧密的联系，即始项范畴中的研究问题都可以转化为“义”与“意”的关系问题（统称“义—意”），否则无法形成主客互动的关系性认识，因为不为主体所认识和把握的客体就不是客体，只能部分接近的客体对主体而言是不完整的客体。如文本的不定性就是“义—意”的不定性问题，“义—意”又是客体（各种类型的文本）不同形态的价值属性的体现。笔者认为，一切翻译理论与实践问题都可或有必要转化为“义—意”的关系问题，“形式”与“风格”都可以转化为“形式意义”和“风格意义”的问题进行讨论，有“意义”则意味着具有理论与实践研究的价值。这就从系统理论上限制了将“形式”与“风格”泛化的做法，如语法形式或句法形式只有当其对翻译的义—意表达效果产生影响而成为一定的普遍价值意义的问题时才值得进行类化研究，并引出认识论和方法论理论来。如语言学家利奇（1974）区分的“主位意义”就是一种语句信息结构所体现出的形式意义，是一种可以感知的说话者的语态意义，或信息结构组织的递进关系意义，有时具有一定的交际意义。在系统理论内，形式和风格特征都具有了价值意义，并反映了文本的重要属性特征。这样，我们就可以演绎的方式推演出文本的价值属性——“义—意”（Maning & Sense）的集合，即作为翻译客体的文本属性是由一系列具有价值特征的“义—意”形态构成的集合。表征为：

$$TA = \sum \{M / s1, M / s2, M / s3, M / s4, M / s5, M / s6, M / s7, M / s8, \ldots M / s—n,\}$$

（*TA = Text Atrtributes = a set of valuable meanings or senses）

上述演绎性说明旨在指出，若我们未能认识到或无法解释客体的种种“义—意”形态，就无法正确而全面地把握客体，也就无法将其纳入翻译学体系中进行以小见大或小题大做的研究。从翻译实践活动的实质看，翻译理论的发生源自于经验交流：即任何具有一定素养的译者，尤其是职业翻译家都将翻译视为一种带有特定目的社会活动，故在翻译活动中都体现出认真细致的工作态度。他们在遇到种种问题时不会做出简单机械的移译，而是充分发挥其主观能动性，在两种语言文化差异以及原文读者和译文读者需求差异之间作出协调，其协调必然导致译者作出种种选择，选择必然涉及译者的自证性。所谓自证性是指个体译者在做出不同选择的过程中必定要证明自己的选择行为是有一定理据的(motivated choices)。这种自证性的选择理据就产生了理论的萌芽，属于翻译理论的发生论研究范畴的内容。翻译过程中有理据的选择是无法观察到的，Pym（2010: 1）称其为“私密的内化理论”（private, internal theorizing)。但当译者将其作为经验交流而说出来时，则成为公开的或外化的“理论”。公开外化的理论必须是经过加工的概念化表征，是将翻译实践问题抽象概括为一定层面的理论认识，如严复的译事三难“信、达、雅”，傅雷的“神似”论，钱钟书的“化境”论，奈达的“dynamic equivalence”等等。这些理论概念首先是译者对自己翻译实践中的选择行为的普遍意义作出的外化理论认识，意在进行交流，以便在翻译群体中获得共识，形成主体间性意义上的普遍理论。从本质看，这些传统上被纳入原则或标准层面理论认识无不涉及“义—意”的选择性表达问题。当其他译者A，B, C等拿这些理论概念去规约自己的实践时便成为一种“他证”式原则性理据。所谓“他证”是指以他人的（理论）行为理据或结果作为自己行为的规约性指导或说明。这就产生一个重要的认识论问题：他人内化理论的交流无不是从自己有限的实践中提炼出来的，只有类似于他们的实践的义—意形态问题时才具有有效的可参性和指导性，否则译者就面临着针对复杂翻译现象进行选择的自证性问题。不同文本类型、不同题材、不同层次的复杂现象要求有志于获得理想状态的译者个体将自己的内化理论进行公开交流。这样我们就不断获得许多新的基于义—意问题的自证性理论认识，从而在翻译学的中项范畴内获得理论充实（theoretic replenishment），形成新的理论与实践的关系认识。如戴炜栋和陆国强在“概念能力与概念表现”（2007）一文中认为：我们享受公费医疗（We enjoy free medical care ）/ 我们需要在各方面深化改革（We need to deepen reform in all fields of endeavour.）/我们必须采取措施打击恐怖主义（We take active emansures to fight terrorism.）“是一种对号入座的思维方式”。但要将此类翻译现象作为问题提出来（内化理论认识）就必须对其进行定性概括，上升为理论认识才具有一定普遍意义。两位学者指出此种问题在于“用第一语言的概念结构强加于第二语言的概念结构，语法正确而概念结构在形式与意义上不相匹配”。所谓“概念形式与语义不相匹配”就是一种定性的自证性理据，用此证明上述译文的意义表达不当问题的性质，并以此为理据提出自己的规范性理论认识。从翻译学系统理论研究看，我们不应满足于这种就事论事的讨论，而应将其上升为普遍理论认识，即将汉英翻译中的“概念结构形式与语义的匹配性”上升为范畴化认识，即“意义（不）相容性”（Unmatchablility of meaning / senses）的理论问题，进而拓展为一个理论研究次范畴，通过经验分析、定性和归纳，概括出其种种不相容的形态特征，形成一个开放性集合。系统理论要求将经验感性认识与理论理性认识紧密结合，故还需要提供相应的解决方法，使这一研究次范畴得到深化与拓展。上述两位学者在指出问题的同时，不仅指出了问题所在，也提供了自认为是正确的译文。例如他们认为enjoy常与之搭配的是具有积极意义（positive senses）的概念语义，不与消极的概念语义搭配（从其解释看，可以将此类研究问题定性为“概念语义搭配性（不）相容”），其解决方法就是“概念内涵相容式”和“解释式增译”：We *are entitled to* free medical care（内涵相容）/ We need to *deepen our commitment to* (*or step up*) reform ...（解释式增译）/ We take *proactive* emansures to fight terrorism.（概念相容）。

此例既说明翻译实践中可能存在“概念形式与语义（不）相匹配”的理论认识问题，又说明译者的自证性问题。即当译者A指出译者B的译文存在某种不当问题，就必须提出自己认为是恰当的译文，但又不能不对问题进行定性，不定性就没法揭示问题的本质，也就没法交流。定性就是为自译寻求理据，也反映出“义—意”问题交流中批评（或译者）主体的“自证性”，它是由理论感性认识——概念化表征来体现的。这种对“义—意”问题的理论认识不仅可以定性，还可以进而作出价值判断。如两位学者将上述三种译文上升为价值问题进行评价，主观上将其视为“中国式英语”（Chinglish），是“一种致命的缺陷”。可以说，一切翻译理论与实践问题都源自于经验总结和理论认识的交流，没有交流意识就没有理论意识，没有理论意识就不会有对翻译问题的定性。经验总结和理论认识的动机都是为了使译文达到某种主观上所认定的理想状态，而任何所谓理想状态的译文都具有“问题化”的特点，能反映出一定范畴内具有共性特征的普遍意义。然而，学术交流最大的特点就是认识问题的视角是否具有多维性，自证性理据是否具有充分性，否则容易产生主观片面性。如王宏（2012: 162–171）针对两位学者的理论认识进行了实证研究，他从英语国家权威网站上收集了众多实例说明在英语本族语者中也有相应的enjoy free medical care / deepen reform / take active measures的结构搭配，并针对相关问题进行了较细致的说明，以此证明上述三例译文不是“中式英语”或中式思维的体现。这就是译者学术交流中有关“义—意”表达价值判断的“他证”性问题的现象之一，也说明基于译者之间经验交流之上的理论认识往往会演变为学术讨论和辨析，其分歧可能在于对翻译实践或现象问题的定性、理论认识和价值批评（对译文优劣的主观判断）。但是，这种他证性交流或辨析并不能否认“义—意（不）相容性”这种定性概括性理论本身，只能说明上述三例的实际情况不能典型地支持或反映出该理论的特点。从系统理论研究角度看，研究者不应停留在简单的就事论事的观点性交流之上，而应从大量的汉英翻译实践或现象中归纳概括出n种典型的“义—意（不）相容性”案例，对其作出定性分析，并加以综合和分类概括，形成范畴化的理论认识。如：

例1a）……后来<u>孟子</u>长大成人后也就没听说孟母再搬家了。

*? After *Mencius* grew up, there was no hearsay about his mother's resettlement.

例1b）毛主席去安源。（同名油画名称）

*? *Chairman* Mao on his way to Anyuan.

上述例子说明中英民族思维差异在语言中的容忍度，一般译者若不从历史语境分析就直接移译则容易造成“概念语义所指身份特征不相容”：古人称有品德和学问的人为“子”，如孔子、老子、庄子等，而未成年的孟轲没人称他“孟子”，故不宜译为Mensius; 去安源的是年轻时的毛泽东，他当时还不是党中央“主席”，怎能说是Chairman Mao呢？汉语中使用敬称而造成身份特征不相容的情况很多，但英译时应采用相容的行文或概念表达方式。

例2）年迈的局长在市里的会议中间睡着了。

? The buearua chief *fell asleep* at the municipal meeting.

上例中的睡着了的“睡”是个模糊概念，英语中可以有不同的睡法概念与之对应，如fall asleep, take a nap, dozz off, nod off 等，但在上述语境中，无论是选择fall asleep 或 take a nap 都产生“概念所指语境形象特征不相容”的问题，即老局长在市委书记或市长在台上作报告中不敢那么随心所欲地趴在桌上睡过去，也不敢打盹，而只能是在冗长的报告中因年迈力乏硬撑着睡意，不时地点头式地打着盹，故nod off与语境中的人物状态最相容。

例3）“……对投资在200万元以上的新建、扩建和装修改造工程，实行招标采购”（《2002年中国的国防》

...and projects *newly built, expanded, or revamped* each involving an investment of over 2 million yuan are undertaken *through public bidding*.《北京周报》2003年1月9日p.vi）

概念语义搭配性不相容除了反映的中英民族习惯性思维差异外，还有语境化概念搭配性不相容，反映出的是译者的弱语境思维特点。如上例中的“新建、扩建和装修改造工程”若孤立地看完全可以译为newly built, expanded, or revamped（新近完工、扩建装修改造的工程），但当其与后面的“实行招标采购”搭配，则产生“概念语义所指事实性不相容”的认知逻辑问题：已经完工的工程还需要招标吗？其相容性译文为：new projects to be built, expanded, or revamped。

例4）（明代）徐霞客一生周游考察了16个省，……为了进行真实细致的考察，他很少乘车坐船，……。

?*　...In order to carry out on—the—spot survey, Xu Xiake seldom went *by car*（motor/sedan/bike）*or ship*（steamer），... .

孤立地看，或置于现代语境中看，“乘车坐船”完全可以从英语横组合中选择任一表示交通工具的概念：车{car, vehicle, sedan, bike, motor, chariot, cart, carriage, camper, limousine, etc. }；船{ship, boat, vessel, steamer, canoe, sail boat, caravel, etc}。如据报道，某农业大学的一个研究生野外上山采集植物标本就是因以搭乘摩托车代步而遭导师的训斥。但是，在上述语境中，其译文选择因受置于历史语境的制约而造成“概念所指历时语境不相容”，因为徐霞客所处的明代还没有发明汽车、轿车、摩托车、自行车、轮船，语境相容性概念宜选择cart（二轮马车）和boat或sail boat。

例5）竹怜新雨后，山爱夕阳时。（唐·钱起）

*? The bamboo *pities* the new rain, the mountain *loves* the sunset.

上述例子中，“怜”若译为“sympathsize ”或“pity”，“爱”若译为“love”则造成“概念所指情景逻辑不相容”，以下曾炳衡的译文则产生情景逻辑相容性：

The bamboo *is lovelier* after the new rain,
The mountains *look prettiest* at the evening glow.

从复杂的汉英翻译实践或现象看，我们可以推论还有n个概念不相容的现象，都可以给予相应的定性概括，形成“以类度类”和“以道观尽”的理论认识，或者说可以开放性的经验模块加以建构，最终形成区间规律性的理论表征：汉英翻译的不相容性问题研究= ∑ {概念语义所指身份特征不相容；概念所指语境形象特征不相容；概念语义所指事实性不相容；概念所指历时语境不相容；概念所指情景逻辑不相容；……}。此外，我们同样可以演绎的方式推论出在英汉翻译实践中同样存在概念语义不相容的现象，并且可以结合相应的翻译操作处理方法（如横组合与纵聚合等）对其进行分析与综合、归纳和概括，形成次范畴意义上的开放性经验模块，再上升为概念思维、认知思维、形象思维、情感思维、逻辑思维、关系思维、文化思维、语境思维等理论范畴的认识，或上升到“忠实/信”等宏观原则理论层面进行印证性阐释。也可在此基础上再进行自证性和他证性研究，这样就可以从任何一个具体的义—意翻译问题推衍出次范畴化的理论与方法论认识以及相应的区间规律性表征，这就是康德所论的“科学性”在翻译学理论系统整合性研究中的体现，即将经验和理智按一定规则连接成一个知识整体。图示如下：

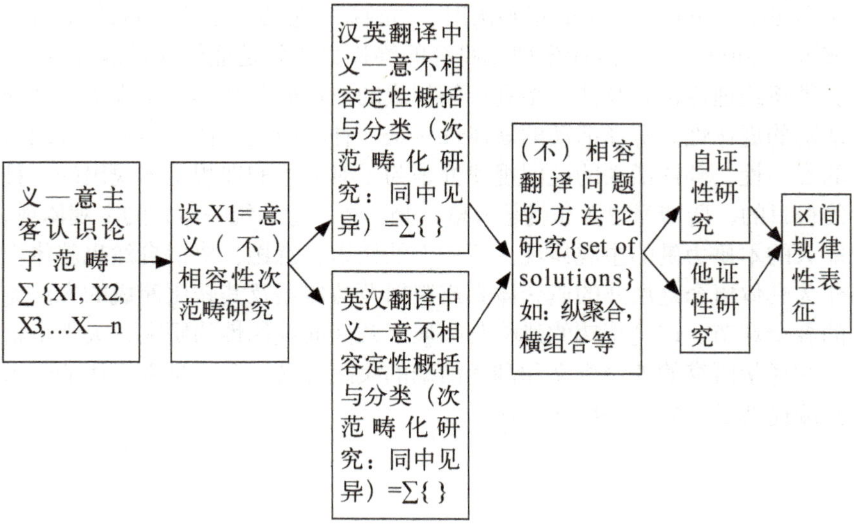

9.5 小结

翻译理论研究是伴随翻译实践而存在的，在一定层面或程度上反映着翻译实践活动中的诸种问题，而翻译实践是永无止境的，翻译理论研究及其理论的建构是随着对翻译实践的拓展与深化认识而不断受到扬弃和趋于完善。翻译理论的研究与建构取决于个体的理论主体，但个体的理论主体不仅具有历史局限性，而且具有知识结构的局限性，故理论的完善必然是一种渐进的、发展的、开放的、主体间性的过程。陈福康在《中国译学理论史稿》（1992）中指出翻译理论发展的三大特征：其一是翻译理论发展是一个不断深化的无限过程；其二是翻译理论是一个综合的、开放的系统，它与许多学科和艺术的门类息息相通；其三是翻译理论又有其独立性。翻译学理论体系由一系列研究范畴构成，其认识论基础及研究内容和方法需要借助相邻相关学科理论，但翻译学科理论的独立性要求其从相关学科理论中所借鉴的概念能够正确地摹写和反映翻译实践中的现象和事实，能够解释和揭示翻译活动的本质特征，尤其是通过再造性移植能够融入和充实各理论范畴，形成翻译学系统理论的有机统一体。当然，"概念并非是经过一次形成就能取得完成形态的，它有一个从前科学概念到科学概念、从低级阶段的科学概念到较高级阶段的科学概念的辩证发展过程。这样，摹写与规范不断重复，知与不知的矛盾也就不断得到解决，知识的科学性越来越得到提高，人们就获得了在一定历史条件下相对科学的正确认识，达到在一定历史条件下的真知”（彭涟漪，2000: 35）。翻译学理论研究的终极目的就是能够通过理论认识，凭借系统理论范畴及其一系列相辅相成的理论概念从不同层次揭示翻译活动的规律性。翻译活动的规律性应是一种区间规律性，不是一种绝对的唯一性。翻译活动的区间规律性是为了对追求的理想所体现出的一种终极目的，所谓理想无非就是人格（知、情、意的统一体）的主观体现，即人的本质力量的主观体现。这种人的认识、意愿、感情自然也就体现作为具体概念之展开的概念体系或逻辑范畴体系及其转化而成的方法论的各个环节。理论范畴的建构与拓展以及区间规律性的研究，大大丰富了翻译学研究的理论意义和翻译活动的实践意义，也为学术群体的学术交流提供了一个广阔的理论平台。

第二部分

中国古典诗词英译阐释理论整合研究

第十章
中国古典诗词英译本体论意义阐释框架

理解是对一个用以阐明或揭示真实的陈述、观念或思想的体系的需求，还需要为建立本体论的体系预先假设一套方法论。

——成中英（2000: 15–16）

10.1 引言

古汉语诗词英译的一个重要特征之一就是对原诗词的意义把握，但原诗词的“诗义”与“诗意”是通过中文的字、词、句体现的，这些字、词、句的语义又往往不是现代汉语中的共时性语义或语意，而是具有历时性的义与意，是有待于考究和诠释的“诗义”和“诗意”。其次，古汉语诗词的另一个重要特征就是诗词和文学文本一样，本身存在许多意义的空白点或结构性空白。伊瑟尔在《文本的召唤结构》一书中指出，文学文本包含着许多意义空白，它成为沟通作者意识和读者意识的桥梁和枢纽，是前者向后者转换的必要条件，促使读者去寻求文本未定的意义，召唤读者的参与和投入，空白就是文本的“召唤结构”。伊瑟尔同时指出，文本作为一种透视结构，需要其透视角度不断相互联结和转换。但这些透视角度并没有遵循严格的序列，而是相互交织错位，加上这些角度在文本内并不是一次被揭示出来的，而是贯穿于文本的始终，使读者的联结更加困难，这就要求读者对它们进行综合。综合不仅要在不同的透视角度之间进行，而且要求在相同的透视角度的各个部分建立，这样才能形成对文本的全面认识。此外，这种联结并不局限于文本之内，也发生在文本之间以及读者的想象活动中。我国古典诗词英译研究面临的一项重要任务就是诗词意义的解读或诠释及其与翻译表达的关系问题，目前译界对此研究仍不够深入。我国古汉诗词英译实践观大多侧重于美学视角（卓振英，1997；黄杲炘，1999；许渊冲，2001；张玲，2010)，即力求表现音美、形美、意美层面的诗学审美价值。对于古汉诗词英译批评，除了诗学审美维度外，也有学者运用功能语言学理论或比较修辞进行剖析（黄国文，2002；曹山柯，2004)。这些研究具有一定的可解释性以及方法论意义，但由于不同译者在古汉诗词英译过程中有着不同的审美倾向和言说特质，故对多种译本的批评仍缺乏一个由上而下和由下而上互动的意义言说批评的整体分析框架，以此揭示古汉诗词英译意义言说的艺术创构。海德格尔在谈论诗与真理的关系时说到，“诗就是纯粹的被言说。当事物这种透明本性被昭示，由去蔽而进入敞开时，真理就出现了”，“真理是照亮，能够让世界和缘在进入去蔽和敞开的，就是诗”（章启群，2002: 54)。本文拟整合接受美学、语篇—认知语言学及中国传统文论等，提出古汉诗词意义言说批评的整体阐释框架“历时性社会文化语境下的主题与主题倾向关联性融合”，并试以其作为对《虞美人》的多种英译本评析的参照性理据，以期探索古汉诗词英译批评的多维理论方法。

目前，我国汉诗英译批评或沿用传统翻译标准如“信、达、雅”、“神似”、“形似”、“三美论”等（杨晓荣，2005)，或从韵律美、意象（境）美和风格美等审美角度进行评述（黄杲炘，1999；卓振英，2002；曹山柯，2004)，也有学者从功能语言学视角进行评析（黄国文，2002)。传统标准与审美侧重批评往往过于主观性和片面性，语言学方法具有可描述性，但难以本质地把握文本意义，还需意义本体论支持。朱立元(1989: 303) 指出：“只是在文学存在方式，即本体论意义上，一切阐释都是平等和无高下之分的。因为作品意义存在于读者不同阐释的各种‘变异体’中，超出本体论范围，这种平等就不存在了”。本文试图整合传统翻译理论、接受美学、诠释学、语篇—认知语言学及中国古典文论等，拓展一个古汉诗词英译批评的本体论意义阐释框架——历时性社会文化语境关联下的主题与主题倾向性融合，以期促进翻译批评理论发展。

10.2 接受美学、诠释学与传统文论的理论拓展

10.2.1“召唤结构”理论范畴拓展

古汉诗词英译批评的重要前提就是对诗词意义的解读，一种动态接受与建构过程，故本体论意义批评阐释框架尤其重要。接受美学代表尧斯认

为，文学作品的意义与价值不仅是作者赋予或作品所囊括的，也包括读者阅读所增补和丰富的。作品的现实价值体现在所有读者的欣赏、评论的总和之中（ibid：16）。历史诠释学持相似观点：作品意义在于过去与现在的沟通，而理解的本质并不在于对过去事物的复制，而在于与现时生命的思维性的沟通。理解并非单纯的重构过程，而始终是一种创造过程（韩震、孟鸣岐，2002: 2–3）。伊瑟尔认为文学作品是本文和读者相互作用形成的，并提出“召唤结构”，从认识论意义上揭示出文本意义存在方式的一系列本质特征：结构空白性、图景空缺（片断）性、本文潜能性、读者完形性（朱立元，1989: 22–28）。笔者将“召唤结构”纳入本体论意义批评阐释框架，以便有助于把握作品结构的解读及其与读者接受的关系。其不足在于未能涉及意义建构和意象意境等审美层面，“缺乏历史感和社会联系”(ibid: 318)，故继而提出“历时性社会文化语境关联”和“认知语境结构链”的理论表征，以此拓展召唤结构理论。古汉诗词“结构”是指召唤结构和呈现结构与拟构现实之间的关系，如事件关系、过程关系、情感关系、位移关系、烘托关系等。以金昌绪的《春怨》为例：

[春怨] 打起黄莺儿，莫教枝上啼。啼时惊妾梦，不得到辽西。

其呈现结构为：驱莺→怨啼→惊梦→断思。从接受美学观看，诗词意义结构并不完整，存在结构空白；其呈现结构中还存在意象图景的片断性和意象内涵意义的不确定性。如“惊梦”和“断思”象意结构中图景关系成分空缺：（妾）梦（？）；（妾）思（？）；莺啼有何情感内涵？译者只有通过历时性社会文化语境建构出相应的认知语境结构链，对关联性象意结构空白和空缺图景作出相应的补充或填充，才能深刻表现该诗的社会思想内容及其艺术特色。如：抓丁扩军→夫赴边关→夫妻别离→日思夜盼→春梦见夫→黄莺啼叫→惊梦断思→嗔怪莺啼→驱莺泄怨。前四个暗影部分表示召唤结构，后面几个结构属于呈现结构，“春梦见夫”中的“夫”是图景关系空缺成分。对结构空白和空缺图景的完形或填充以特定历时性社会关联语境为依据，具有认知性。若仅满足对呈现结构的解读则难以把握意象蕴含的人物情感或社会思想内涵，难以达到最大审美效果。古汉诗词英译的艺术表现离不开对这两种相互联系的客观存在结构形态的本体论意义解读。

10.2.2“唤象托意”与“情经理纬”理论范畴拓展

结构空白、图景空缺与认知语境结构链揭示出诗词本体论意义存在形态的结构特征，未涉及另一存在形态——象意。在中国传统文论象、意二分法中，“意”指创作之意识、意念、意向、意图、意志、情意等，一种理性与感性相交融、意识与无意识互渗、认知与情感混合的心意状态。诗词是以象托意的典型体现，“意”通过“象”的关系组合得以表现，即“唤象托意”（ibid：151）。“象”荷载于语符概念，具有较稳定的外延，其内涵则往往受语境制约或诗人移情而会发生嬗变。如自然界鸟“啼”是中性的鸟鸣（象），在特定诗词中却获得语境化内涵褒贬性嬗变（意）：在“处处闻啼鸟”（《春晓》）中给人“欢快鸣唱”之感（sing），在“莺啼惊妾梦”（《春怨》）中则为“吵闹扰人”（crying, screeching）。诗词之“象”是感觉或体验状态下的经验性具象，“意”则是以具象托出的情感化了的创构之象“意”。这种唤象托意本质存在特征也就成为译者能否对语境化象“意”内涵以动态艺术创构的理论依据，也反映出接受美学的基本原理：读者带着已有期待视界进入作品，在完形作品空白结构和空缺图景等后，还要通过认知语境建构的虚拟现实世界去把握作品的思想感情，通过辨识理解、关联桥接、填补空白、确定意义、生成意象、感受情志、领悟思想（ibid.）。这是意义解读与创构的主客互动心理过程，典型地体现为艺术再现与艺术表现，即对可直观感知的各种事物的形象描绘和对难以言传的情感对象的主观体验性表现（刘纲纪，1986: 318–344）。然而，唤象托意仍局限于对诗词之象意呈现方式的关系概括。“艺术是形象具体地反映生活，表现作者思想感情的一种社会意识形态”（《辞海》），生活必然是社会关系化或意识形态化了的生活，诗词象意表现的生活必然是情景/境化了的生活图景，其“象”必然是“景/境”中之“象”，其“意”必然是“情”系之“意”，孤立地看待象意结构则无法感受作者情志或领悟其思想的社会文化内涵。王夫之在论情景/境关系时说道：情景名为二，二是不可离。神于诗者，妙合无垠。巧者则有情中景，境中情（《姜斋诗话》卷二第311–313页）。但在对二者关系的认识上，以刘勰（1996）所论最为精辟：文采所以饰言，而辩丽本于情性。故情者，文之经，辞者，理之纬；经正而后纬成，理定而后辞畅，此立文之本源也。此论揭示了情景/境和象意结构与诗词线性展开的关系本质：诗词之象所唤起的意中“情”宛如经线，具有对纬线（辞理）的统摄作用，它制约着象意组合与选择（纬线编织之理），规定着象中之情或唤象托意的诗词内在情感逻辑之发展。古汉诗词是通过典型艺术形象来表达特定情志的，是景/境与情的交融，而景/境之描写从属于情的表达需要，受情所统摄而生发。笔者将古典文论“情经理纬”作为古诗词英译本体论意义批评阐释框架内纵向（诗词之经线）与横向（诗词之纬线）拓展的理论表征。从翻译批评系统理论建构看，上述概念表征对古汉诗词宏微观结构分析认识尚不具备充分可描写性、可操作性与可阐释性。因为，每首诗词都有其艺术结构整体性、情志特质性、象意景/境关联性、线性展开趋向性、主题凸显统摄性，有待于进一步结合语篇—认知语言学相关理论予以拓展重构。

10.3 本体论意义批评阐释框架之重构

列宁指出："要真正认识事物，就必须把握、研究它的一切方面，一切联系和'中介'"[1]。我国传统翻译理论特点是译论高度概括，概念抽象简练，评价模糊适用，用于翻译批评则强于主观印象性，弱于可描写性、可阐释性与可证性，难以揭示翻译本质与规律。就翻译活动层次关系认识而言，翻译界对本体论意义层次重视不够。许均（2002: 219–230）曾将翻译活动分为"要怎么译（目的意愿层）、能怎么译（现实条件层）、该怎么译（道德伦理层）"三个层次，还需加入本体论意义层，即译什么或是什么及何以是的理论建构，尤其是对歧义性、模糊性和一词多译语境化内涵嬗变现象批评的本体论认识的理论拓展。为此，笔者提出"历时性社会文化语境关联下的主题与主题倾向性融合"的本体论意义批评阐释框架。图示如下：

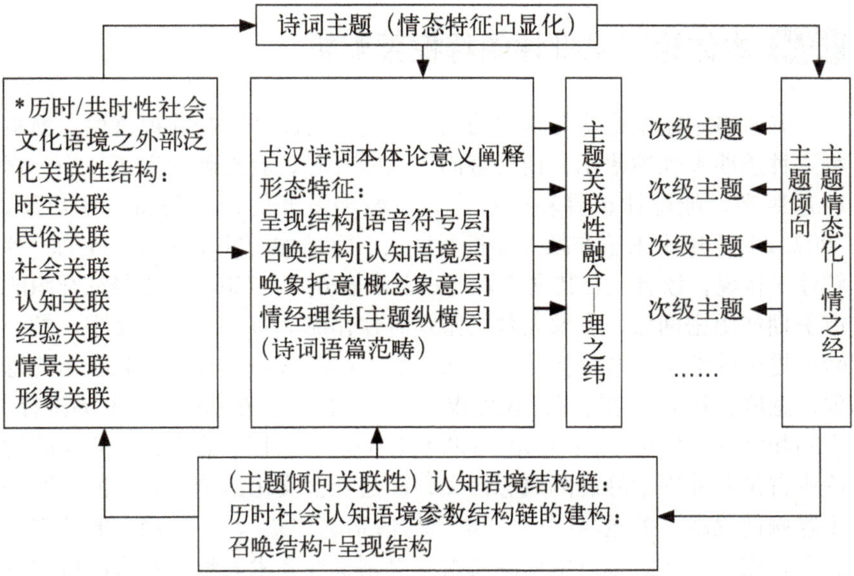

1《列宁全集》，第 32 卷，人民出版社，1963 年第二版，第 83 页。

据诗词内在结构的认知逻辑特征，结合相关学科理论，拓展出上述宏观—中观层次本体论意义阐释框架。西方古典修辞学、19世纪的文体学、20世纪的语篇语言学都强调主题的确定性、统摄性及其宏观—微观关系性（陈忠华，2004）。但其理论认识局限在于：a）忽略了宏观主题和微观命题间还存在主题倾向次级主题化的中观结构，微观命题只有通过对次级主题形态化概括才能与之产生结构上的认知逻辑关联（曾利沙，2005c）b）忽略了历时性社会文化语境对主题及微观命题同样具有制约性。文学作品是特定社会文化语境的产物，反映着作者对特定社会生活、人际关系或客观世界等的主观认识方式，这种认识方式又必然反映于对主题倾向（次级主题）的规约性（曾利沙，2006a, 2007d）；c）有关宏观主题对微观命题的统摄认识停留在主观感知层面，未能对这种统摄关系给予理论概括，而我国古典文论情之经、理之纬则形象地概括了这种统摄关系。笔者将“情之经”转化为现代理论术语——主题倾向与次级主题结构链，将“理之纬”转化为“主题倾向关联性融合”。主题沿着一定向度扩展而形成主题倾向——情之经，并以次级主题结构链形态在各诗句中得到体现，层次性地体现出作者逐步展开的表现意图；诗词象意结构受次级主题关联制约，反映着各象意组合关系的内在理据——理之纬，并从属于主题。

10.4 本体论意义批评阐释框架解析

海德格尔在谈论诗与真理的关系时说，诗就是纯粹的被言说。当事物这种透明本性被昭示，由去蔽而进入敞开时，真理就出现了。……真理是照亮，能够让世界和缘在进入去蔽和敞开的，就是诗（章启群，2002: 54）。所谓去蔽和敞开即指对诗之召唤结构的补充或填充等的一种解读式言说，读者综合其文学视野和艺术素养等，“组成一张经纬交织的审美期待绵密网络，它像无数双眼睛盯住作品的每一细节或文字，按经验所提供的暗示去解读作品、体味作品，同时又将不符合经验暗示的意象、意境、意义、意旨排斥在外或‘过滤’出去。在功能上，起着选择、求同和定向的作用”（朱立元，1989: 138）。对诗词象意本体论意义的解读或言说并非囿于静态的概念语义，而是社会文化语境关联下的主题和主题倾向之融合的景/境中之“象”与情系之“意”，一种动态的被言说之意，需要译者给予语境化意义嬗变之创造性艺术表现。就古汉诗词英译批评而言，批评者只有在深刻把握各个层面艺术特质的表现规律和诗词独特的思想内容及其表现形式的有机统一，只有根据特定社会文化语境关联建构出其认知语境结构链，完形其召唤结构，从情经理纬角度凸显诗词的主题与主题倾向之情态特质，继而对各诗行象意结构唤象托意、情景交融之艺术特色作出内在关联性解析的前提下，才能避免过度主观片面的审美价值批评，从而作出可描写、可阐释、可印证的整体性翻译批评，揭示古汉诗词翻译创造性艺术再现和艺术表现之本质，丰富文学翻译批评理论，积极促进翻译实践，更有效地传播我国瑰丽的古代文化结晶。下面以本体论意义批评阐释框架对唐诗《枫桥夜泊》不同英译作一评析：

枫桥夜泊 [张继]

月落乌啼霜满天，江枫渔火对愁眠。

姑苏城外寒山寺，夜半钟声到客船。

[V1] *Mooring* Near Maple Bridge at Night

The moon goes down, crows cry under a *frosty sky*, // Dimly lit fishing boats' neath maples *sadly lie*. //Beyond the Suzhou walls *the Temple of Cold Hill* // Rings bells, which reach my boat, breaking the midnight still. (许渊冲，1994)

[V2] Night—*Mooring* at Maple Bridge

Moondown: crows caw. *Frost, a skyful,* // River maples, fishing lamps, *sad drowsiness*. // Beyond Su—chou City, *the Cold Mountain Temple* // Rings its midnight bell, reaching this visitor's boat. (Yip Wai—lim, 1997)

[V3] *Anchored* at Night by the Maple Bridge

The moon is setting, rooks disturb the frosty air, // I watch by mapled banks the fishing—torches flare. // Outside the Suzhou wall, from Hanshan Temple's bell // I hear its sound aboard and feel its midnight spell. (文殊，1989)

[V4] A Night Mooring by Maple Bridge

Moon's down, crows cry and *frosts fill all the sky*, //By maples and boat light, I *sleepless lie*. // Outside Gusu *Cold—Hill Temple's* in sight // Its ringing bells reach my boat at midnight. (王大濂，1997)

《枫桥夜泊》主题与主题倾向关联下唤象托意与情经理纬之纵横关系图（见下页）

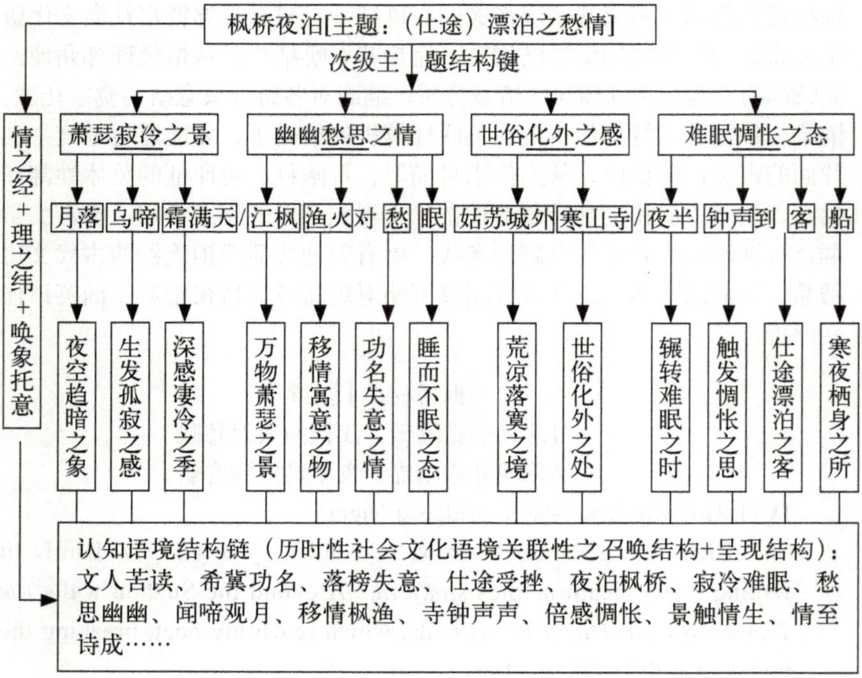

深刻把握诗词唤象托意与情经理纬之艺术构造，以及对象意之关系言说的艺术再创，是价值审美标准批评的理论基础。但“意义重建不是概念的逻辑推演，而是意象意境的建立”（朱立元，1989: 103），是服务于主题及其主题倾向的经纬交错但又具有内在情感逻辑关联的象意结构的有机统一。首先，诗题夜“泊”之象所托何“意”？译文moor/anchor是指客船物体空间位置写实之象，缺乏典型环境下典型人物之处境的认知关联性，未能揭示象意结构唤象托意之内涵：落寞之客落泊凄冷之境的窘况与愁思。诗题之象意往往乃全诗之诗眼，有统摄全诗情景情态之功。该译诗对英语读者来说存在语用设问：为何此客在凄冷之夜不落宿城里客栈或友人家或借宿路边人家，而栖身于城外江边客船？从主题统摄观看，“泊”有三重象意：既指船“泊”亦指人“泊”，而人“泊”不仅暗示其落寞之窘况，还暗喻诗人仕途漂“泊”之愁思（因“仕途尚无定所”而愁思难眠）。从历时性社会文化语境看，唐代诗人张继自幼苦读诗书，希冀谋取功名走上仕途，却多遭挫折。此诗是他受挫折后情感经历的抒发，后来他以此诗得名，下科得以高中进士（天宝十二年，即公元七五三年登进士）。据此，宜将诗题译为Night Berth by Mapple Bridge[1]。berth兼三义：船泊+人泊（卧睡处）+境况（situation）（《DK牛津英汉大词典》），以落泊之窘境带出愁思之心境。这正如刘勰所论：故情者，文之经，辞者，理之纬；经正而后纬成，理定而后辞畅。辞畅，即指符合主题倾向的社会文化语境外在与内在关联性融合。

第一句四种译文都凸显三个象意结构，表现方式有别，但烘托“孤寂凄冷”次级主题情态特质效果相同。“霜满天”烘托出寒气袭人的凄冷时空，间接表达江船栖身客深感寂冷神貌。V1 与V3 以frosty sky和frosty air烘托出凄冷环境与寂寞心境之次级主题，使读者想象到其时寒气袭人，船客瑟瑟发抖之感受；V2与V4以名词frost和 frosts间接表达出凄冷之境。

第二句以“愁”揭示次级主题之情态，它唤起整首诗的关联性情态特质，也托出泊客之心境与自然物象之间的移情关系。V1的sadly lie 之象意结构为最佳，因诗中之“眠”也照应诗人躺着睡而不眠之态，故以lie 译“眠”最为神似和形似。V2以名词化象意结构并置方式处理前三句，虽然sad drowsiness（半睡半醒）凸显次级主题之情态，但不及sadly lie神似与形似；V3将“愁”隐化而变成记叙写实的散文句式，使整首译诗缺乏一个触发主题情态之诗眼，失去了原诗情经理纬之神韵及其独特的艺术内涵特色；V4的 sleepless lie仅描述诗人冷得难以入睡之外在神貌，失去了原诗移情之艺术手法和“愁”之情态，不能唤起愁思之关联性情态特质。

第三四句译文突出听觉象意，与该诗传统解读差不多：游子→羁旅→夜泊→难堪→霜天→月落→乌啼→钟声→客船（羁旅之情更深重）（张秉戍，1992；刘逸生，2001），未能传达出诗人辗转难眠之神貌。V1、V3和V4译文写实叙事有余，唤象托情不足。罗曼·英加登认为，文学作品文本充满了不确定性，需要读者在阅读过程加以具体化，才能实现文本的审美价值和把握文本的形而上特质，实现只是处于潜在状态的各种要素（李建盛，2002: 130）。夜泊之“客”为普通访客（visitor），还是一般羁旅之游子（traveller）？以历时性社会文化语境下诗人自身社会情感经历关联看，笔者认为此客乃落泊之境中愁情幽幽、辗转难眠的仕途漂泊之文人墨“客”，英译时宜将此境此情此客潜在状态之神貌以象托出，即用移情法将“客船”译为restless boat，将其辗转难眠之愁思内在神貌

1 此处“泊”的英译文 berth 采纳了笔者的博士生杨贵章的建议。

移入其栖身之所，使第四句译诗有托意之象，既照应上文的sadly lie，又凸显该诗行次级主题情态。此外，此象意又与第三句世俗化外之象意“寒山寺”和“钟声”产生历时性社会文化语境之情感关联。据传“寒山寺”原名“妙利普明塔院”，后因有两位名叫寒山和拾得的人因情感挫折在此出家成为寺庙僧人，该寺后改为“寒山寺”。笔者认为，“寒山寺”有两种偶合性唤象托意之审美关联：一是此寺名典故之社会文化内涵通过钟声传入辗转难眠之客，触发其产生“世俗—情感—挫折—失意—出家—化外”之思绪，更丰富了restless之客将其与自身挫折相联系的情感内涵；二是关联性意象连缀的意境烘托：寒山之“寒”与“霜”从视觉与感觉上烘托出凄冷之氛围，故“寒山寺”以V1, V2, V4的意译为佳（可将其寺名典故说明附诗后）。这样各诗行都有连缀性的托意之象，笔者称其为“关联性意向束”，连缀各次级主题，产生关联性融合。综合各家之长，将该诗改译为：

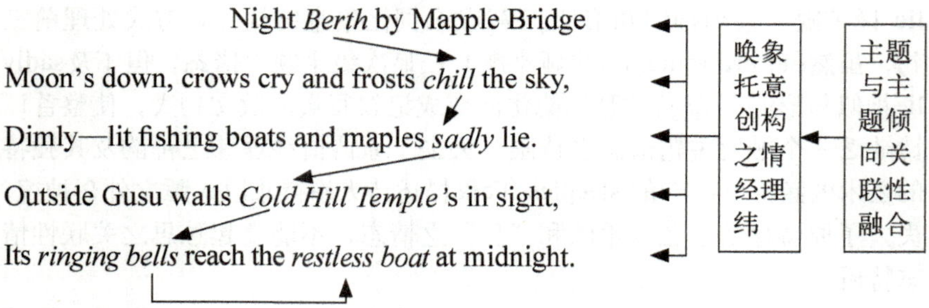

10.5 小结

我国翻译批评理论发展既应注重其抽象的系统性演绎生发，也需要从翻译批评实践出发的归纳性推衍；理论建构既应受相关学科理论的观照和渗透，相关概念或术语的形成亦应力求洋为中用和古为今用的拓展和转化。翻译批评不应是单纯的价值评判和主观印象式解说，还应是基于本体论、认识论、价值论和方法论等相统一的有理有据的剖析，尤其是揭示其本体论意义解读的艺术性创构。本文旨在抛砖引玉，希望更多学者参与促进我国翻译批评理论的发展。

第十一章 历时社会文化语境下的主题及其倾向关联性融合

诗就是纯粹的被言说。当事物这种透明本性被昭示，由去蔽而进入敞开时，真理就出现了。……真理是照亮，能够让世界和缘在进入去蔽和敞开的，就是诗。

——海德格尔

11.1 引言

意义是翻译学研究的核心范畴，而中西翻译批评理论缺乏本体论意义批评阐释框架。古汉语诗词题材多样、内容丰富、历史性强，其英译关涉对古汉语诗词召唤结构与图景空缺等的意义言说或阐释性艺术创构，故古汉诗词英译研究需要一种本体论意义批评模式。“好的阐释目的需要完整的理解模式”（施莱尔马赫），翻译研究就是要“探索一个能将文体学、文学史、语言学、符号学与美学等联系起来的全新的领域”，其目的是“要形成一种能用来指导翻译的综合性理论”（巴斯奈特）。本章指出，英译诠释的翻译批评理论应向本体论、认识论和方法论相统一的综合批评模式拓展。“每一话语只能通过它所属的历史的整体生命的认识，或者通过与它相关的历史认识而被理解”，“话语者的生命环节及其他的发展是由他的整体环境所决定的”（施莱尔马赫）。基于此，笔者提出“历时社会语境下的主题与主题倾向关联性融合”综合批评模式。模式整合了海德格尔有关语言与诗的真理观、施莱尔马赫的意义整体观、伊瑟尔的“召唤结构”观、中国传统文论“唤象托意、以象托情”观、刘勰的“情之经”、“理之纬”立文之本观、语篇修辞主题论以及社会语境参数观，将“情之经”转化为现代理论术语——主题倾向与次级主题结构链，将“理之纬”转化为“主题倾向关联性融合”。“情之经”指情态主题沿一定向度扩展形成主题倾向，并以次级主题结构链形态呈现于各诗句，表达作者情态意向；“理之纬”是指诗词象意的言说受次级主题关联制约而形成的关联性象意束，具有诠释的理据性。

在对外文化传播中，古汉语诗词英译只有音美、形美、意美的统一才能体现出其艺术的整饬之美，只有表现出深刻的思想情感与丰富的社会性才能感染读者，译作才具有艺术生命力。诗词之意统摄于情，情受制于诗人的历时社会文化语境及其社会关系与情感经历。综合批评模式要求批评者把握诗词情经理纬所揭示的主题及主题倾向，并在建构出历时社会认知语境参数结构链的前提下，才能从整体上对诗词唤象托意或情景交融之意义诠释作出可描写、可阐释、可印证性的批评。本章通过对宋词《虞美人》三种英译本的评析指出：鉴于社会语言文化差异，对古汉语诗词的本体论意义言说或去蔽是历时社会文化语境制约下的主题和主题倾向之关联性融合的境景之“象”与情系之“意”。“诗就是纯粹的被言说。当事物透明本性被昭示，由去蔽进入敞开时，真理就出现了。……真理是照亮，能够让世界和缘在进入去蔽和敞开的，就是诗”(海德格尔)。当古汉语诗词被蔽或模糊的意象与情态美感链条因历时性社会文化语境隔阂不能为英语读者感受，译者则应出场对诗意给予“澄明的投射”，若刻意保留诗意的结构空白而导致意义隐晦与模糊，不展示缘在的本真美，其意美就不能为英语受众所体验，无法有效传达古汉语诗词的艺术意境。

11.2 历时社会语境下的主题与主题倾向关联性批评模式

古汉语诗词题材多样、内容丰富、历史性强，要求其英译批评理论向意义本体论、认识论和方法论相统一的综合批评模式拓展，以便对古汉诗词英译意义言说的艺术创构作出理论认识。海德格尔在谈论诗与真理的关系时说：“诗就是纯粹的被言说。当事物透明本性被昭示，由去蔽进入敞开时，真理就出现了”，“真理是照亮，能够让世界和缘在进入去蔽和敞开的，就是诗”(章启群，2002: 54)。本文以宋词《虞美人》的多种英译评析为例，提出“历时社会语境下的主题与主题倾向关联性融合”综合批评模式，以期深化古汉语诗词英译批评理论与方法研究。

此模式整合了海德格尔有关语言与诗的真理观、施莱尔马赫的意义整体观、伊瑟尔的“召唤结构”观（朱立元，1989: 22–28）、中国传统文论“唤象托意、以象托情”观、“情之经”、“理之纬”立文之本观（刘勰，1996）、语篇修辞主题论以及社会语境参数观（van Dijk，2008），将“情之经”转化为现代理论术语——主题倾向与次级主题结构链，将“理之纬”转化为“主题倾向关联性融合”（曾利沙，2006a，2010a）。“情之经”指情态主题沿一定向度扩展形成主题倾向，并以次级主题结构链形态呈现于各诗句，表达作者情态意向；“理之纬”是指诗词象意的言说受次级主题关联制约而形成的关联性象意束，具有诠释的理据性。施莱尔马赫认为，对“任何单一句段的理解都受对整体的理解的制约”（洪汉鼎，2001: 41–44）。整体制约性也是本文提出的主题与次级主题对诗词局部象意言说的统摄，反映出一定的客观实在性以及主观表现的阈限性。施氏还指出，“每一话语只能通过它所属的历史的整体生命的认识，或者通过与它相关的历史认识而被理解”，因为“话语者的生命环节只是由他的环境整体而来，他的发展和进展是由他的环境所决定的”（ibid.: 49–51）。古汉语诗词是历时社会文化语境下的产物，对意义的去蔽与敞开同样也打下了历时社会文化、政治制度、商贸经济、民俗文化、地域环境、生活方式等烙印。故对唤象托意或以象托情的诗词言说只有从历时角度入手，把握古汉诗词的时代与个性特征，才能正确反映其社会思想内涵与艺术特色。古汉语诗词英译综合批评模式应考虑历时社会文化认知语境参数，在理论建构上要求作出语境参数范畴化概括，以便为情经理纬的意义言说创构提供关联性理据。将历时社会文化语境参数（Parameters, Ps）概括如下：时空关联性范畴包括时代、地域、生活条件、季节等；民俗文化关联性范畴包括衣、食、住、行、乐等；社会关联性范畴包括政治、经济、军事、教育、意识形态等；认知关联性范畴包括概念逻辑、经验逻辑、常理/识、预设、推论等；经验关联性范畴包括日常生活、农事、体验、物境变化等；情景关联性范畴包括特定自然景物与人物内心之间的情感特质等；形象关联性范畴包括人物形象与景物状貌之间的关联性等。可将其充实到将古汉诗词英译的本体论意义批评综合模式之中。

施莱尔马赫认为，好的阐释目的需要完整的理解模式，认为思想与语言自始至终是交织在一起的，并且我们用以理解主题的特殊方式理解语词的排列方式，这就是语言的处理方式（洪汉鼎，2001: 66），此观点与刘勰所论的“情经理纬”立文之本观具有异曲同工之妙。

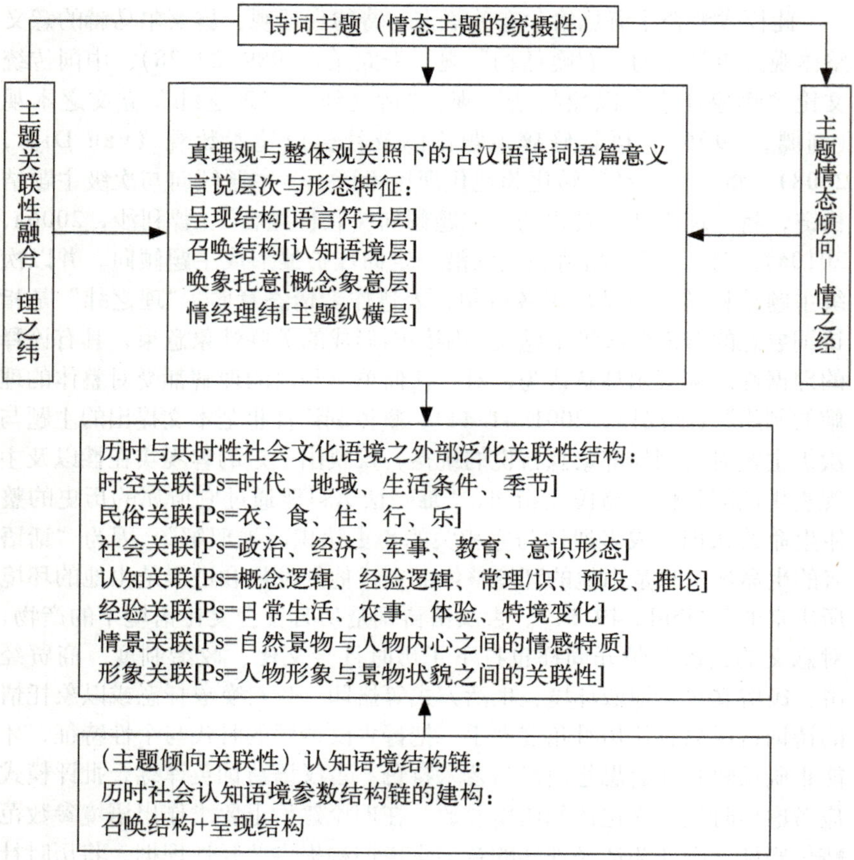

11.3 《虞美人》的主题与次级主题情态结构链的建构

宋词是中国古典文学中的奇葩，而史称“南唐后主”的李煜身兼词人与君主双重身份而倍受关注。对李煜词《虞美人》情态主题“愁”的解读要与其历时社会环境相关联：南唐首都金陵于975年被攻克，李煜成了宋太祖的阶下囚。其前期词作多描写宫廷生活，风格绮丽柔靡；被囚后词作转为怀旧伤今，抒发亡国之痛，囚禁之苦，凄凉悲壮。“后主之词，真所谓以血书者也”（王国维，《人间词话》）。据宋代王铚《默记》记载，该词写于978年农历七夕，李煜42岁生日之时。宋太宗听说李煜在词中表达了亡国之哀痛和悔恨，恼怒之极，命人将他毒死。受历时社会语境参数的制约，词中之“愁”蕴涵遭囚之君的悲痛、哀伤、悔恨等情态特质，确定了整首词的主题情态——亡国囚君之哀愁（即情之经），成为各词句象意束的情态关联之阈限（即理之纬）。

句 [1] 春花秋月何时了，往事知多少。“春花秋月”的唤象托意、以象托情受制于“愁”之主题情态。李煜被囚后受着痛苦屈辱生活的无尽折磨，一年一度的春花秋月之美景反而触发其内心痛楚：昔日奢靡逍遥不再。“何时了”强烈表达了美景所触发的无尽痛楚。前小句表现昔日与今时的李煜面对相同美景却情趣全异的心态，后小句是情态和思绪的扩展，即美景触发出对种种往事的追忆，流露出无限哀愁之情态。其次级主题情态特质为“亡国痛楚之哀愁”。

句 [2] 小楼昨夜又东风，故国不堪回首月明中。在本体论意义言说中，历时社会语境对象意情态的感知以及对图景空缺及结构空白的补充具有关联性制约。“小楼”是李煜囚禁环境的对比写照：昔日住的是雕栏玉砌、锦帏缎绸的深宫，此时则是任凭风雨吹刮的一隅小楼。施莱尔马赫认为：“一个语词或短语或比喻语词在被写的时候所具有的强调意蕴在阅读文本时并不必然是明显的，它只可能通过重构作者的心理过程而被确定”（ibid.：28–29）。故“又东风”与“小楼”之间具有结构空白和被言说的情态关系特征：“又”具有情态预设，即令人难受的环境变化之反差让他深感屈辱之痛，透出痛苦度日之情。后小句触发的认知图景是：入夜难眠，满腹哀愁，凝视明月，昔日美酒对月的愉悦场景历历在目，亡国之君却不堪回首。史书记载，李煜从不勤政国事，在金陵被攻克之前还杀害了主张积极防御的潘佑、李平两位大臣，后来他痛悔不该杀之。种种追忆使他越回首则越悔恨难当。“又”和“不堪”将这种屈辱悔恨的强烈之情表现出来。其次级主题之情态特质为“屈辱悔恨之哀愁”。

句 [3] 雕栏玉砌<u>应犹在</u>，<u>只是</u>朱颜改。李煜虽不堪回首往事，但往事仍历历在目。囚居的小楼让他联想起昔日雕栏玉砌的皇宫：皇宫想必依旧，痛惜的是昔日君主今已容颜大变。“应犹在”表达了物在人非的痛惜之情；“只是”和“改”凸显了绝望痛惜之情貌：即使雕栏玉砌犹在，但昔日君主已成为容颜衰变的阶下囚。此“改”不仅指“颜”改，还暗示皇权和处境突变——境况全非：以前享受过的事物依旧，痛惜的是无望继续享受。其次级主题情态特质为“绝望痛惜之哀愁”。

句 [4] 问君能有<u>几多愁</u>？恰似一江春水向东流。在情经理纬的关联性制约下，“几多愁”是上文不同特质“哀愁”的情态概括，涵盖了前三个层层叠加的次级主题情态，深刻揭示了李煜此刻复杂而强烈的内心情感。在文本功能上，“愁”是显性情态触发语，具有揭示整首词的主题情态之功。前三句虽未无“愁”之意象，但句句隐现哀愁，字字透着哀愁。词人将一层层“愁”态形象化为绵延不绝的春江之水，其情态特质为“绵延不绝之哀愁”。

对各句情态意义的辨析旨在建构次级主题与历史社会认知语境参数结构链，为译者主体的艺术创构之批评提供情之经和理之纬的关联性理据。图示如下：

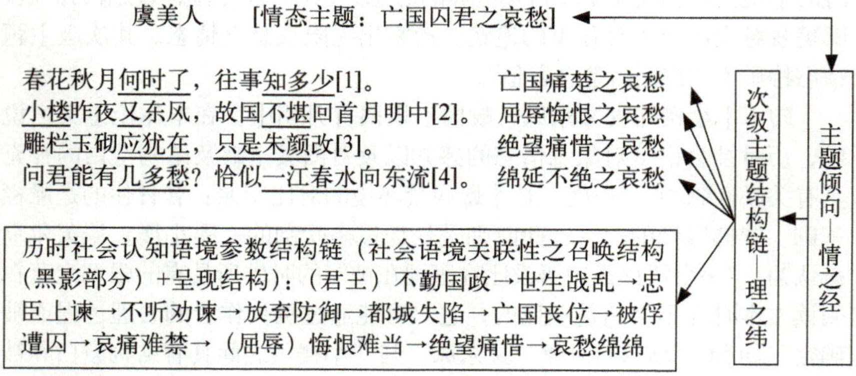

11.4《虞美人》英译意义言说之多种译本评析

在对外文化传播中，古汉诗词英译只有音美、形美、意美的统一才能体现出其艺术的整饬之美，只有表现出深刻的思想情感与丰富的社会性才能感染读者，译作才具有永恒的艺术生命力。诗词之意统摄于情，情受制于诗人所处的历时社会文化语境及其社会关系与情感经历。综合批评模式要求批评者把握情经理纬所揭示的主题及主题倾向，并建构出特定诗词的历时社会认知语境参数结构链的前提下，才能从整体上对各诗行唤象托意或情景交融之艺术特色作出可描写、可阐释、可印证性的批评。试对《虞美人》三种译本的意义言说评析如下：

句 [1] 译文评析：V1前小句甚佳，但用for引出解释性言说：秋月春花何时不再有，因我有诸多难忘时光。易让英语读者感到困惑：有诸多难忘时光为何就希冀不再有秋月春花之自然美景？此因果言说难以建立情态关联性，未能传达更迭无穷尽的春花秋月触发词人对往事的痛楚追忆之情态。V2的 when will it end在情态表达上达意，但safe to know似乎是说对往事能记忆多少表示疑问，次级主题情态不明。V3前分句达意，但后句似乎是说词人自问能记住多少往事，与前句缺乏情态关联，未能

V1: Tune: "*The Beautiful Lady Yu*" When will there be no more an autumn moon and spring time flowers *For me who had so many memorable hours?* My attic which last night in the east wind *did stand* Reminds me *cruelly* of the lost moonlit land. Carved balustrades and marble steps must still be there, But *rosy faces* cannot be as *fair*. If you would ask me how my *sorrow* has *increased,* Just see the *over-brimming* river flowing east. （许渊冲译）	V2: Yu Mei Ren Spring flowers and autumn moon, *when will it end*? Of past events, *how much is it safe to know* ? The attic last night was *again under the east wind,* *Old country* hardly bears *revisiting* in a bright moon. The sculpted railings and jade stairs should still be there, Only the *ruddy complexion* changed. May I ask how much *pain* could a *person have*? Just like a riverful of spring water eastward flows. （徐忠杰译）
V3: *Captive's woes*（Yu-mei-ren） Spring flower and autumn moon follow each other, when over? *How many past events do I remember?* *The east wind visited* the tower again last night, No heart to look back at my *lost country* in the moon light.	The same are the *carved crisscrosses and jade staircases,* But different are those *rosy faces*! May I ask you how many *woes*? Just as a river of spring water eastward, ever flows! （贺育滨译）

译出词人在追忆往事中流露出的痛愁之态。

句 [2] 译文评析：V1漏译托情概念“又”，用did stand将模糊概念“东风”的状貌进行了强调性言说：我住的阁楼昨夜确实经受住了东风（暗示猛烈之状）；cruelly则是对“不堪回首”情态凸显的言说形态，很好表现了词人境况与心境的对比。V2前小句达意，后句欠妥：“故国”并非old country（故土/（移民的）故国或祖国）,应为lost country/land；而hardly bears *revisiting* in a bright moon（不忍在明月中重访故土）却不符历时社会认知语境：被囚之君不能忍受在明月下重访故土吗？而again under the east wind表达模糊状貌关系，所托何情，所唤何意，揭示何种境况？V3将“又东风”与小楼的关系言说为visited again，东风之状貌轻逸浪漫，不能传达词人凄凉境况对比下的悲苦心境及屈辱悔恨之情。

句 [3] 译文评析：V1和V3的问题在于复数概念rosy faces，与该词的有些赏析一样将“朱颜改”言说为“住在宫苑中的姬妾容颜憔悴了”（王步高，2006；傅德岷，2008），与主题情态倾向发生偏离。“应犹在”与“朱颜改”指人与物的状况对比，是李煜哀愁心境容颜外化的写照：昔日皇宫雕栏想必依旧，昔日君主却容颜大改（亦暗指皇权易位，江山已改）。据《乐府记闻》载：“后主归宋后，与故宫人书云：“此中日夕只以泪洗面”。周阿根等（2002）认为“朱颜”并非指美女的脸，而是指李煜自己的脸。笔者认为此解读符合囚君痛悔哀愁的次级主题倾向，而V1和V3难以让读者产生合理的联想，亦导致情态倾向偏离。V2的ruddy complexion达意，但将“只是”译为only产生不当语用含意：雕栏玉阶仍都在，只不过红润面容变了，似乎流露出一丝希冀或蕴籍。“只是”所托的是李煜强烈的绝望痛惜之情，这些象征皇权的雕栏玉阶已无望为终日以泪洗面的囚君所有了。罗曼·英加登认为，文学作品文本充满了不确定性，需要读者在阅读过程加以具体化，才能实现文本的审美价值和把握文本的形而上特质，实现只是处于潜在状态的各种要素（李建盛，2002: 130）。宜将其情态化，再创性地译为pitifully。

句［4］译文评析：V1的主题情态倾向表现甚佳，increase/over-brimming为物态再创性言说，形象地将与日俱增的愁情喻为涨升的滔滔江水，强化了词人的哀愁日益强烈之情貌。“（几多）愁”是主题情态显性触发概念，V1, V2, V3分别将其译为sorrow（mental distress caused by loss or disappointment；lamentation；mourn）, pain（mental suffering or distress）, woes（affliction, bitter grief, distress）（《DK牛津英汉双解大词典》）。从主题情态“哀愁”的强烈程度看，以woes最佳，sorrow次之。V1将特指的“君”译为自称me，具有内在关联一致性；V2将其泛化为a person, 而V3则译为you，二者不能产生内在关联一致性。

关于词牌英译。《虞美人》原为唐教坊曲，初咏项羽宠姬虞美人，因以为名。双调，五十六字，上下片各四句，皆为两仄韵转两平韵。但《虞美人》并非一定是咏美女，V1的The Beautiful Lady Yu给英语读者造成不当期待，似乎提示某个虞姓美女；V2的音译不能使读者产生任何关联性联想；V3增译关联触发语Captive's woes，言明词人身份与主题情态，不失为较好处理。但captive只能让读者联想到一般囚俘，不能深刻体会特定人物（囚君兼作者）的情感特质，难以领会关联性意象束与一般囚俘间的联系。如same carved balustrades and jade staircases可能让读者联想到这位captive曾经拥有雕栏玉阶的豪宅而非皇宫，而no heart to look back at my lost country让人想到的是囚俘无心回顾亡国或故乡而非江山与皇权。考虑英语读者的历时社会认知语境，宜译为：Yu Mei Ren（A tune by a captive emperor），旨在获得“最佳关联性语境效果”（Sperber & Wilson, 1986/1995），使读者根据关联性意象束对情景语境做出相应的明示推理与完形。英语读者因缺乏古汉语诗词的社会历史背景，难以自觉填补诗词召唤结构或图景空缺或产生关联性明示推理，需译者对诗意去蔽和敞开，对召唤结构或图景空缺进行必要填补，增译完形认知语境的关联性触发概念。

综合模式要求批评者综合其文学视野和艺术素养，“组成一张经纬交织的审美期待绵密网络，它像无数双眼睛盯住作品每一细节或文字，按经验所提供的暗示去解读作品、体味作品，同时又将不符合经验暗示的意象、意境、意义、意旨排斥在外或‘过滤’出去，在功能上起着选择、求同和定向的作用”（朱立元，1986: 138）。所谓经验是特定历时人物在特定情境中的经验，而非译者当下的共时性经验。鉴于社会语言文化差异，对古汉诗词本体论意义的言说或去蔽是历时社会文化语境制约下的主题和主题倾向之关联性融合的境景之“象”与情系之“意”，需给予语境化艺术创构。我国许多优秀的古汉语诗词有多种译本，对特定历史人物或事件题材诗词的重译体现出译者不同的意义言说或重构，表现出不同深度与广度的艺术意境。从理论认识看，对多种译本的批评除了比较其语言文体或功能美学特征，还应从意义整体观下的情经理纬综合模式入手作多维度本体论意义阐释。对《虞美人》进行有理据的创构性重译：

情经理纬摄下的诗意的澄明投射

Yu Mei Ren (A Tune by a *Captive* Emperor)
When will there be *no more* spring flowers and autumn moon
That *stir* me of too many recollections *lamenting*?
Last night east wind *sweeping again* my attic room
Reminded me too much of my present *gloom*.
In the moonlight. I could *hardly* my lost land *recall*
Without *a mood of remorse to* capture me at all.

The *grand palace* should look as it was before
With its *carved railings and jade steps* galore.
Pitifully here are changes which my *plight* entails,
My complexion, once ruddy, has grown *pale*.
Should I be asked how my *woes* have increased,
It is like rolling spring river flowing east!

唤象托意以象托情之关联性意象束

11.5 小结

古汉语诗词英译的美感是音、形、意相统一的整饬之美，意美应体现情经理纬的主题倾向关联性融合。古汉语诗词的“缘在”意义之本真美并不简单地存在于语符所指之中，而受制于它所属的历史的整体生命的认识。“美是作为敞开发生真理的一种方式”（Heidegger，1975: 269），对诗意的言说是一种“澄明的投射”，“真正的诗意的投射是敞开或者显示，那是历史性的人之存在已经投射其中的敞开”（章启群，2002: 55）。就历史人物或事件性题材的古汉诗词英译而言，当其言说的缘在和世界处于澄明之中，意义的本真之美因而出现。

古汉语诗词英译批评综合模式建构要求一种融通宏观—中观—微观互通的理论范畴：宏观理论范畴是诠释学、接受美学、社会认知语境论所论的语言真理观与意义整体观，体现为主题与主题倾向关联性及其次级主题结构链——情经理纬的阐释框架；中观理论范畴是历时社会文化语境参数结构链（次范畴化）；微观理论范畴体现于“召唤结构”和“唤象托意”等的认知运作或澄明化生成机制的理论表征。该模式的核心涉及对诗意的理解与言说，而“理解是对一个用以阐明或揭示真实的陈述、观念或思想的体系的需求，还需要为建立本体论的体系预先假设一套方法论”（成中英，2000: 15–16）。翻译研究就是要“探索一个能将文体学、文学史、语言学、符号学与美学等联系起来的全新的领域”其目的是“要形成一种能用来指导翻译的综合性理论”（巴斯奈特，1991: 6–8）。古汉语诗词英译之诗意“澄明的投射”的前提是：当被蔽或模糊的意象与情态美感链条因历时性社会文化语境隔阂不能为英语读者感受或完形时，译者则应出场产生诗意投射；若译者刻意保留古汉诗词的结构空白而导致意义隐晦与模糊，不展示缘在的本真美，其意美就不能为英语受众所体验，无法有效传达古汉诗词的艺术意境。从多维视角看古汉语诗词的英译，此种“澄明的投射”理念也是一种视角的具体理论表征，它的适用性具有特定的指向，指向一类隐性情态主题以及主题倾向和历时语境需要凸显的古汉语诗词的英译。这也体现了泰特勒（1978）翻译思想：译者不能照搬原作的笔法和使用相同的色彩，必须通过创造来达到同样的感染力和效果。本章提出一种综合批评模式，旨在将古汉语诗词英译本体论意义言说创构本真美之理据纳入理论框架内进行可阐释性、可描写性与可证性的剖析，以期推动翻译批评理论发展，深化古汉诗词英译实践研究，更好地传播我国古代文化。

第十二章
“啼”之英译阐释视角：主题倾向的统摄

科学的真谛不在于彻底的科学方法，而在于决定彻底的科学方法的思想。在传统中有经验验证的思想才是科学史的基石。

——笛卡儿

12.1 引言

古汉语诗词之神奇魅力吸引不少中外学者探讨其英译实践及其理论认识，并形成不同风格的实践审美倾向和翻译理论观。就其实践审美倾向而言，可大致分为三大派：格律诗派、自由诗派、散文诗派。格律派强调音韵和格律，认为“译诗如不传达原诗的音美，就不能保存原诗的意美”（许渊冲，1993: 7），将音美表现作为意美的前提条件；自由诗派代表英国汉学家Arthur Waley认为从长远观点看，英美读者真正感兴趣的是诗的内容，英译古汉诗词若用韵，则“不可能不因声损义”（ibid.）；散文诗派倾向于以相对完整的叙事抒情性句法结构传达古诗词独特的意象结构，不求用韵，如翁显良所译马致远的《天静沙》。译家们英译风格各有侧重，译界不必强求一致。但从理论研究看，音（韵）律或内容表达属不同层次审美价值的侧重，过于强调都是片面的，无疑会难以再现古汉诗整体艺术美。近年来在古汉诗英译实践与理论探讨中，除了沿用西方的诗学理论和接受美学理论的运用外，国内比较有代表性的传统译论有许渊冲的“三美”论（许渊冲，1979: 8）。此外，也有一些特色研究方法，如黄国文运用功能语言学理论对古汉诗进行小句功能性描写（黄国文，2007），卓振英和曹山柯等从节奏美、韵律美、意境美、意象美和风格美等方面对多种译本进行比较性描述（卓振英，2002: 32–36；曹山柯，2004: 70–74）。这些研究具有一定的认识论和方法论意义，但其局限性在于未能解决古汉语诗词宏观阐释视角和微观层次概念语义语境化嬗变的理据与阈限的理论问题。“历时性社会文化语境制约下的主题与主题倾向关联性融合”的本体论意义批评的综合理论框架对古汉诗词互文性解读的阈限及其英译选词择义的理据性具有一定的可阐释和可描述性（曾利沙，2006a: 65–67），具有一定的理论与方法论意义。本章以该理论对古汉语诗词互文性象意“啼”之不同英译理据进行分析，旨在通过探讨古汉语诗词英译概念语义生成或象意嬗变的认知语境与阐释性选择的阈限，进一步探讨古汉语诗词英译的本体论意义批评的综合性理论框架运用的可描述性和可证性。

12.2 情之所发，意随情转

主题与主题倾向性关联性融合理论试图对文本意义解读的宏观—微观互动关系作出可阐释性描述。语篇语言学认为，主题是语篇底层宏观命题结构或是一个语义上与命题等值的概念结构（Hoey, 1983）。在对语篇意义解读过程中，宏观结构起支配或统摄作用。van Dijk指出，任何语篇处理若不考虑信息的宏观组织及其过程都是不合理的（van Dijk，1980: v）。由于语篇所涉及的宏观—微观命题之间的蕴含关系既具直接性也具间接性特点，须通过认知推衍才能建立起各概念或命题间的关联性，故对语篇信息的处理需要建立一个整合性认知框架，由最小认知框架构成，语篇中所涉事实信息无论状态、行动或事件均不得超出该语篇的认知框架。具体操作是在相关概念集合中归纳出最小上义概念，在归纳最小上义概念的同时要对语篇事实进行分类，语篇事实由命题展现，所有命题的集合构成语篇的认知框架（陈忠华，2004: 181–187）。主题是语篇中语义信息整合、抽象过程的结果，所以建构一个主题也就是对整个语篇序列的语义信息进行归纳、组织与分类。为了使分析具有可描写性，曾利沙拓展出主题、主题倾向、主题倾向结构链、情态凸显、关联融合、关联性社会文化语境等概念（曾利沙，2007d: 83–87），意图建构语篇意义生成或嬗变的阐释性认知框架。体现主题的宏观命题必须为语篇中所有其他命题所说明，即宏观—微观命题之间必须具有关联性融合并在认知框架内得到维系，而这种关联性融合具有认知逻辑推论和互参的规律性。我们认为，此语篇认知框架对诗词概念语义的语境化嬗变和解读同样具有可阐释性和可描述性。诗词主题是诗篇所表现的题旨或最高层次的宏观命题，是由诗词各诗句的微观命题抽象概括出来的。在诗词线性展开中，其主题必然得以扩展，从而形成主题倾向，即主题规约下的认知逻辑导向，并以次级主题结构链的形态在诗词线性发展中得到体现，是作者表现意图结构链上各节点的逐步展开，各次级主题之间具有内在认知关联性。诗词宏观—微观结构的建构具有互动性特征，其宏观主题的建构依赖于各诗句的情景交融性烘托，形成主题倾向关联性融合，而各诗句基本上都可以构建出相应的次级主题，为凸显主题起到烘托与特征化作用。下面以孟浩然的《春晓》主题及其主题倾向的建构特征分析为例，并以此作为阐释性框架对其中“啼”的不同英译作一评析：

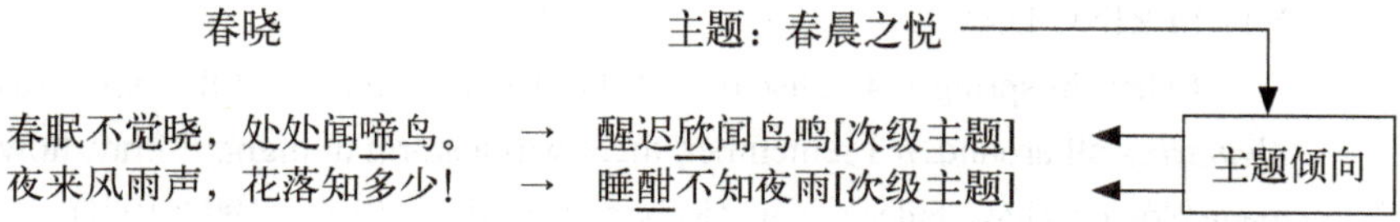

艺术是形象具体地反映生活，表现作者思想感情的一种社会意识形态（《辞海》）。古汉语诗词通过艺术形象表达诗人特定情感与思想，是景与情的有机融合，而景的描绘从属于情的表达需要，受情所统摄而生发。正如刘勰所论：文采所以饰言，而辩丽本于情性。故情者，文之经，辞者，理之纬；经正而后纬成，理定而后辞畅，此立文之本源也（刘勰，2003: 442）。《春晓》描述的是春夜春晨之景触发诗人的愉悦之情，故“春晨之悦”乃该诗情态特征化了的主题之宏观命题结构，“悦”成为统摄该诗发展的“经线”，其中“春眠→闻啼鸟→风雨声→花落”等意象则像纬线一样被统摄于经线“悦”之下，诗中各意象所寓寄的不同情态也必然要与“悦”产生趋同性或认知关联性融合，则刘勰所论的理之纬。我们可通过认知语境来建构其主题倾向结构链：首句“春眠不觉晓”表达诗人在春夜突至的风雨淅淅沥沥和花瓣飘飘洒洒的伴随下酣眠（惬意之眠），春晨醒迟而大悦。次句“处处闻啼鸟”之“啼”为自然之景物之听觉意象，实指春晨之鸟鸣在酣睡过后心情愉悦的诗人听来似乎是在欢快婉转地鸣唱，则景随情转。第三、四句“夜来风雨声，花落知多少”一方面描写诗人在晨起后所见雨夜留下的清新春晨景象，二是照应诗人春夜酣眠，惬意香甜，全然不觉得春雨降临、雨催花落。据此解析，我们将认知语境构建下的《春晓》之“主题倾向结构链”描写如下：

春夜风雨→惬意而眠→酣眠醒迟→欣闻鸟鸣→愉悦情发

其中“惬意、酣眠、欣闻”都与“悦”在概念语义特征上产生趋同性，在主题倾向上产生认知语境关联性融合。在对古汉语诗词英译实践进行理论批评阐释过程中，对主题倾向结构链的认知语境建构作出程序性描写是主题与主题倾向关联性语境融合理论中的重要环节，也是作为阐释性理论框架的重要组成部分。译者和批评者只有在对主题与主题倾向及其结构链的建构达成共识的前提下，其理论批评才是客观可证的，否则只能停留于局部的、片面的、印象式的解读。下面我们就《春晓》几个不同译本中有关“啼”的不同译文的主题与主题倾向关联性融合问题作一讨论：

V1：SPRING DAWN

I slept in spring not conscious of the dawn, // But heard the *gay* birds *chattering* all around, // I remember, there was a storm at night. // Pray, how many blossoms have fallen down? (Robert Payne译 [许渊冲，1992: 197])

V2：SPRING DAWN

I scarcely knew it was dawn, // So sound was the sleep of spring；// Everywhere there was *birdsong*. // All night long was the sough of wind and rain；// How many flowers have fallen to the ground? (*Shih Shun Liu*译[ibid.])

V3：ONE MORNING IN SPRING

Late! This spring morning as I awake I know. // All round me the birds are *crying*, *crying*. // The storm last night, I sensed its fury. // How many, I wonder, are fallen, poor dear flowers! (翁显良译 [ibid.])

V4：SPRING MORNING

This morn of spring in bed I'm lying, // Not to awake till birds are *crying*. // After one night of winds and showers, // How many are the fallen flowers! （许渊冲译 [ibid.]）

“啼”在《春晓》中是一个情态化较强的关联性听觉意象，隐含令人愉悦的情感特质，可视为一个类似于诗眼的移情性标记概念。其语境化内涵应为“婉转（欢快地）鸣唱”，指诗人在春晨酣睡醒来后深感惬意而闻“啼”生发愉悦之情。孤立地看，“啼”既可指人啼哭（cry；weep aloud)，也可指某些鸟兽如猿或乌鸦等的啼叫（crow；cow；screech)

（《现代汉语词典》），倾向于指令人不悦的声音。“啼”之英译选择chattering/birdsong/crying是否都传达出了其主题及其主题倾向关联性融合所烘托的艺术氛围？cry作为动物或飞禽鸣叫，其原型语义特征是characteristic call of an animal or a bird，是指动物嚎叫或鸟儿的聒噪，一种令人不悦的呱呱叫声。从其主题倾向结构链之情态特质看，V4的crying不符合诗人触景生情之愉悦特质，不能凸显该诗主题“春晨之悦”所统摄的各象意之情态倾向，有损该诗意境的情态结构。V3强化了cry这种聒噪声：All round me the birds are crying, crying，其激活的象意图景是：诗人周围到处都是鸟们令人不悦的聒噪声，在听觉象意上不能构成一幅春晨之悦的和谐画面，亦不能融合于诗人春晨酣眠醒迟闻鸟“啼”而流露出的愉悦之移情的认知语境,与次级主题“欣闻鸟鸣”的语境化情态特质相悖。chattering（啾啾声）为不带情感特征的中性概念，但V1在bird前面增译gay，将诗人的愉悦情态移情给鸣叫的小鸟，不仅揭示其次级主题，亦与诗篇主题倾向产生关联性融合；V2选用的birdsong（music call of birds）带有愉悦情态特质，凸显其移情之艺术表现，景随情转，与该诗意境氛围相融合。这说明，在古汉语诗词英译的情态概念选择过程中，译者首先应充分把握诗篇的特定主题及其主题倾向的统摄性，并通过认知语境抽象概括出各诗句的次级主题，再构建出可定性感知的主题倾向结构链，以此作为关联性语境化概念语义嬗变的理据和参照框架。下面再看“啼”的一个“情之所发，意随情转”及其英译文存在的相关问题的典型实例。

春怨[金昌绪]　　　　主题：惊梦之怨

打起黄莺儿，莫教枝上啼。　　怨啼驱莺→[次级主题]
啼时惊妾梦，不得到辽西。　　惊梦断思→[次级主题]　　主题倾向

A COMPLAINT IN SPRING

Drive orioles off the tree; / Their *songs* awake poor me

From dreaming of my dear / Far off on the frontier.（许渊冲译）

诗题《春怨》之“怨”将该诗主题情态特质凸显出来：惊梦之怨。该诗通过描绘一位少妇于思夫春梦中被黄莺叫声惊醒而产生的怨啼驱莺之情态和神貌,表达了这位少妇怨恨战争使其饱受夫妻分离之苦而只能在梦中相见的主题思想。通过认知语境建构的主题倾向结构链为：夫赴

边关→夫妻别离→春梦思夫→黄莺啼叫→惊梦断思→嗔怪莺啼→驱莺泄怨。据此认知语境结构链所示，在主题情态“怨”的统摄制约下，在“打起黄莺儿”迁怒行为的关联下，“莫教枝上啼”之“啼”在该怨妇听来不会是songs 或singing的欢快歌唱的移情特质，即平时人们所欣闻的黄莺婉转的鸣啼此时此刻对少妇而言是扰人美梦、惹人嗔怒的吵闹声，其语境化象意因情绪变化嬗变为一种crying 或screeching的令人嗔怨的噪声。我们甚至可以想象出诗中怨妇边驱赶黄莺边咒骂“该死的丧鸟”或“嚎丧”的情景，此乃“意随情转”的语境化概念意义嬗变之理据。改译如下：

SPRING COMPLAINT

Drive the orioles off the tree // For their *screeching* annoys me
And *breaks* my sweet dream // Of my frontier mate hugging me.

12.3 古诗一“啼”，“情”意各异

“啼”是古诗词中一个常见的互文性意象，古代诗人常用鸟猿之“啼”来表达人的喜、怒、哀、乐。如马戴在“猿啼洞庭树，人在木兰舟”（《楚江怀古》）中用猿“啼”寄托诗人之悲痛；高适在“巫峡啼猿数行泪，衡阳归雁几封书”（《送李少府贬峡中王少府贬长沙》）中用猿“啼”表达主人公之哀痛；欧阳修在“莺啼绿树声早”（《洞天春》）中用莺“啼”表达美妙之“春心”；皇甫冉在“莺啼燕语报新年，马邑龙堆路几千”（《春思》）中用莺“啼”抒发其喜悦欢乐之情态；韦庄在“莺啼残月，绣阁香灯灭。门外马嘶郎欲别，正是落花时节”（《清平乐》）中用莺“啼”暗示女主人公惜别其情郎之苦痛；杜甫于“唯见林花落，莺啼送客闻”（《别房太尉墓》）中用莺“啼”衬托诗人之哀思。此外，还有白居易的“其间旦暮闻何物，杜鹃啼血猿哀鸣”（《琵琶行》），李清照的“魂梦不堪幽怨，更一声啼鴂”（《好事近》），李商隐的“梦为远别啼难唤，书被催成墨未浓”（《无题其一》），等等。可谓古诗一“啼”，“情”意各异。猿啼低沉难听，常易引起人们不悦情绪，故我国古代文人有常用“猿啼”来表达凄哀情态的倾向性。然而，这种互文性情态倾向是否不分情景语境而一成不变？古代诗人借用鸟兽之“啼”表达不同情态是否有其内在规律？如何确定其情感特质？我们认为，主题与主题倾向关联性语境融合阐释框架能揭示出其内在的认知运作机制，对古汉诗英译实践或批评理论

具有积极的建构意义和指导意义。从许多优秀的古汉诗译者的译作中可以看出，译者们尚未能注意到诗词主题与主题倾向关联性融合对概念语义语境化嬗变的统摄性，在英译过程中未能自觉地从宏观主题与主题倾向关联性融合框架内把握或深掘诗词文化符号概念的语境化内涵，以致于英译实践中常出现与主题及其主题倾向相悖的象意。以李白的“早发白帝城”中有关“啼”几种英译文作一评析：

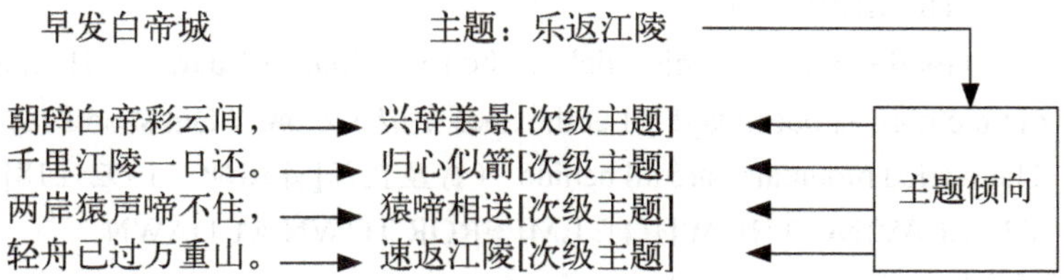

《早发白帝城》具有何种主题倾向结构链及关联性语境融合？根据史载：李白（701–762A.D.）中晚年本想隐居庐山，不料安史之乱，永王璘起兵，召李白做幕僚，永王璘兵败，李白下狱，被流放到夜郎，直到乾元二年（759年）春，于白帝城遇赦。此诗作于李白遇赦东归途中，李白于白帝城忽闻赦书，旋即放舟东下江陵。显然，该诗所流露的情态特质为“喜兴、轻松、欢快、乐归”：首句写诗人喜兴地早起动身，辞别白帝（城）彩云之美景；次句流露出他遇赦后归心似箭的轻松喜悦之情；第三句“猿声啼不住”描写两岸猿猴在嬉戏追逐高声呼唤，似乎高兴地为他送行；末句中的“轻”字十分传神，为揭示诗篇情态之诗眼，诗人将其轻松欢快的心情移情于江中行走的船只。就全诗而言，诗笔奔放，快意快船，洋溢着欢悦豪情，为诗人喜兴欢快情态之写照。其认知语境构成的主题倾向结构链为：忽闻赦书→喜兴启程→辞别美景→归心似箭→猿啼相送→速至江陵。整首诗篇凸显了“乐返（江陵）”的情态主题，它对诗篇微观层次概念的语境化内涵变化起着统摄作用，其次级主题之间传达了关联性融合的情态特质，将诗人内心的轻快和喜悦之情的不同层次表现得淋漓尽致，诗篇读来犹如一首节奏明快的欢乐之歌。然则，此“啼”在英译中又如何得到语境化内涵表现？四种英译文如下：

V1：Sailing Down to Chiang_ling

In the morning I leave Po_ti perched in the clouds. // The thousand li to Chiang_ling are compressed to a day. // Before the *wailing* of the apes on both banks ceases, // The light boat has left behind unending mountains. (Liu, Shih shun [许渊冲，2007: 21])

V2：Early Departure from White King City

At dawn we leave White King, its clouds all coloured, // For passage to Kiang_ling in one sun's circuit：// While both banks' gibbons *cry calls* still unceasing, // Our light boat has gone by many fold mountains. (Cooper, A [Liu, 1968: 122])

V 3：HOMEWARD!

Good—bye to the city high in the rosy clouds of dawn. // Homeward, out the gorges, out today! // Let the apes *wail*. Go on. // Out shoots my boat. The serried mountains are all behind. (翁显良译[许渊冲，1992: 218])

V4：LEAVING THE WHITE EMPEROR TOWN AT DAWN

Leaving at dawn the White Emperor crowned with cloud, // I've sailed a thousand miles through canyons in a day. // With monkeys' *sad adieus* the river—banks are loud；// My skiff has left ten thousand mountains far away. (许渊冲译 [ibid.])

四位译者受古诗猿“啼”的互文性影响，全都将其译为与该诗主题“乐返”相对立的情态词：wailing/wail（哀鸣；悲号；哭号似尖叫），cry calls（哭喊；泣叫），sad adieus（悲别）。这样，英译文主题倾向结构链中第三链节凸显为：忽闻赦书→喜兴启程→辞别美景→归心似箭→猿猴哀别（猿猴悲号/泣叫）→速至江陵。该链节显然有悖于该诗“乐返（江陵）”之主题情态，不受该诗情之经的统摄。又是否符合理之纬的关联性融合？猿/猴在相互嬉戏追逐时发出的叫声，虽非悦耳动听之音，但也绝不是悲戚或泣叫之声。我国古代抒情诗里的“猿声”意象情态虽有其互文倾向，但一般都由诗篇中若干趋同性关联意象触发和烘托：如“巴东三峡巫峡长，猿鸣三声泪沾裳。巴东三峡猿鸣悲，猿鸣三声泪沾衣。”（《水经注·江水》中引《巴东渔人歌》）；“君莫向秋浦，猿声碎客心”（李白《秋浦歌》）；“风急天高猿啸哀”（杜甫《登高》）；“猿啼客散暮江头，人自伤心水自流”（刘长卿《重送裴郎中贬吉州》）。这些诗都借猿声抒发了哀愁凄切之情态，然而均是由关联性意象“泪沾裳”、“悲”、“泪沾衣”、“碎客心”、“风急天高”、“伤心”触发和烘托的。又如，杜甫在《春望》中的“感时花溅泪”一句的具体感伤之情态是由诗中“国破山河在”为参照而触发和烘托的，使其获得特定的感伤情态特质。可以说，互文性意象的情态特质必然有其特定的触发和烘托性意象符号为纬理，形成“关联性意象束”。古人所谓的哀景或乐景之说其实是指意象束之间的纬理关系，烘托着特定环境下特定人物的情态抒发。在古汉语诗词的关联性意象束中，作为文化符号的象具有互文性特点，其“意”虽相对固定，但绝非一成不变，而取决于诗人所处特定境况（包括关联性社会文化语境）及其诗词中关联性意象束之间的情态趋同或融合性，即情经理纬。诗人境况与情态相辅相依，境转情变，意随情转。如“秋风”常让人联想起“萧瑟”、“悲凉”、“自伤身世”之类，但曹操在《步出夏门行·观沧海》中的“秋风萧瑟，洪波涌起”一句，其中“秋风”纵与“萧瑟”连用，却因由“洪波涌起”烘托，形成关联性意象束，也并不见悲凉、自伤身世之意，却凸显“壮观与飒爽”之豪情。中国传统文论中的所谓“以我观物，故物皆着我之色彩”（王国维语）是对情景（境）转换主客关系之情态特质的一种主观认识。从这个意义上说，《早发白帝城》中的“猿声”之意象也正体现出此特点，其“象”寓寄的情“意”受到诗篇主题及其主题倾向传达的强烈情感氛围的统摄，其凄切、哀怨或愁苦等的互文意味被淡化，这是因为该诗其他三句中并无趋同性关联意象束的触发与烘托。在李白突获赦免而感喜兴乐返回江陵的特定境况中，客观上并非动听的猿声并不会让诗人寓寄悲凉或泣叫于其中，对他来说更不是哀别。对于该诗中“猿声”之语境化内涵嬗变的解读和英译，译者应在其主题与主题倾向统摄下的关联性融合中去感受并凸显其象意，四行诗句在意象束的结构上应具有内在的一致性情态趋向，即“啼不住”之“两岸猿声”在喜兴乐返的诗人听来仿佛是两岸猿猴亦为他喜遇赦免而高歌伴送他乐返江陵。故将此诗中之“猿啼”译为“Before the apes' chanting along both banks come to still”更能烘托诗篇主题，形成诗人喜兴豪情与快船快意之情景交融的有机整体，这才符合该诗整体艺术意境的关联性融合。

12.4 小结

通过对古汉诗“啼”之不同语境化情态内涵嬗变特征及其英译分析可以看出，古汉语诗词微观意象内涵往往受其主题与主题倾向关联性融合所统摄，使其原有概念或文化内涵意义发生语境化嬗变。古汉语诗词主题及其主题倾向规约下的次级主题扩展及其认知语境结构链的建构，不仅可作为古汉语诗词解读的阐释性框架，也可作为古汉语诗词翻译实践或译作批评的参照性理论依据。就古汉语诗词英译实践而言，对微观意象语境化意义嬗变的认识取决于译者是否有意识地把握诗篇主题和主题倾向对象意的统摄作用及其认知机制，以及推衍和概括出诗篇语主题与主题倾向及其认知语境结构链，在此基础上，译者主体的艺术创造才能从整体上客观忠实地再现古汉语诗词的神韵，表现其情之经、理之纬的艺术意境。

第十三章
阐释之循环之于古典诗词英译解读的方法论

乾嘉“朴学”教人，必知字之诂，而后识句之意，识句之意，而后通全篇之义，避而窥全书之指。……复须解全篇之义乃至全书之指（“志”），庶得以定某句之意（“词”），解全句之意，庶得以定某字之诂（“文”）；或并须晓会作者立言之宗尚，当时流行之文风，以及修词异宜之著述体裁，方概知全篇或全书之指归。积小以明大，而又举大以贯小；推末以至本，而又探本以穷末；交互往复，庶几乎义解圆足而免于偏枯，所谓“阐释之循环”者是矣。

——钱钟书

13.1 引言

古汉语诗词的英译涉及对诗词意义的解读，诗词意义的解读方法论有多家之言。如西方的接受美学、阐释学、诠释学、文学、新批评理论，我国古典文论中刘勰的《文心雕龙》以及司空图的《诗品》的相关论述。我们在前面讨论了刘勰的“情之经、理之纬”对构建古典诗词英译解读整体理论框架所起的作用，本章引入钱钟书提出文本理解的“阐释之循环”说，结合主题及主题倾向和次级主题结构链的建构，进一步深入探讨对古典诗词英译解读的理论与方法论意义。

“辨义为翻译之本”（王宗炎，1984），也是译者跨出的艰难的第一步。中国古典诗词的表达，贵含蓄蕴藉，认知本自非易；加上古今词义的变迁，更使得古代作者原本之浅显的文字也可能变得艰深莫解。一般读者的披阅欣赏误会有多，就连专家有时也难免于困惑。因而翻译古汉语诗词，需译者给予探幽烛微的释义与阐释。钱钟书（2001: 328）指出，要正确解读语篇意义，须得“积小以明大，而又举大以贯小；推末以至本，而又探本以穷末；交互往复，庶几乎义解圆足而免于偏枯，所谓‘阐释之循环’（der hermeneutische Zirkel）者是矣”。“积小以明大”、“推末以至本”即为我国历史悠久的训诂，从解读词义出发，进而确定句、段乃至篇意；曾利沙（2006a）提出的关联性语境融合理论是“举大以贯小”和“探本以穷末”的现代诠释，即以把握文本主题与主题倾向为前提，在以主题为中心的认知关联性框架内考察微观词句的语境内涵。我们认为，钱氏的“阐释之循环”实为诗词翻译过程中辨义与阐释提供了方法论指导。本章拟以李清照《声声慢》中“满地黄花堆积，憔悴损，而今有谁堪摘”一句的多种英译为典型案例，说明将训诂学与篇章语言学结合起来，对于古汉语诗词翻译具有重要的理论与方法论意义。

13.2 英译解读的差异性及其批评的理论方法

李清照的《声声慢》被誉为独具一格的绝唱，英译版本颇多，不同译者对“满地黄花堆积，憔悴损，而今有谁堪摘”一句的理解和表达多有不同。我们在这里选取John Turner（约翰·特纳）、林语堂、朱纯深、龚景浩四位先生的译文进行比较分析，用循环阐释之法探求该词句的语境化意义嬗变问题。译文如下：

特译：Lo, how my lawn is rife with *golden blooms*
Of bunched chrysanthemums—
Weary their heads bow.
Who cares to pluck them now?（转引自许渊冲，2010: 348）

林译：The ground is strewn with staid
And *withered petals*;
For *whom* now should they be in vases set?（林语堂，2005: 242）

朱译：*Massing chrysanthemums*, everywhere;
Yet languid and grief—worn,
Who could be out there
Buoyant in gathering mood?（朱纯深，2002: 94）

龚译：Chrysanthemums lie about in piles.
They are now *withered* and *which ones* are worth picking?（龚景浩，2000: 131）

对于“满地黄花堆积，憔悴损”，特译和龚译解读为整株凋谢的菊花；林译为凋零的花瓣；朱译则为“堆积”为“盛开”之意，认为“憔悴”是指人；至于“有谁堪摘”，特译和朱译译为不会有人来采摘；林译为还能为谁采摘；龚译则认为“谁”是指花。这里引出一个值得探讨的理论问题是：不同译者对“黄花”、“堆积”、“憔悴”、“谁”给予不同甚至相反的阐释义，那么是否都是合理的？如何对不同阐释义进行有理据的剖析，不仅是古汉诗词英译实践问题，也是翻译批评理论问题。我国古汉语诗词中许多名篇都有多种英译版本（黄国文，2002），曹山柯（2004）等从功能语法和修辞功能与特征等方面作过比较分析，提供了一定的阐释视角，但难以解决古汉语诗词本体论意义的有效求证问题。同样，从有关《声声慢》英译文章及相关解读著作可以看出，讨论重点大都集中于此词开头七组叠字的翻译上，均未对“黄花堆积”一句的原意做出可信的辨析，以至于对整句、整首词的表现产生局限性认识。下文试对其做一番疏解、推源，以求对其英译给予有理据的解析。

13.3 推末以至本：以词义定句义

任何文本都是特定社会历史文化语境下的产物，烙有历时性文化语义特征。语词概念往往具有历时演变的互文性，故对其语义特征的厘定应充分考虑其特定时代所赋予的社会文化语境意义。在古汉语诗词英译的语句英译解读中，钱氏所论的“推末以至本”是说以词义定句义，具有一定的程序方法论意义，即“从下至上”（bottom—up）的推论过程，亦即局部语词概念对整句主题的烘托或其他语词意义的关联具有基础性建构作用，而对语词概念的本体论意义的把握又必须深入考察其历时文化语境（曾利沙，2010a）。今人英译古汉语诗词，若不考究其历时性文化语境，往往难免有歧解或歧见。古汉诗词中的多数语词概念在当时或在某类文体中有其常用义项，只有通过探源溯流才可确定。在“黄花堆积”一句中，正确理解“损”与“谁”的本义，是理解全句的关键条件之一。中国训诂学的重要任务就是释词解义，认为一字之训，往往关涉全句乃至全文，因而古人有“一字之失，一句为之蹉跎；一句之误，通篇为之梗塞”之叹（郭芹纳，2005: 134）。训诂学家常用的推勘词义的方法之一是排比归纳，即将同一部书或不同书中相同类型的句子排比在一起，加以对照比较，以大量例证求得对某一语词的确切训释。

“损”字在《辞海》（2002: 1617）第5条释义为“犹极；煞”，所举例证是辛弃疾的《鹧鸪天》："桃李漫山过眼空，也曾恼损杜陵翁"。张相的训诂名著《诗词曲语辞汇释》汇集了唐宋元明以来流行于诗词曲中的特殊语词，按年代顺序详引例证，解释词义与用法。张相（1953: 358）亦解"损"为"煞"，所举例证丰富：如秦观《河传》词的"闷损人，天不管"，犹云"闷煞"；晁补之《盐角儿·亳社观梅》的"占溪风，留溪月，堪羞损山桃如血"，犹云"羞煞"；曹组《蓦山溪》的"消瘦损，东阳也，试问花知否？"犹云消瘦煞。对比之下我们可确定，《声声慢》中的"损"亦为"煞"，用以强调憔悴的程度，其激活的意象是菊花呈衰败之状。这种强调，英文常以同义或近义重复的方式予以表现。朱译将"憔悴"解读为词人的"languid and grief—worn"，其他三位译者均认为"憔悴"是指花，但都忽略了"损"的强化意义。

"谁"在《辞海》（ibid.: 1482）第二条释义为："犹'何'，什么"，所举例子其一为宋朝词人程垓的《玉漏迟》词："门外星星柳眼，看谁似当时风月"，其二正是李清照的"有谁堪摘"。在古籍中，"谁"作为疑问代词既可指人，也可指物。如《墨子·耕柱》："子墨子曰：'我将上大行，驾骥与羊，子将谁驱？'耕柱子曰：'将驱骥也'"（孙诒让，2001: 421），此处"谁"指"什么"。今人赋诗，仍在延用此义，如毛泽东的《浪淘沙·北戴河》中就有"一片汪洋都不见，知向谁边"；口语"姓甚名谁"中的"谁"，也即指"什么"。张相（1953: 83–84）在《汇释》中对"谁"字释之甚详："谁，犹何也；那也；甚也。与指人者异义。"张相列举了十四个例子，其中有王昌龄的《万岁楼》诗："谁堪登望云烟里，向晚茫茫发旅愁"，其中谁堪即何堪或那堪；杨万里《不寐》中的"乍暗忽明灯为谁"，其中"为谁"犹言"为什么"；同解的还有秦观《踏莎行》中的"为谁流下潇湘去"等；而李清照的诗句也属所举之例，张相的解释为"言无甚可摘也"。据此，我们从历时性社会文化语境的互文性角度确定"损"与"谁"的词义，这样就从情景逻辑关联上排除了"满地黄花堆积"为"菊花遍地盛开"之意；"憔悴损"则是指菊花已无一丝娇艳可言，完全凋谢了。我们的理论认识是，诗词之解应重视词义之立，词义之立必唤象托意，托意则情系之意；词象之立在于烘托境景，而词意之功在于寓情。王夫之在论情景（境）关系时说道：情景名为二，二是不可离。神于诗者，妙合无垠。巧者则有情中景，境中情（《姜斋诗话》卷二第311–313页）。词人在寻觅、清冷、凄惨、时寒之象烘托的境况中，三两盏淡酒本已难除遥遥无期内心之相思情愁，却遇急风苦雨，睹败花（即憔悴损）过雁，冷寂萧瑟之境中连给她带来点欢乐生气的花卉（黄菊）也无可摘了，即想寻找点托兴的景物也没有，真是无以消解苦闷之伤愁啊。此句并非是说在时寒、急风、苦雨之境况中，还盛开着菊花，风过花瓣满地，只是词人神情萎顿忧伤，没有心情去赏玩罢了。

“学习和研读历代文献资料，最大障碍就是词汇问题。……随着时代发展，词语变化，常出现当时一般百姓都晓得的词语，而后世却连‘老师宿儒’也难以搞懂的情况”（郭芹纳，2005: 119）。后人易因“以今律古”而误解古人原意，因而在翻译古汉语诗词时，对古文专家的解读亦不可盲从。本文所列四位翻译名家的译文，只有龚先生对“谁”的解读适合语境关联性融合，可见译前辨析词义这个关键环节还远未得到应有的普遍重视。中国传统语言学总体上是经验科学，以实用主义为指导思想，归纳分析为主要研究方法，虽未能形成科学的理论体系，但在文字训诂方面仍有其具体可行的方法，有丰富的言之成理的研究成果，古为今用，仍值得古籍翻译者及翻译批评者认真借鉴。

13.4 探本以穷末：以主题情态推知词义语境化倾向

用排比归纳法训释词义的局限在于难以详尽地占有材料，张相在《汇释》中对绝大多数字词的训释例证丰富，很有说服力，但对一些词语的诠释也有失误，说明“推末以至本”有其片面性，只能用于解读特定的语词概念。文学语言的丰富性、复杂性、作者意向性、偏离性等需要“阐释之循环”之另一解读路径——从上至下（top—down），即从宏观命题或主题情志入手考察语句意义的倾向性（陈忠华，2004；曾利沙，2010a）。这在清代训诂名家戴震的《〈毛诗补传〉序》中已有所体现：解读《诗经》，若遇难解字词，可先探求“作《诗》者之志”，“得其志则可通乎其辞”（戴震，1994: 125），其论与刘勰的“故情者，文之经，辞者，理之纬；经正而后纬成，理定而后辞畅，此立文之本源也”具有异曲同工之妙，即“志”与“情”乃立文之本，或者说是文之主题的情志像经线统辖着诗词的发展脉络。就古汉语诗词而言，一旦确定了其主题之情志形态，其局部语词概念所荷载的意象都必然倾向于烘托或表现主题之情志。任何语篇都受其主题控制和支配，主题规约下的认知逻辑导向即为主题倾向或次级主题，各次级主题之间具有内在认知关联性。主题与主题倾向对语篇的统摄加上语境关联性融合而形成的认知整合性框架，是考察微观层次词句意义的重要理据（曾利沙，2010a；吴慧坚，2010）。故解读“黄花堆积”，我们除了“推末以至本”，还应该“探本以求末”。

下文拟在主题与主题倾向关联性语境融合框架内考察其语义倾向。

《声声慢》开首的七组叠字与最后一句悲叹相呼应，以一个“愁”字（主题触发语）凸显了该词的情态特征，对整首词的情景氛围具有统辖性，此“愁”具有多态的丰富内涵特征，通过三个“关联性意象束”（见下图词中以框形标出的意象组合）融合而成。无论内心白描，还是景物摹写，突出了遥遥无期相思之情愁、冷寂凄景触发的苦闷之伤愁、终日困扰无解之郁愁，强烈传达出词人寻夫之执着不甘与寻求排遣相思、苦闷、郁伤的种种愁态。将该词的主题及主题倾向或次级主题结构链的建构程序与关系图示如下：

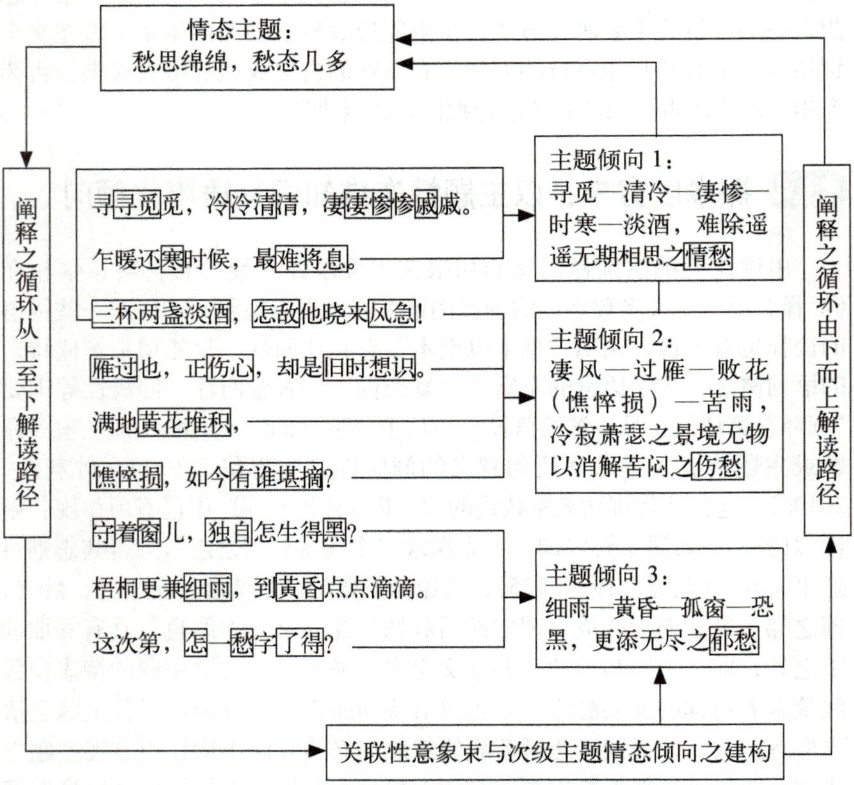

确定主题与主题倾向，对其进行形态化概括，旨在从认知逻辑关联上直观地展示诗词语句各层次的内在结构——情经理纬，以此作为评析多种译本的理据。上述译文问题在于：a）从“阐释之循环”的“由上而下”的识解路径看，将“堆积”理解为“盛开”与反映该词的宏观主题

的情态特征及情景逻辑倾向不能产生关联性融合。贯穿整首词的情之经线是相思、寻觅、孤寂、伤感、苦闷、悲愁。诗人寻觅能排解空虚孤寂之物，却一无所获：似曾相识的大雁径直飞过，没给她留下任何音信；满园菊花凋谢，物事与心境同悲，令人更添愁丝恨缕。唯一声响来自滴在梧桐叶上的黄昏细雨，衬出一个寂寞到极点的世界。若有盛开的菊花相伴，诗人就不至于发出"独自怎生得黑"的悲叹了。词句中局部概念荷载的象意特征受制于主题的情态特征，同样反映了刘勰所论的"情之经、理之纬"的解读之道。b）从个人语境互文性看，李清照晚年虽不幸，却依然是位坚强豪侠的奇女子。《声声慢》"全词虽然迫促愁苦，但仍流露出词人对生活的执着，以及不甘心走向绝境的心情"（唐圭璋，1982: 329）。李清照又是个爱花、惜花之人，多首词作与花相关，大都吟咏对花的喜爱、怜惜或花带来的慰藉。诚然，李清照晚年词作皆满篇愁苦之音，但惜花之情并未因此而减，后期写就的《摊破浣溪沙》仍提到清香的桂花给大病初愈的自己带来的慰藉："病起萧萧两鬓华，……终日向人多酝藉，木樨花"。因此，愁苦中的她若见到满园盛开的菊花，应该会觉得有所安慰，而不会不愿去采摘。特译虽然对前半句的理解正确，但却将"有谁堪摘"译为"Who cares to pluck them now"，这不仅是对"谁"意的误读，还是忽视个人情境参数的表现。c）再从植物生长的自然语境和经验层次考察"堆积"激活的物态形象意义。多种文献证实，菊花大都整朵在枝头逐渐凋谢，大面积落瓣的极为罕见。李时珍（1977: 931）在《本草纲目》中就有菊"备受四时之候，饱经霜露，叶枯不落，花槁不零"之说。而据《辞源》（2002: 611），"物积多而高叫堆"，"堆累"为"积"（ibid: 2316）。花卉摄影家段东泰（2004: 35）在传授菊花栽培技术时强调要加强光照通风，但又告诫不可把菊圃选在风口处，否则菊花"如遇大风，必受其害。特别是当菊株高大时，叶子会被吹碎，菊株会被刮倒。"菊花连同枝叶倒伏，应比花瓣飘零更贴近"堆积"一词所描述之情状。因此林译对"黄花堆积"的理解亦有误，而龚译则在意义上与原文最为接近。"满地黄花堆积，憔悴损，如今有谁堪摘"的意义应为：经过风吹雨打，一片秋菊委顿于地，倾倒叠堆，已是满地狼藉的残败景象。这样的残败之花，又何以摘取添兴呢？似可译为：Chrysanthemums crumple in piles, / Withered and perished, / Which ones are worth picking? 可见，古汉语诗词英译过程需要译者对原作意象激活的物态和荷载的情态的关联性从不同维度给予严谨细致的考证，才能从整体上表现古汉语诗词的审美效果。

我们将“探本以求末”之“本”和“得其志则可通乎其辞”之“志”明确为主题与主题倾向对语篇的统摄加上语境关联性融合，起到了理论整合的作用，对翻译实践具有一定的指导意义。在翻译过程中确立主题与主题倾向认知关联性框架，辅以阐释之循环双向解读路径，“有助于译者明确语篇宏观命题与微观命题之间的关联性，……亦有助于译者自觉考察文本内外各种客观因素，有意识地感知、认定各种潜在的意义生成参数，在翻译过程中正确解读微观层次语句的涵义，正确选词择义，在充分发挥主观能动性及创造性的同时，避免主观随意性”（吴慧坚，2010）。将“阐释之循环”双向解读路径纳入现代语篇阐释理论框架内进行理论表征，图示如下：

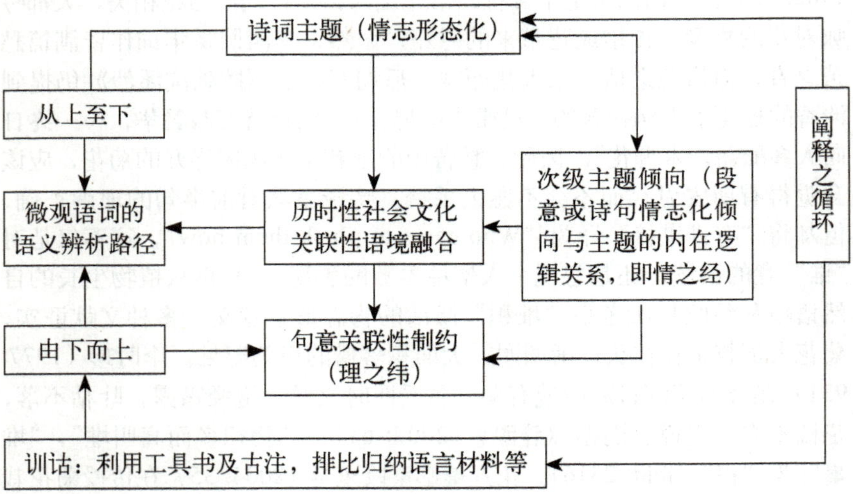

13.5 小结

古汉语诗词的英译是不同语言文化和历史背景下的文学作品的传播，具有鲜明的特殊性，不同于小说类等文学作品的翻译。其特点不仅在于音韵、节奏、结构的音形美，还在于“以象托意”和“以象托情”的艺术特征，尤其是意象的多义性、隐晦性、模糊性、遮蔽性、互文性、历时性、审美张力性等意义美学特征。然而，古汉语诗词由于其上述文本特征，许多意象所托之意或所托之情则变得难以辨析，难以直观感知，甚至经常引起现代汉语读者的争议，必须借助于考证等手段才能深入或正确理解，故对其英译来说面临着理论认识与批评实践上的困难。若译者一味追求保留古汉语诗词象意层面原有的隐晦性、模糊性、遮蔽性、互文性、历时性、审美张力性等特征，那么，对于英语民族读者，除了能直观感受译诗的音韵、节奏、结构的美学特征外，往往不能有效解读诗词的“意”美，不能感受其隐含的历时社会文化语境下特定人物的情态特征，也就难以传达古汉语诗词的本真美。故从多维视角看，大量古汉语诗词中有不少的诗词的意美特征在英译中需要译者对意义进行去蔽和昭示。正如海德格尔在谈论诗与真理的关系时所说，诗就是纯粹的被言说。当事物这种透明本性被昭示，由去蔽而进入敞开时，真理就出现了。……真理是照亮，能够让世界和缘在进入去蔽和敞开的，就是诗（章启群，2002: 54）。所谓去蔽和敞开是指对诗词的一种解读式言说，读者综合其文学视野和艺术素养等，“组成一张经纬交织的审美期待绵密网络，它像无数双眼睛盯住作品每一细节或文字，按经验所提供的暗示去解读作品、体味作品，同时又将不符合经验暗示的意象、意境、意义、意旨排斥在外或‘过滤’出去。在功能上起着选择、求同和定向的作用”（朱立元，1989: 138）。西方接受美学的这种意义接受理论也反映了钱先生所论的“阐释之循环”的解读方法，即“从上至下”和“由下而上”阐释路径与原理。对于古汉语诗词的英译理论与实践研究而言，不仅需要遵循“阐释之循环”的解读路径，还应融入传统训诂学等方法，结合现代语篇翻译理论。我们从典型案例分析出发，对一句古汉语诗词的多种英译文的典型案例进行了辨析，旨在探讨构建古汉语诗词英译解读及其翻译批评的分析框架，或者说一种理据性的阐释视角，以此说明译者或批评者对诗词意义的解读与翻译再现若能在循环阐释框架内“交互往复”地进行，就能更好地做到“义解圆足而免于偏枯”。

参考文献

Austin, J. L. *How to Do Things with Words* [M]. Oxford：Oxford University Press. 1962.

Bassnett, S. *Translation Studies* [M]. London and New York: Routledge. 1991.

Bassnett, S. The Meek or the Mighty：Reappraising the Role of the Translator [A]. In Alvarez, Roman and M. Carmen—Africa Vidal（eds.）. *Translation, power, Subversion* [C]. Multilingual Matters Ltd. 1996.

Bassnett, S. *Translation Studies* [M]. London, New York: Routledge. 2004.

Bloomfield, L. "Meaning" [J]. Monatshefte f. Deutschen Unterrricht, 1943, 35：101–106.

Catford, J. C. *A Linguistic Theory of Translation* [M]. London: Oxford University Press. 1965.

Chandler, D. Texts and the construction of meaning [A]. In Chandler, D.（ed.）. *The Act of Writing* [C]. Aberystwyth, Great Britain: The University of Wales Press, 1995: 4–7.

Chesterman, A. *Memes of Translation* [M]. Amsterdam & Philadelphia: John Benjamins Publishing Company, 1997: 48.

Chesterman, A. Proposal for a Hieronymic Oath [J]. *The Translator*, 2001（2）: 139–154, 182.

Cooper, A. *Li Po and Tu Fu* [M]. Hong Kong: Pengu Books. 1976.

Even-Zohar, Itamar . *Papers in Historical Poetics* [M]. Tel Aviv: Porter Institute. 1978.

Firth, J. R. The *Treatment of Language in General Linguistics* [M]. London: The Medial Press, 1959.

Gentzler, E. *Contemporary Translation Theories*（Rev. 2nd Ed.）[M]. Shanghai: Shanghai Foreign Language Education Press. 2004.

Gracia, J. J. E. 汪信砚、李志译. 文本性理论：逻辑与认识 [M]. 北京：人民出版社, 2009: 16, 35, 156.

Grice, H. P. Further Notes on Logic and Conversation [C]. In Code. P.（ed.）*Syntax and Semantics* [C]. Vol. 9, NY: Academic Press, 1978.

Gutt, E. A. *Translation and Relevance: Cognition and Context* [M]. Manchester: St. Jerome Publishing. 1991.

Halliday, M. A. K. *An Introduction to Functional Grammar* [M]. London: Arnold. 1985a.

Halliday, M. A. K. & R. Hasan. Language. *Context and Text: Aspects of Language in a Social Semiotic Perspective* [M] . Victoria: Deakin University . 1985b.

Harris, Z. S. Review of Louis H. Gray, Foundations of Language [J]. *Language*, 1940, 16: 216–231.

Hatim, B. & Mason, Ian. *Discourse and the Translator* [M]. Singapore: Longman Singapore Publishers (Pte) Ltd. 1990.

Hatim, B. & Mason, Ian. *The Translator as Communicator* [M]. London and New York: Routledge . 1997.

Heidegger, M. *Poetry, Language, Thought* [M]. Translated by Albert Hofstadter. New York: HarperCollins. 1975: 189.

Hoey, M. *On the Surface of Discourse* [M]. London: George Allen & Unwin, 1983.

Holmes, J. S. The Name and Nature of Translation Studies [C]. In Venuti L.(ed.) *The Translation Studies Reader* [C]. London and New York: Routledge. 1972/2000.

Holmes, J. S. *Translated! Papers on Literary Translation and Translation Studies* [M]. Amsterdam: Rodopi. 1988.

Holz-Manttari, J. *Translatorisches Handeln: Thearie und Methode* [M]. Helsinki: Suomalainen Tiedeakatemia. 1981/1984.

Hymes, D. On Communicative Competence [A]. In Pride, J.B. And Holmes, J. (eds.) *Sociolinguislics* [C]. Harmondsworth: Penguin. 1972.

Jackendoff, R. S. *Semantics and Cognition* [M]. Cambridge, MA: MIT Press. 1983.

Jacobsen, A. L. On Linguistic Aspects of Translation [A]. In Brower R.A (ed.). *On Translation* [C]. Oxford: Oxford University Press, 1959.

Johnson , M. & Lakoff, G. Why Cognitive Linguistics Requires Embodied Realism [J]. *Cognitive Linguistics*. 2002.

Lakoff, G. & Johnson, M. *Metaphors We Live by* [M]. Chicago: University of Chicago Press . 1980.

Lakoff, G. *Women, Fire, and Dangerous Things: What Categories Reveal about the Mind* [M]. Chicago: University of Chicago Press. 1987.

Lakoff, G. & Johnson, M *Philosophy in the Flesh—The Embodied Mind and Its Challenge to Western Thought* [M]. New York: Basic Books. 1999.

Leech, G. *Semantics* [M]. Middlesex: Penguin Books Ltd. 1974.

Lefevere, A. *Translation, Rewriting and the Manipulation of Literary Fame* [M]. London and New York: Routledge. 1992.

Levinson, S. C. *Pragmatics* [M]. Cambridge: Cambridge University Press. 1983.

LEVÝ, Jiří. Translation as a Decision Process [A]. In To Honor Roman Jakobson（ed.). *Essays on the Occasion of his Seventieth Birthday* [C]. Gemeente Den Haag: The Hague Press. 1966.

Liu, Shihshun. *One Hundred and One Chinese Poems* [M]. Hong Kong: Hong Kong University Press. 1968.

Malinowski, B. *Coral Gardens and Their Magic* [M]. Vol. 2. London: Routledge, 1935.

Nida, E. A. *Toward a Science of Translation: with Special Reference to Principles and Procedures in Bible Translation* [M]. Leiden: E. J.Brill Press. 1964.

Nida, E. A. & C. Taber. *The Theory and Practice of Translation* [M]. Leiden: E. J. Brill Press. 1969.

Nida, E. A. *Language and Culture: Contexts in Translating* [M]. Shanghai: Shanghai Foreign Language Education Press. 2001.

Niranjana, Tejaswini. *Sitting Translation: History, Post—Structuralism, and the Colonial Context* [M]. Berkeley and Los Angeles, California: University of California Press. 1992.

Nord, C. *Textanalyze und Ubersetzen: Theoretische Crrundlagen, Methode und didaktische Anwendung einer ubersetzungsrelevanten Textanalyze* [M]. Heidelberg: Groos. 1988/1991.

Nord, C. *Translation as a Purposeful Activity: Functionalist Approaches Explained* [M]. Manchester: St. Jerome Publishing. 1997.

Pelatt, V. & Liu, Eric T. *Thinking Chinese Translation: A Course in Translation Method Chinese to English* [M]. London: Routledge. 2010.

Pinkham, J. *The Translator's Guide to Chinglish* [M]. Beijing: Foreign

Language Teaching and Research Press. 2000.

Pym, A. *The Return to Ethics—Special Issue of the Translator* [M]. Manchester: St Jerome Publishing. 2001.

Pym, A. *Exploration of Translation Theories* [M]. London: Routledge. 2010.

Quine, Willard van O. Two Dogmas of Empiricism [J]. *The Philosophical Review*, 1951, (60) : 20–43.

Quirk, R. at el. *A Comprehensive Grammar of the English Language* [M]. London: Langmans. 1985: 1384.

Reiss, K. Text types, Translation Types and Translation Assessment [A]. translated by A. Chesterman, in A. Chesterman (ed.) *Readings in Translation* [C]. Helsinki: OyFinn Lectura Ab. 1977/1989: 105–115.

Reiss, K. Moglichkeiten und Grenzen der Ubersetzungskriik. *Kategorien und Kriterien fur wine sachgerechte Beurteilung von Ubersetungen* [M]. Munich: herber. 1971.

Reiss, K. & H. J. Vermeer. *Grundlegung Einer Allgemeinen Translationstheorie* [M]. Tubingen: Niemeyer. 1984.

Saeed, I. John. *Semantics* [M]. Oxford: Blackwell Publishers Ltd. 1997.

Searl, J. R. *Speech Acts* [M]. Cambridge: Cambridge University Press.1969.

Simon, S. *Gender in Translation: Cultural Identity and the Politics of Transmission* [M]. London and New York: Routledge. 1996.

Sperber, D. & Wilson, D. *Relevance: Communication and Cognition* [M]. Oxford: Blackwell Publishers Ltd. 1986/1995.

Toury, G. *Descriptive Translation Studies and Beyond* [M]. Amsterdam, Philadelphia: Benjamins Publishing Company. 1995.

Tytler, A. F. *Essay on the Principles of Translation* [M]. Amsterdam Philadelphia: John Benjamins Publishing Company,1978.

Tytler, A. F. *Essay on the Principles of Translation* [M]. Amsterdam, Philadelphia: John Benjamins Publishing Company, 1978；Beijing: Foreign Language Teaching and Research Press, 2007.

Ungerer, F. & Schmid, H. J. *An Introduction to Cognitive Linguistics* [M]. London: Addison Wesley Longman Limited, 1996.

van Dijk, T. A. *Macrostructure—An Interdisciplinary Study of Global Structure in Discourse, Interaction, and Cognition* [M]. Hillside, New Jersey: Lawrence Erlbaum Associates Publishers. 1980.

van Dijk, T. A. *Discourse and Context: A Sociocognitive Approach* [M]. Cambridge: Cambridge University Press. 2008.

Venuti, L. *The Translator's Invisibility: A History of Translation* [M]. London: Routledge. 1994.

Vermeer, H. J. Aufsaze zur Translationstheorie [C]. Heidelberg (Reprints of articles on Skopostheorie published in various journals, including Vermeer, 1978, 1979)

Vermeer, H. J. *Skopos und Translationsauftrag— Aufsatze* [M]. Heidelberg: Universitat (thw—translatorisches handeln wissenschaft 2), 1989, second edition 1990.

Verschueren, J. *Understanding Pragmatics* [M]. London and New York: Arnold. 1999.

Widdowson, H. G. *Learning Purpose and Language Use* [M]. Oxford: Oxford University Press. 1983.

Wilss, W. *The Science of Translation: Problems and Methods* [M]. Tubingen: Gunter Narr Verlag, 1982; Shanghai: Shanghai Foreign Language Education Press. 2001.

Yip, Wai–Lim. *Chinese Poetry: An Anthology of Major Modes and Genres* [M]. Durham: Duke University Press. 1997.

埃德加·莫兰．方法：思想观念 [M]，秦海鹰译．北京：北京大学出版社，2002．

白蓝．湘西旅游翻译策略应用效果研究——基于目的论视角的调查与分析 [J]．吉首大学学报，2011（5）．

彼彻姆．哲学的伦理学——道德哲学引论 [M]，雷克勤等译．北京：中国社会科学出版社，1990．

蔡新乐．翻译的本体论研究——翻译研究的第三条道路，主体间性与人的元翻译构成 [M]．上海：上海译文出版社，2005．

曹山柯．从中英语言差异性看《江雪》的十一种翻译 [J]．外语与外语教学，2004（5）：31–34．

陈安定．翻译精要 [M]．北京：中国青年出版社，2004．

陈波．逻辑哲学导论 [M]．北京：中国人民大学出版社，2000．

陈大亮．谁是翻译主体 [J]．中国翻译，2004（2）．

陈德鸿、张南峰．西方翻译理论精选 [C]．香港：香港城市大学出版社，2000．

陈福康．中国译学理论史稿 [M]．上海：上海外语教育出版社，1992．
陈刚．涉外导游词翻译的特点及策略 [J]．浙江大学学报（人文社科版），2002（2）．
陈炼．伦理学导论 [M]．北京：北京大学出版社，2008．
陈敏．谈外宣翻译中的译者主体性 [J]．湖南科技学院学报，2006（8）：168–171．
陈文伯．教你如何掌握汉英技巧 [C]．北京：世界知识出版社，1999．
陈学斌、刘彤．翻译市场呼唤翻译伦理 [J]．商场现代化，2007（11月下）：399．
陈音稳等．从英汉双语范畴化差异的角度论证“双元结构”理论 [J]．西北农林科技大学学报（社科版），2009（2）：102–105．
陈真．当代西方规范伦理学 [M]．南京：南京师范大学出版社，2006．
陈忠．信息语用学 [M]．济南：山东教育出版社，1999：15．
陈忠华．知识与语篇理解——话语分析认知科学方法论 [M]．北京：外语教学与研究出版社，2004：181–187．
陈忠华、刘心全、杨春苑．知识与语篇——话语分析认知科学方法论 [M]．北京：外语教学与研究出版社，2004．
成中英．本体诠释学 [M]．北京：三联书店，2000．
范晓．语言研究的新思路 [M]．上海：上海教育出版社，1998．
范武邱、范头姣．中国大学校训翻译：问题与基本对策 [J]．上海翻译，2008（2）．
方红．浅析英汉翻译中词汇的范畴转移 [J]．齐齐哈尔大学学报（社科版），2005（6）：105–107．
方梦之．翻译新论与实践 [M]．青岛：青岛出版社，2002．
方梦之．实用文本汉译英 [M]．青岛：青岛出版社，2003．
方梦之．从译学术语看翻译研究的走向 [J]．上海翻译，2008（1）．
方梦之．论翻译生态环境 [J]．上海翻译，2011（1）．
冯契．智慧的探索 [M]．上海：华东师范大学出版社，1994．
冯契．逻辑思维的辩证法 [M]．上海：华东师范大学出版社，1996．
傅德岷等．唐诗宋词鉴赏辞典 [M]．上海：上海科学技术文献出版社，2008．
傅雷．论文学翻译书 [J]．读书，1979（3）．
傅世侠．创新，创造与原发创造性 [J]．科学技术与辩证法，2002（1）．
辞海编辑委员会．辞海 [Z]．上海：上海辞书出版社，2002．

辞源修订组．辞源（修订本）[Z]．北京：商务印书馆，2002．
崔宜明．道德哲学引论 [M]．上海：上海人民出版社，2006．
戴玉霞．飞鸿踏雪泥，诗风募禅意——从接受美学视角看苏轼诗词翻译中的意境再现 [J]．外语教学，2011 (5)．
戴震．戴震全书（一）[M]．合肥：黄山书社，1994．
戴炜栋、陆国强．概念能力与功能表现 [J]．外国语，2007 (3)．
蒂费纳．撒莫瓦约．互文性研究 [M]，邵炜译．天津：天津人民出版社，2003．
丁衡祁．对外宣传中的英语质量亟待提高 [J]．中国翻译，2002 (4)：44–46．
段东泰．菊 [M]．北京：中国林业出版社，2004．
段连城．对外宣传英译的“常见病”及解释性翻译 [J]．中国翻译，1990 (5)．
段连城．呼吁：请译界同仁都来关心对外宣传 [A]．中国翻译编辑部．中译英技巧论文集 [C]．北京：中国对外翻译出版公司，1992．
段峰．文化视野下文学翻译主体性研究 [M]．成都：四川大学出版社，2008．
高存、张允．旅游文本的英译——问卷调查与策略探讨 [J]．上海翻译，2005 (3)．
葛林．翻译伦理再思考 [J]．广州大学学报，2007 (12)：71–74．
葛校琴．后现代语境下的译者主体性研究 [M]．上海：上海译文出版社，2006：125．
耿龙明．翻译论丛 [C]．上海：上海外语教育出版社，1998．
龚晨枫．旅游英语中的民俗文化翻译问题研究 [J]．广西民族师范学院学报，2010 (6)．
龚景浩．英译中国古词精选 [C]．北京：商务印书馆，2000．
龚晓斌、兰夏．国外著名大学校训的语言特点及文化内涵 [J]．安徽工业大学学报（社会科学版），2007 (3)．
辜正坤．中西诗比较鉴赏与翻译理论 [M]．北京：清华大学出版社，2002．
辜正坤．译学津原 [M]．郑州：文心出版社，2005．
郭建中．实用性文章的翻译 [J]．上海科技翻译，2001 (3)．
郭芹纳．训诂学 [M]．北京：高等教育出版社，2005．
郭英珍．河南旅游翻译的生态翻译学视角审视 [J]．河南师范大学学报（社科版），2012 (2)．
哈贝马斯．交往与社会进化 [M]，张博树译．重庆：重庆出版社，1989．

哈贝马斯．在事实与规范之间：关于法律和民主法治国的商谈理论 [M]，童世骏译．北京：三联书店，2003．
哈贝马斯．交往行为理论：行为合理性与社会合理化 [M]，曹卫东译．上海：上海人民出版社，2004．
哈贝马斯．论实践理性的实用意义，伦理意义和道德意义 [A]，沈清楷译．对话伦理学与真理的问题 [C]．北京：中国人民大学出版社，2005．
韩虔．旅游景介文本英译与旅游目的地形象塑造 [J]．长春理工大学学报（社会科学版），2011（9）．
韩震、孟鸣岐．历史·理解·意义——历史诠释学 [M]．上海：上海译文出版社，2002：2–3．
何克抗．建构注意学习理论与建构主义学习环境 [J]．教育传播与技术，1996（3）．
何怀宏．伦理学是什么 [M]．北京：北京大学出版社，2002．
贺善侃．实践主体论 [M]．上海：学林出版社，2001．
贺文照．翻译学辩论中的几个边缘问题 [J]．天津外国语学院学报，2001（4）：15–16．
黑尔．万俊人译．道德语言 [M]．北京：商务印书馆，1999：148–149．
洪汉鼎．理解与解释——诠释学经典文选 [M]．北京：东方出版社，2001．
侯林平．我国近十年来译者主体性研究的回顾与反思 [J]．山东科技大学学报，2006（3）．
胡庚申．从“译者主体”到“译者中心”[J]．中国翻译，2004（3）．
胡庚申．从术语看译论——翻译适应选择论概观 [J]．上海翻译，2008（2）．
胡庚申．翻译选择适应论 [M]．武汉：湖北教育出版社，2004．
胡牧．主体性，主体间性抑或总体性 [J]．外国语，2006（6）．
胡塞尔．倪梁康译．内时间意识的现象学 [M]．北京：商务印书馆，2009．
胡壮麟．语境研究的多元化 [J]．外语教学与研究，2002（3）．
黄国文．《清明》一诗英译文的人际功能探讨 [J]．外语教学，2002（3）：34–38．
黄国文．翻译研究的语言学探索——古诗词英译本的语言学分析 [M]．上海：上海外语教育出版社，2007．
黄杲炘．英语格律诗汉译标准的量化及其应用 [J]．中国翻译，1999（6）：14–18．
黄友义．坚持“外宣三贴近”原则，处理好对外宣传中的难点问题 [J]．中国翻译，2004（6）：27–28．

黄忠廉．翻译变体研究 [M]．北京：中国对外翻译出版公司，2000．
季羡林．季羡林人生漫笔 [M]．北京：同心出版社，2000：376．
加切奇拉泽．文艺翻译与文学交流 [M]．北京：中国对外翻译出版公司，1987．
贾文波．应用翻译功能观 [M]．北京：中国对外翻译出版公司，2005．
姜井水．现代科学认识论与现代科学辩证法 [M]．上海：学林出版社，2003．
蒋红红．民俗文化翻译探索 [J]．国外外语教学，2007（3）．
金元浦．文学阐释学 [M]．长春：东北师范大学出版社，1997．
金岳霖．金岳霖学术论文选 [M]．北京：商务印书馆，1989．
乔治·J．格雷西亚．文本性理论：逻辑与认识 [M]，汪信砚、李志译．北京：人民出版社，2009：16/35/156．
卡尔·波普尔．客观知识：一个进化论的研究 [M]，舒伟光等译．上海：上海译文出版社，2005．
康德．道德形而上学原理 [M]，苗力田译．上海：上海人民出版社，2005．
库珀．行政伦理学：实现行政责任的途径 [M]，张秀琴译．北京：中国人民大学出版社，2001：85．
拉斐尔．道德哲学 [M]，邱仁宗译．沈阳：辽宁教育出版社，1998：27．
劳陇，翻译活动是艺术还是科学？[J]．《中国翻译》，2000（4）．
卢风．道德选择，道德困境与道德悖论 [J]．哲学动态，2009（9）：45．
鲁道夫·卡尔那普．世界的逻辑构造 [M]，陈启伟译．上海：上海译文出版社，1999．
郦青．《一剪梅》英译的互文性对比解读 [J]．修辞学习，2005（3）：40–42．
李建盛．理解事件与文本意义——文学诠释学 [M]．上海：上海译文出版社，2002．
李连科．价值哲学引论 [M]．北京：商务印书馆，1999．
李时珍．本草纲目 [M]．北京：人民卫生出版社，1977．
李延福，国外语言学通观 [M]．济南：山东教育出版社，1996．
李欣．外宣翻译中的“译前处理”[J]．上海科技翻译，2001（1）：18–21．
李泽厚．批判哲学的批判——康德述评 [M]．北京：人民出版社，1979．
连淑能．英译汉教程 [M]．北京：高等教育出版社，2006．
廖志勤．构建个性化笔译教学模式，培养本科生综合素质 [J]．外语界，2008（2）．

林克难．翻译教学在国外 [J]．中国翻译，2000（2）：58–60．
林语堂．京华烟云 [M]．北京：外语教学与研究出版社，2005．
刘纲纪．艺术哲学 [M]．武汉：湖北人民出版社，1986：318–344．
刘国忠等．论建构主义与翻译教学 [J]．黄山学院学报，2008（4）．
刘华文、李红霞．汉英翻译中再范畴化的认知特征 [J]．外语研究，2005（4）：49–54．
刘会珍．翻译中的语境意义 [J]．湖北经济学院学报，2008（5）：121–122．
刘宓庆．翻译美学导论 [M]．台湾：台林出版社，1995．
刘宓庆．当代翻译理论 [M]．北京：中国对外翻译出版公司，1999．
刘宓庆．翻译与语言哲学 [M]．北京：中国对外翻译出版公司，2001
刘宓庆．翻译教学：实务与理论 [M]．北京：中国对外翻译出版公司，2003：30．
刘宓庆．中西翻译思想比较研究 [M]．北京：中国对外翻译出版公司，2005．
刘卫东．翻译伦理的回归与重构 [J]．中国外语，2008（6）：95，97．
刘逸生．唐诗小札 [M]．广州：广州出版社，2001．
刘永富．价值哲学新视野 [M]．北京：中国社会科学出版社，2002．
刘云虹．论文学翻译批评的多元功能 [A]．张柏然，许钧．面向21世纪的译学研究 [C]．北京：商务印书馆，2002．
刘勰．文心雕龙 [M]．重庆：西南师范大学出版社，1996：87．
刘永富．价值哲学的新视野 [M]．北京：中国社会科学出版社，2002．
刘重德．浑金璞玉集 [M]．北京：中国对外翻译出版公司，1994．
卢敏．如何做好中央文献翻译工作 [J]．中国翻译，2002（5）：48–51．
吕俊．范式批评与问题意识——对译学研究的两种路径的批评研究 [J]．外国语，2008（5）．
吕俊、侯向群．翻译学——一个建构主义的视角 [M]．上海：上海外语教育出版社，2006．
罗长海、肖春燕．辩证唯物主义基本原理 [M]．北京：北京工业大学出版社，2003．
罗虹．翻译研究的伦理转向与思考 [J]．湘潭师范学院学报，2008（5）：61．
罗新璋．翻译论集 [M]．北京：商务印书馆，1984．
罗新璋．释“译作” [J]．中国翻译，1995（2）．
罗长海、肖晓燕，辩证唯物主义基本原理 [M]．北京：工业大学出版社，2003．

骆贤凤. 中西翻译伦理研究述评 [J]. 中国翻译，2009（3）：13.
马丁·海德格尔. 时间与存在 [M]. 陈嘉映、王庆节译，北京：三联书店，2006.
毛泽东. 毛泽东选集（第1卷）[M]. 北京：人民出版社，1991.
孟华. 汉字：汉语和华夏文明的内在形式 [M]. 北京：中国社会科学出版社，2004.
倪梁康. 胡塞尔现象学概念通释 [M]. 北京：新知三联书店，1999.
诺德，C. 译有所为：功能翻译理论阐释 [M]. 张美芳、王克非译. 北京：外语教学与研究出版社，2005.
潘文国. 在当代西方的翻译学研究——兼谈“翻译学”的学科性问题 [J]. 中国翻译，2002（1）.
彭涟漪. 冯契辩证逻辑思想研究 [M]. 上海：华东师范大学出版社，1999.
彭涟漪. 逻辑范畴论——马克思主义哲学关于范畴的理论 [M]. 上海：华东师大出版社，2000.
钱冠连. 有理据的范畴化——语言理论研究中的原创性 [J]. 外语与外语教学，2001（10）：7–10.
钱冠连. 汉语语用文化学 [M]. 北京：清华大学出版社，1997.
钱锺书. 管锥篇（一）[M]. 北京：三联书店，2001.
桑龙扬. 旅游景点名称翻译的原则与方法——以庐山等旅游景区为例. 中国科技翻译，2011（4）.
单少杰. 主客体理论批判 [M]. 北京：中国人民大学出版社，1989.
沈苏儒. 我对翻译研究的基本认识 [J]. 中国翻译，2007（1）：36.
史亭玉. 外事宣传翻译技巧浅探 [J]. 湖南医科大学学报（社会科学版），2002（4）.
邵志洪. 英汉语研究与对比 [M]. 上海：华东理工大学出版社，1997.
宋志平. 从信息分布看英汉互译 [J]. 外语学刊，1998（4）.
孙艺风. 翻译研究与意识形态：拓展跨文化对话的空间 [J]. 中国翻译，2003（5）.
孙诒让. 墨子闲诂 [M]. 北京：中华书局，2001.
谭业升. 论翻译中意义的认知建构 [J]. 外国语文，2009（1）.
谭载喜. 翻译学 [M]. 武汉：湖北教育出版社，2000.
唐圭璋等. 唐宋词选注 [M]. 北京：北京出版社，1982.
陶渝苏. 知识与方法 [M]. 贵阳：贵州人民出版社，1998.
田艳. 冗余信息与增译和省译 [J]. 中国翻译，2001（9）.

田运．思维辞典 [M]．杭州：浙江教育出版社，1996．
图尔敏．理性在伦理学中的地位审察 [A]，万俊人．20世纪西方伦理学经典（I) [C]．北京：中国人民大学出版社，2003：414．
屠国元、朱献珑．译者主体性：阐释学的阐释 [J]．中国翻译，2003（6）．
王秉钦．文化翻译学 [M]．天津：南开大学出版社，1995．
王步高．唐宋词鉴赏 [M]．南京：南京大学出版社，2006．
王大濂．英译唐诗绝句百首 [M]．天津：百花文艺出版社，1997．
王大智．关于展开翻译伦理研究的思考 [J]．外语与外语教学，2005(12)：45．
王东风．论翻译过程中的文化介入 [J]．中国翻译，1998（5）．
王东风．解构“忠实”——翻译神话的终结 [J]．中国翻译，2004（6）．
王敬华．道德选择研究 [M]．北京：中国社会科学出版社，2008：165．
王海明．伦理学方法 [M]．北京：商务印书馆，2003．
王宏印．中国传统译论经典诠释 [M]．武汉：湖北教育出版社，2003．
王宏印．融通中西译论，革新中国译学 [J]．中国外语，2008（6）．
王宏．走进绚丽多彩的翻译世界 [M]．北京：外语教学与研究出版社，2012．
王连义．导游翻译二十讲 [C]．北京：旅游教育出版社，1990．
王雪明．认知范畴对英文翻译的启示 [J]．太原大学学报，2007，8（1)：96–97．
王寅、李弘．原型范畴理论与英汉构词对比 [J]．四川外国语学院学报，2003（3)：135–140．
王寅．认知语言学的翻译观 [J]．中国翻译，2005a（5）．
王寅．再论语言体验性 [J]．山东外语教学，2005b（2）．
王宗炎．辨义为翻译之本 [J]．翻译通讯，1984（4）．
王哲元．典籍型大学校训英译策略研究——以翻译“目的论”为指导 [J]．青年文学家，2011（21）．
维果茨基．教育心理学 [M]，龚浩然等译．杭州：浙江教育出版社，2003．
文殊．诗词英译选 [M]．北京：外语教学与研究出版社，1989．
翁凤翔．实用翻译 [M]．杭州：浙江大学出版社，2002．
吴慧坚．林语堂《记承天寺夜游》译文评析——兼论关联性语境融合理论与翻译批评 [J]．社会科学战线，2010（5)：168–173．
西季威克．伦理学方法 [M]，廖申白译．北京：中国社会科学出版社，1993．

肖红．浅谈范畴词的英译 [J]．内江师范学院学报，2004（1）：49–51．
萧乾．尤利西斯译本序 [M]．南京：译林出版社，1994．
肖前等．辩证唯物主义原理 [M]．北京：人民出版社，1981．
向敬德．西方元伦理学 [M]．长沙：湖南师范大学出版社，2006．
谢龙．马克思主义哲学原理 [M]．人民出版社，1995．
徐梅江．汉译英的双向理解与完美表达 [J]．中国翻译，2000（6）：11–14．
徐盛桓．主位和述位 [J]．外语教学与研究，1982（1）．
徐盛桓．再论主位与述位 [J]外语教学与研究，1985（4）．
徐向东．道德哲学与实践理性 [M]．北京：商务印书馆，2006．
徐向东．自我，他人与道德——道德哲学导论 [M]．北京：商务印书馆，2007．
许建忠．工商企业翻译实务 [M]．北京：中国对外翻译出版公司，2002．
许建忠．翻译生态学 [M]．北京：中国三峡出版社，2009．
许钧．“创造性叛逆”和翻译主体性的确立 [J]．中国翻译，2003（1）．
许钧．简论理解和阐释的空间与限度 [J]．外国语，2004．
许钧．论翻译活动的三个层面 [A]．张伯然，许均．面向21世纪的译学研究 [C]．北京：商务印书馆，2002：219–230．
许钧等．当代法国翻译理论 [M]．武汉：湖北教育出版社，2001．
许钧．翻译论 [M]．武汉：湖北教育出版社．2003．
许渊冲．“毛主席诗词”译文研究 [J]．外国语，1979（1）．
许渊冲．再谈《竞赛论》和《优势论》[J]．中国翻译，2001（2）．
许渊冲．中诗英韵探胜 [M]．北京：中华书局，1992．
许渊冲．英译诗经 [M]．长沙：湖南出版社，1993．
许渊冲．*Song of the Immortals*: *An Anthology of Classical Chinese Poetry* [M]．Beijing: New World Press，1994．
许渊冲．唐诗三百首（英汉对照）[M]．长沙：湖南出版社，1996．
许渊冲．英译新编千家诗 [M]．北京：中华书局，2007．
许渊冲．中诗英韵探胜（第二版）[C]．北京：北京大学出版社，2010．
杨洁、曾利沙．论翻译伦理学研究范畴的拓展 [J]．外国语，2010（5）．
杨武能．阐释，接受与再创造的循环 [J]．中国翻译，1987（6）．
杨武能．再谈文学翻译主体 [J]．中国翻译，2003（3）．
杨晓荣．翻译批评导论 [M]．北京：中国对外翻译出版公司，2005．
杨自俭．对译学建设中几个问题的新认识 [J]．中国翻译，2000（5）．
杨自俭．如何推动翻译学的建设与发展 [J]．上海翻译，2005（3）：2–3．

杨自俭．译学探索之路——《翻译学——一种建构主义的视角》序 [J]．中国外语，2006（1）：76．
杨自俭，关于翻译教学的几个问题 [J]．上海翻译，2006（3）．
伊曼努尔·康德．自然科学的形而上学基础 [M]，邓晓芒译．上海：上海人民出版社，2003．
姚丽娟．预设、蕴含与会话含义的异同与联系 [J]．郑州大学学报（哲学社会科学版），2011（6）．
英汉双语．现代汉语词典 [Z]．北京：外语教学与研究出版社，2002．
英语词典：Oxford Advanced Learner's E—C Dictionary；DK Oxford Illustrated E—C Dictionary；Cambridge International Dictionary of English.
余富林、陈兴．英汉·汉英饮食菜肴辞典 [Z]．北京：化学工业出版社．2011．
曾利沙．论翻译学研究的若干理论问题 [J]．外语与外语教学，2000（9）．
曾利沙．论构建文学翻译"忠实"标准的意义参数 [A]．外语学术论丛 [C]．重庆：重庆大学出版社，2000．
曾利沙．论"规律"——兼论翻译理论与实践的辩证关系 [J]．外语与外语教学，2001（9）：49–52．
曾利沙．论"操作视域"与"参数因子"——兼论翻译学理论范畴的研究 [J]．现代外语，2002（2）：155–159．
曾利沙．化理论知识，化理论为方法 [J]．中国翻译，2003a（1）．
曾利沙．论翻译理论的多重属性 [J]．中国科技翻译，2003b（4）．
曾利沙．翻译实践的社会性与翻译理论的成型性 [J]．上海科技翻译，2003c（4）．
曾利沙．论旅游手册翻译的主题化信息突出原则 [J]．上海翻译，2005a（1）：19–23．
曾利沙．翻译教学中的思维训练——兼论译者主体主观能动性的思维动因，《外国语言文学》，2006年第1期。
曾利沙．对《2002年中国的国防》（白皮书）英译文的评析——兼论对外宣传翻译"经济简明"原则 [J]．广东外语外贸大学学报，2005b（2）：5–9．
曾利沙．主题关联性社会文化语境与择义的理据性 [J]．中国翻译，2005c（4）：36–40．
曾利沙．论文学翻译艺术创造性的本质特征——从译者主体思维特征看艺术再现与艺术表现的典型性 [J]．四川外语学院学报，2005d（5）．

曾利沙. 应用翻译中的认知思维问题——也谈对外宣传翻译的概念逻辑与社会效应性 [J]. 外语教学与翻译，2005e（11）.
曾利沙. 古典诗词互文性解读的“阈限”问题——兼论文本（翻译）阐释的主题与主题倾向关联性语境融合 [J]. 修辞学习，2006a（1）：65–67.
曾利沙. 论翻译教学中的思维训练——兼论译者主体主观能动性的思维动因 [J]. 外国语言文学，2006b（1）.
曾利沙. 信息性质与信息价值——兼论应用翻译的可操作性理据 [J]. 《中国科技翻译》，2006c（2）.
曾利沙. 论文学翻译的主观能动性与客观制约性——社会文化语境下译者主体性的实证研究 [J]. 广东外语外贸大学学报，2006d（2）.
曾利沙. 论语篇翻译的概念语境化意义生成的认知机制 [J]. 英语研究，2007a（1）：31–35.
曾利沙. 从对外宣传翻译原则范畴化看应用翻译系统理论建构 [J]. 外语与外语教学，2007b（3）：44–46.
曾利沙. 语篇翻译语境化概念意义生成机制与认知模型——也谈语篇翻译意识与TEM8语段翻译教学 [J]. 外语教学，2007c（3）.
曾利沙. 主题与主题倾向关联下的概念语义生成机制 [J]. 外语教学，2007d（3）：88–92.
曾利沙. 从旅游文本翻译理论建构看应用翻译理论范畴化拓展 [J]. 上海翻译，2008（3）：1–5.
曾利沙. 基于实践的翻译批评应具学理性与客观论证性 [J]. 上海翻译，2009a（3）：14–17.
曾利沙. 从认知角度看对外宣传英译的中式思维特征——兼论应用翻译技术理论范畴化表征与客观理据性 [J]. 广西民族大学学报，2009b（6）：81–85.
曾利沙. 论古汉诗词英译批评本体论意义阐释框架——社会文化语境关联下的主题与主题倾向性融合 [J]. 外语教学，2010a（2）：89–92.
曾利沙. 本科商务英语专业以何为“专”[J]. 广东外语外贸大学学报，2010b（4）：10–14.
曾利沙. 论翻译学理论研究的学理性基础 [A]，曾利沙. 翻译学理论的系统构建 [C]. 上海：上海外语教育出版社，2010c.
曾利沙、李燕娜. 从语境参数论看范畴概念“活动”英译的实与虚——兼论应用翻译研究的经验模块与理论模块的建构 [J]. 上海翻译，

2011a (2): 1–6.
曾利沙. 体验——建构融通式笔译教学法理念与方法论——兼论语境参数与体验——建构的互动性 [J]. 广东外语外贸大学学报, 2011b (3): 75–80.
曾利沙. 论应用翻译学理论范畴体系整合与拓展的逻辑基础 [J]. 上海翻译: 2012 (4).
张秉戍. 中国历代诗歌鉴赏辞典 [M]. 北京: 中国旅游出版社, 1992.
张绵厘. 实用逻辑教程 [M]. 北京: 中国人民大学出版社, 1993.
张经浩. 翻译学: 一个未圆且难圆的梦 [J]. 外语与外语教学, 1999 (10).
张基珮. 外宣英译的原文要适当增删 [J]. 上海科技翻译, 2001 (3): 21–24.
张健. 英语对外报道并非逐字英译 [J]. 上海科技翻译, 2001 (4): 22–25.
张玲. 传神达意,"译"味隽永——汪榕培英译"枫桥夜泊"的艺术 [J]. 中国外语, 2010 (1).
张宁. 旅游资料翻译中的文化思考 [J]. 中国翻译, 2000 (5): 54–56.
张培基、喻云根等. 英汉翻译教程 [M]. 上海: 上海外语教育出版社, 1980.
章启群. 意义的本体论——哲学诠释学 [M]. 上海: 上海译文出版社, 2002: 54.
张卫萍. 建构主义下翻译教学自主学习模式的构建 [J]. 湘潭师范学院学报, 2008 (6).
张相. 诗词曲语辞汇释 [M]. 北京: 中华书局, 1953.
张政文. 马克思主义文学阐释观的哲学研究 [M]. 哈尔滨: 黑龙江人民出版社, 2005.
赵彦春. 翻译学归结论 [M]. 上海: 上海外语教育出版社, 2005.
郑恩岳.《红楼梦》中的一些联额的英译 [J].《中国翻译》, 1994 (2).
钟晓雪. 从校训看大学教育的理念与精神追求 [J]. 江苏高教, 2003 (6).
周阿根等."朱颜"不等于"美女"——李煜词《虞美人》的一处误注 [J]. 西昌农业高等专科学校学报, 2002 (2).
周领顺. 试论企业宣传文字中壮辞的英译原则 [J]. 上海科技翻译, 2003 (3): 59–60.
周锰珍、曾利沙. 论关联性信息与信息价值 [J]. 中国科技翻译, 2006 (3): 23–26.

朱纯深．宋词英译（2）[J]．中国翻译，2002（3）：92–94．
朱立元．接受美学 [M]．上海：上海人民出版社，1989．
朱歧新、张秀桂．英语导游翻译实用手册 [M]．北京：旅游教育出版社，1990.
朱献超、韩子满．译员基础教程 [M]．北京：中国对外翻译出版公司，2006：123．
朱志瑜．翻译研究：规定，描写，伦理 [J]．中国翻译，2009（3）：5-6．
朱志凯．逻辑与方法 [M]．北京：人民出版社，1995．
卓振英．汉诗英译的总体审度与诗化 [J]．外语与外语教学，1997（4）．
卓振英、刘筱华．英译中国历代诗词 [M]．广州：暨南大学出版社，2010．
卓振英．汉诗英译论纲 [M]．杭州：浙江大学出版社，2011．
卓振英．汉诗英译论要 [M]．北京：中国科学文化出版社，2003．
卓振英．华夏情怀——历代名诗英译及探微 [M]．广州：中山大学出版社，1996．
卓振英．英译宋词集萃 [M]．上海：上海外语教育出版社，2008．

附 录

术语对照表

B	
本体论批评	ontological criticism
本质力量	essential power
本真美	beauty in reality
本文潜能性	textual meaning potential
比拟思维	analogical thinking
变异性	variability
标准论	view on criteria
不可译性悖论	untranslatability paradox
不完整性	incompleteness
C	
参照性主体	referential subject
策略论	view on strategies
策略原则	strategical principle
成因	genetic causation
次范畴化	subcategorization
次级主题	secondary theme or motif
阐释之循环	cyclic elucidation
呈现结构	emerging structure
充实确定性	fulfilling determination
抽象性	abstraction
创造性思维	creative thinking
D	
淡化	downplaying
动态性	dynamic

动态语义	dynamic meaning
读者完形性	readership—based gestalt
多维思维	multidimensional thinking
多义性	polysemy

E

二级本质	second—level essence

F

发生学	embryology
发展性	expansibility or development
方法论	methodology
方法论批评	methodological criticism
方法结构	structure of methods
翻译伦理学	ethics of translation
翻译管理伦理	ethics of management
翻译操作伦理	ethics of operation
翻译批评伦理	ethics of translation criticism
翻译主体类型论	types of translation subjects
范畴化	categorization
非确定性	indetermination
非常态主体	irregular subject
辅助性理论概念	auxiliary theoretic concepts

G

感觉	sensation
公理性推论	axiom—based inference
构形	configuration
关系性	relationship
关联性融合	fusion of relevance or relevancy coalescence
关涉（延伸式）主体	involving or extensive subject
观念性产物	conceptual outcome
规范现实	regulation of reality
规律认识论	law—based epistemology

规则论	view on regulation or rules
归纳与演绎的统一	integration of induction and deduction
H	
含义	signification
含义充实	significational fulfilling or replenishing
核心理论概念	core theoretic concepts
互文论	intertextuality
话语含意	discourse implication
唤象托意	image—arousing meaning or significance
J	
基础理论概念	basic theoretic concepts
基项范畴	basic category
激活	activation
技术理论范畴	techniques—based theoretic category
技巧论	view on techniques or skills
技术理论范畴	theoretic categories derived from techniques
价值属性	value—bound attributes
价值选择目的—需求论	aim—needs based value choices
价值选择策略论strategy	for value—oriented choices
价值（艺术）创造论	（artistic）creation of values
价值原则	axiological principle
价值结构	structure of values
价值选择论	value—based choices
价值凸显	value prominence
价值甄别	value discrimination and screening
价值论批评	axiological criticism
交往主体	interactive subject
间接性	indirectness
结构缺省性	defaulted structure
接受美学	aesthetics of reception or reception aesthetics
经济性	economicality
经验模块	empiric modules

经验性	experiencing
经验感性认识	experiencing perceptual interpretation
经验思维	empirical thinking
静态语义	static meaning

K

开放性	openness
可阐释	elucidative
可操作	manipulative
可描写	descriptive or demonstrative
可推论	inferential
可推演验证性	demonstrative verification
可印证	verifiable
客体价值属性论	value—attached attributes of object
客体价值特征比较论	comparison between value—attached attributes of objects
客体主体化	object—remoulded subjectification
空泛	voidness

L

理论感性认识	theoretic perceptual interpretation
理论理性认识	theoretical conceptual knowledge
理论假说	theoretic hypothesis
理论职能	theoretic functions
理论模块	theoretic modules
理论桥接	theoretic bridging
理之纬	diction—latitudinal texture reasoning
理智的联接	intelligible interlinkage
立义	apprehension or construing
历时给定的语义	diachronically—given meaning
逻辑思维	logical thinking
逻辑性	logicality

M

美感对象	aesthetic object
美学修辞	rhetoric featuring aesthetics
模糊性	vagueness
摹写现实	depicting reality or reality imitating
陌生化	defamiliarization
目的论	aims—oriented view
目的—需求原则	aim—needs principle

N

内涵语义	connotative meaning
内向型伦理	introversive ethics
内部动因	intrinsic motivation
逆向思维	reverse thinking

Q

歧义性	ambiguity
强语境	intensive context
强化	reinforcing
轻化	understating
情感思维	emotional thinking
情景思维	situational thinking
情之经	emotion—longitudinal texture development
求新性	innovation pursuit
区间性规律	interval or range—bound law
全景视域	global vision
缺省性	defautedness

R

认识论批评	epistemological criticism
认识结构	structure of acquisition
认知语境结构链	structural chain of cognitive context
认知思维	cognitive thinking
弱化	avianizing

弱语境	weak context

S

社会伦理论	social ethics
实践结构	structure of practice
始项范畴	initial category
审美倾向论	aesthetic tendency
审美需求论	aesthetic needs
受众制约论	constraint of recipients
述位意义	rhematic meaning

T

他证性	other—verification
体系性	systematicality
体验	embodied experience or mental process
条理性	well—organizedness
推论	deduction or inference
统摄物	governing
凸显化	prominent
凸显	highlighting or prominence—setting
图景空缺	absence of consecutive pictures

W

外部环境干涉论	external environment interference
外围理论概念	peripheral theoretic concepts
外向型伦理	extroversive ethics
外延语义	denotative meaning
文本义—意论	text—based meaning and senses
文化干涉	cultural interference
预设意义	presuppositional meaning

X

显性译眼	explicit translation eyes
现象学	Phenomenology

现象学还原	Phenomenological reduction
信息/意义加工	information or meaning processing
形象思维	image thinking
形美	beauty in form
形式风格价值凸显论	value—based forms or style prominence
虚化	virtualizing
需求论	needs—oriented view
学理性要素	academic essentials

Y

研究路向	research approaches
研究维度	research dimensions
一级本质	first—level essence
以类度类	a category—oriented perception upon categorized things
以道观尽	a law—oriented view upon universal things
以象托情	emotion—triggering images
译眼	translation eyes
译“眼”	translating eyes
译者主体性	translator’s subjectivity
译者行为理据论	motivation of translators’ manipulation
译者职责论	translator’s responsibility
译者局限论	translator’s limitation
译者人格论	translator personalistics
译者主体性伦理	translator’s ethics
义基	meaning—base
义—意本质论	meaning—sense essentialism
义—意形态论	taxonomy of meanings and senses
义—意辨析心理过程论	mental process of discriminating meanings and senses
义—意生成认知机制论	cognitive mechanism of meaning—sense generalization
义—意语境参数论	contextualization of meanings and senses
义—意价值凸显论	value—based meaning or sense prominence

意向性	intensionality
意指	referential
意美	beauty in meaning or sense
意识形态论	ideology
意义嬗变	meaning transmutation
意义形态论	typology of meanings
意义建构	meaning construction
艺术创造	artistic creation
艺术再现	artistic representation
艺术表现	artistic expression
艺术思维	artistic thinking
音美	beauty in sound
隐性译眼	implicit translation eyes
隐晦性	obscurity
引申法	methods of meaning extension
有限语境	limited context
语境性	contextuality
语义析取	disjunctive conceptual features
语义充实	meaning replenishing
语义构形	meaning configuration
语义形态	meaning forms
语义蕴含	meaning entailment
阈限	liminality or boundary
元语言	meta—language
原则论范畴	category of principles

Z

暂构性	current reconstruction
赞助人制约论	constraint of sponsors
自证性	self—verification
综合	synthesis
召唤结构	appellstruktur
整体论批评	holistic criticism
整体思维	holistic thinking

知识整体性	holistic knowledge or integrality of knowledge
知觉	aesthesia or perception
知觉思维	perceptional thinking
知觉现象学	phenomenology of perception
直观感知	perceptual intuition
指向辨析	discrimination of referent
指向凸显性	referent prominence
制约性	conditionality or restrictiveness
制约性因素	constraining factors
中项范畴	medium category
终项范畴	end category
忠信度	extent of faithfulness
主客互动性	subject—and—object interrelation
主题	theme or motif
主题倾向	theme—inclination
主体客体化	subject—transformed objectification
主体间性论	intersubjectivity
主位意义	thematic meaning
准则论范畴	category of norms

后记

我对翻译学理论研究及一系列相关认识问题的系统探索始于1999—2011年《外语与外语教学》主编张后尘先生发起的那场"翻译学大论辩"。这场辩论起源于张经浩先生的文章"翻译学：一个未圆且难圆的梦"，争议的论题是"翻译是科学还是艺术"的认识问题，对于正反双方而言，其论证的焦点是翻译活动是否具有规律性可言，在此基础衍生出的重要理论问题则是翻译学的性质与翻译学是否已经成立的学科发展观。在这场辩论中，我写了两篇相关论文。第一篇论文题目是"论翻译学研究的若干理论问题——兼论译学研究的辩证观"，于1999年底寄给编辑部。2000年春节的大年初二，我突然接到主编张后尘先生的电话，他说他正在读我的论文，说写得不错，观点具有说服力，并说拟发表（见该刊2000年第9期）。我和张先生素未谋面，这让我感到意外和惊喜。意外的是张先生大年初二放弃休息，不辞辛苦地读稿审稿，还亲自打电话通知我这位陌生的作者拟用稿，这种敬业精神让我肃然起敬；惊喜的是我的思想观点能得到主编的认同，真是一种莫大的鼓励。随后我又撰写了续篇"论规律——兼论翻译理论与实践的辩证关系"，从辩证唯物主义观对大辩论的焦点问题进行了深入剖析，论文同样寄给了《外语与外语教学》编辑部，并被很快采用，发表于2001年第9期。该文于2002年获得香港中文大学翻译研究中心颁发的（港、澳、台、内地）"宋淇翻译研究论文纪念奖"。此前，我感兴趣的是文学、语言学、翻译实践和外语教学研究，但也一直关注译学界的动态发展。此次译学大辩论使我认识到21世纪的翻译学研究是一个综合性的大平台，十八般武艺都可以在这个平台上得到施展，因而我将此后的研究重点放在翻译学系统理论整合与拓展之上，为翻译学的发展做点实实在在的建构性工作。译学界不少有识之士对21世纪的翻译学理论研究提出了更高要求，也为我的翻译理论与实践研究指明了研究路向。如杨自俭、方梦之、李亚舒、许钧、王宏印、刘宓庆、谭载喜等都认识到传统理论大多数以印象式的散论为主，讨论问题大多比较片面，或是从概念到概念，或是囿于某个特定层面的理论问题的讨论（如对翻译标准的争论持续近一个世纪），故纷纷提倡译学界应加强翻译学理论的系统性、范畴化和整合性研究。在后续研究中，我确定了自己的研究目标与任务：(1) 整合、拓展与建构翻译学系统理论，翻译理论认识问题的深入研究必须从多维视角切入，宏观理论问题必须在微观层面得到印证，微观实践问题应能够在宏观层面得到阐发；(2) 理论研究的有效性和可转化应取决于该理论研究方法的可描述、可阐释、可推论、可印证、可操作的程度；(3) 对传统译学理论概念的认识应坚持批判基础上的继承，有破必有立，不立则不破，破是为了建构，立是为了拓展；(4) 对基础理论概念的认识和论证应从不同层面或不同范畴进行相互联系、相互制约、上下贯通的系统性剖析，深掘其本质特征，明确其理论目的、性质、特点、职能和理论局限；(5) 以“问题—解决”范式为导向，对种种具体实践翻译问题的研究应力求做到毫发剖析，坚持科学研究方法论，分析与综合统一，感性与理性并举，归纳与演绎兼顾；(6) 译学理论与实践研究应着眼于促进翻译学科理论发展，促进学科理论发展应立足于本、硕、博人才培养，人才培养应重点强化他们的“翻译意识”和对“翻译的多重本质属性”的多维视角认识，帮助不同层次的学生提高对翻译本质属性的多维认识，帮助他们探讨解决翻译难点或重点问题的科学有效的程序性解析方法，学会从典型案例研究中作出开放性的科学归纳总结，提升为理论感性和理论理性认识。这些要求对我来说无疑是一种挑战，但也是一种乐趣，这也得益于我平时的读书兴趣和对相邻相关学科理论比较广泛的涉猎，如中西哲学、艺术哲学、科学哲学、分析哲学、价值哲学、语言哲学、语言逻辑哲学、形式逻辑与辩证逻辑、逻辑范畴论、客观知识论、辩证唯物主义、自然辩证法、现象学、阐释或诠释学、接受美学、读者接受反映论、后现代主义、建构主义、语言学各分支学科如语用学、语义学、词汇学、认知语言学、功能语言学、语篇语言学、文体学、修辞学，以及国内外经济、管理、金融、贸易、商务、投资等领域的动态信息。这些知识结构无论是对我的译学理论研究思想与研究方法论的认识，还是对我的译学理论与文学和商务实践研究以及翻译教学研究，都提供了宏观—中观—微观相统一、主观与客观互证、多维视角互参的积极指导意义。这些理论知识与研究方法论都贯穿于我后来立项的10余项省部级社科课题和国家社科课题研究形成的近50篇相关译学论文。我在进行译学理论研究的同时，将研究成果用于平时的教学实践中加以检验，以有效提高学生解决翻译难点与典型问题的能力。我于2004年开始在英语专业国际金融和国际贸易方向的本科生中实验“体验—建构融通式笔译教学法”，将体验哲学观与建构主义理论融通起来用以解决基础笔译和实用翻译中的各种难点问题，不仅深受学生欢迎，还受到来自全国16个省市30余所高校的近40名高级访问学者的高度好评。近期，该教学法研究还获得国家社科课题立项。在多年的翻译教学研究中，我一直紧紧围绕一系列翻译实践难点和典型问题进行理论探索，获得许多宝贵的经验感性认识。

我的译学研究内容涵盖了普通翻译学系统理论整合（以文学文本翻译理论与实践研究为基础）、应用翻译学系统理论与整合（以实用文本翻译理论与实践研究为基础）、翻译批评方法论、翻译思维形式与思维形态的理论表征研究、翻译教学理论与方法革新、翻译研究的语境参数论六大方面。通过多年努力，我在翻译学系统性研究方面已取得初见成效的研究成果，2012年出版的《翻译学理论多维视角探索》（上海外语教育出版社出版）是对本书研究内容的一个铺垫，理论联系实践地论述了若干专题性问题，本书《翻译学理论系统整合性研究》则是更宏观性的思考与论证，着重于普通翻译学的基础理论研究范畴的建构与拓展以及古汉语诗词英译阐释理论的整合与拓展性研究。我之所以将古汉语诗词英译意义阐释理论研究纳入我的译学系统理论研究范围，一是因为我的两位博士生杨贵章和严亮的研究选题涉及古汉语诗词英译过程中的意象与意义的理解与表现的关系，他们在研究中提出的一些问题促使我去深入思考，需要一种更宏观的、可分析、可描述、可阐释、可操作的有效理论指导，故综合性地提出“历时文化语境制约下的主题与主题倾向关联性融合”的本体论意义阐释框架；二是这一意义阐释理论框架同样能够有效揭示一般性文学文本翻译意义阐释过程的本质——意义本体论与认识论问题，也可以纳入普通翻译学理论系统中加以整合，进而从中衍生出相互联系和相互补充的理论方法。

本书还有它的姐妹篇《应用翻译学理论系统整合性研究》（随后出版），作为对本书研究的延伸与补充。翻译学研究的范围还包括非文学类的各种实用性翻译，这些类型的翻译实践同样十分丰富，研究问题多多，与文学翻译的本质比较既有共性又有殊性，需要进行相应的理论范畴建构。该书旨在整合德国功能—目的学派的理论和国内相关理论研究成果，建构和拓展出开放性的应用翻译理论研究范畴体系，为应用翻译学这一分支学科的发展提供学理性基础。贯穿文学翻译研究的核心是“义—意”及其与载体的关系，而贯穿应用翻译研究的核心就是“信息”及其与载体的关系，即语言符号的形式与风格的常量及其各种变量（显性或隐性）关系的价值属性的主观甄别和客观条件制约衍生出的经验感性和理论理性认识。文学翻译中“义—意”的本质具有审美性、意向性、形象性、情感性、叠加性、间接性、关系性和整体性的综合特征，有时甚至连标点符号与结构顺序都具有特定的语用意义；信息则是可控的、可强化的、可突显的、可弱化的、可轻化的、可淡化的，可压缩的、可虚化的，更侧重于不同层次、不同群体的受众目的—需求制约性，更受制于目的语语言文化和认知思维的规约。

我的一个重要感受是，我的不同研究课题或对理论研究范畴的探索与建构得益于对中西哲学、逻辑学、文艺学和各种语言学分支学科理论的兴趣带来的思想方法，使我能够对传统译学理论研究中的一些貌似矛盾的悖论进行深入思考，认识到“翻译研究者一定要能跳出翻译做翻译研究”才能有所突破和创新，才会生产出新知识、新方法。否则，翻译学系统理论的整合性研究就不可能进行下去。如目前译学界也有不少研究者认为后现代翻译学研究应摒弃传统理论“忠实”或“信、达、雅”等，这无疑割裂了传统。摈弃了最核心的传统理论范畴，翻译学研究也就成了各自为政的、互不关联的、纯粹主观的、毫无原则规约的“多维视角”，历时与共时性理论认识也就无法取得内在一致的逻辑联系并得以系统性整合，那种看似合理的多样性实则相互孤立的研究是难以解释各种复杂的翻译现象的，更难以揭示翻译活动中的规律性认识。翻译学理论的系统整合性研究需要哲学和逻辑思维。就逻辑本位而言，“逻辑思维规律是有客观基础的，它是事物相对确定性的反映。由于事物的相对确定是客观事物的普遍特性，所以反映事物确定性的逻辑规律就具有普遍的规范作用”（朱志凯，1995: 95）。恩格斯曾指出，……离开了思维便不能前进一步，而且要思维就必须有逻辑范畴”（恩格斯，《自然辩证法》，人民出版社，1971年，第137页）。即使是哲学思辨，正确的逻辑思维也是不可或缺的。“如果哲学与论证有关，那么逻辑就是哲学的本质。……哲学家受到批评往往不是因为他们的思想，而是他们发展这些思想的方式，许多哲学家都是触及逻辑这块礁石而毁灭的”（金岳霖，1989: 441）。逻辑范畴思维使我认识到，在翻译理论体系中，“忠信”属于价值原则范畴，不仅受制于目的—需求论原则范畴，它同时还以意义本体论和认识论这两个主客互动性的理论范畴为逻辑前提。从逻辑思维看，严复所论的“译事三难”是有专门指向的，其“信”之难就难在那些需要从语境中“前后引衬”才能得到正确理解的文本意义，不能在目的语中机械地照搬原文表达形式（如词、短语、句等）的表层形式或简单地移译其基本语义，否则就是语义不连贯或语言不通顺，亦即“不达”，不达则读者难以明白原文意思，不能让读者明白意思的译文也就是不信。可见，严复此处强调信与达的关系的本质特征就是指原文表达形式意义的不确定性或不自足问题，以及意义与语境的关系问题。从理论发生论看，翻译理论认识源自于翻译实践问题，对问题的对策认识就是对典型性翻译难点处理的方法与理据，并不包括非典型性的一般翻译现象，例如双语转换中的偶合性或语言文化思维表达形式中那些差异不大的翻译现象。其理由是，若双语文本翻译能在语言词句或语段之间能完全或基本上进行对应性转换，又不会因形害义的话，即使是理想的译文，那么这种翻译现象或值得去或还需要进行理论研究吗？这种显而易见的现象还需要去发现规律吗？对于基于经验科学的翻译学理论而言，理论研究的价值在于它的问题性与典型性，一个缺乏问题指向和典型特征的研究是没有多大研究意义的。在翻译系统理论建构中，我们不可能抛弃传统理论于不顾，或简单地否定其理论原则价值，而应在对其进行解构的基础上再对其进行学理性重构，即先破而后立，"立"就是对其进行重新定性定位，将其转化为现代翻译学理论的系统表征。我们研究传统理论的"忠信"原则，不是简单地去描述或规定"翻译就是要忠实地表达原文的形式、内容与风格"，而是要研究翻译活动中的"不忠"和"不信"表象下的"忠"与"信"。"忠信"不是目的，因为目的的规定性一般是不能变的，而价值是依据主体对客体属性的价值需求可进行选择的，是可变的。若我们将"忠信"定性为价值原则，对这个传统理论概念赋予新的理论职能，则可以化解传统理论对"忠信"原则认识上的悖论。这是因为价值原则观从理论上预设着译者主体对原作形式、内容与风格的传达必须经过意义本体论和认识论的研究，然后才能到达价值判断层面，只有获得价值特征判断之后才能进入方法论层面予以审视，寻求相应的有效方法对其语际转换作出价值再现。既然是价值选择和价值再现，那么就会引出译者的主体性发挥所体现的典型特征——艺术再现和艺术表现，或一种艺术再创造。艺术再创造是"忠信"价值原则导引下的一种动态体现。再者，在一个整体性的文本翻译中，具体的意义表达还需从整体上进行考量，其理论研究自然也就上升到系统论层面。

从意义本体论看，严复对"信"之难的经验感性认识焦点在于意义形态的语境化问题。按照现代语言学认识观看，原文文本存在多义性、歧义性、模糊性、变异性、缺省性、陌生化、结构空白、语义嬗变等一系列复杂的意义现象，这些现象构成了严复所论的求信之难的客观基础。也就是说，文本意义有时客观上就是不确定和不自足的，需要作为译者的读者通过"前后引衬"去建构其语境化意义。从接受美学观看，文本意义的理解是一种需要读者参与认知加工的主客观互动的建构性行为；从主客互动的哲学观看，既然文本意义的理解与表达是译者主观认识和客体自身特征制约之间的互动性行为，不同译者之间的主观认识是有差异的，译者主体都是有局限的，对客观制约因素的把握也是有差异的，那么所形成的译文也是有差异的；从认识论看，对原文语境化意义的“忠信”与否实际上是一种对原作意义“真值求解”的一种主观性判断，其产生的译学理论问题是：当原作中那些意义求真之解的翻译行为是一种主观认识的结果时，我们又怎能判断出或谁又能证明这种译文客观上就是“忠信”的呢（译者个体和译界群体认识的异同矛盾问题）？同时，不同译者面对语境中不确定或不自足的意义形态，往往面临多种可能性选择，这种选择的决定性理据就是最佳语境适合性和对原文意义形态指向的关联性，而“适合”、“最佳”和“关联”之间的翻译表达就是译者的价值判断和价值选择。从理论性质看，传统所论的“忠实”或“求信”本质上就是价值原则的体现；从理论职能看，价值原则规约性的是不能到达具体的“义—意”形态的辨析与甄别的本体论层面的，因为它不具可证性（自证与他证性的统一）和可描述性，而必须借助意义本体论和认识论的相关工具，并将这种工具理论作为自己的保护带，这样才能形成有效的范畴系统内的的理论原则。为了建构“忠信”价值原则前提性的工具理论范畴，即意义本体论和认识论的统一“义—意生成认知机制论”，我将数学中的“参数”和“函数”概念及其原理与胡塞尔现象学中的“视阈”理论结合起来，融入语篇—认知语言学之中，提出“多度视域”和“参数因子”两大概念范畴，创新性地建构了“语境参数论”的理论框架，将其作为“忠信”的自证性和他证性的理论依据，形成一个理论保护带，同时也将其作为翻译学系统理论整合性研究的一个辅助性理论框架加以拓展，用以程序性地、可推论性地解释意义生成的主客观互动的认知机制。自从2001年和2002年分别在《中国翻译》和《现代外语》发表了“小议翻译操作中的多度视域”和“操作视域与参数因子——兼论翻译学理论范畴‘文本特征论’的研究”以来，我相继发表了一系列基于语境参数论的译学研究论文。本书中有关不少典型实例的解析过程都运用了语境参数理论的程序性描写和分析方法。

在翻译学理论系统整合性研究中，还有一个重要的任务就是对各传统理论概念及其相互关系的学理性作出系统性的充分论证，如对“信、达、雅”、“神似”、“化境”、“直译”、“意译”、“归化”、“异化”，以及西方翻译理论中的“等值”、“等效”等之间的辩证关系及其在翻译学理论逻辑范畴体系中的理论性质、理论定位、理论职能、理论特点、理论拓展、理论转化、经验感性与理论理性等一系列相关问题未能展开详细的论述，也就是从本书第一章表二中所列出的12种学理性要素进行全面阐述。限于篇幅，针对这些传统理论概念的专门研究将在我后续的另一部著作《翻译学研究的学理性基础》中予以探讨。

本书研究的理论意义和学术价值体现在它力图系统性地论证翻译学理论研究应遵循发生论、本体论、认识论、价值论、方法论、系统论相统一的研究路向，提出在深入全面地认识翻译活动的多重本质属性及其区间规律性的理论表征的基础上，建立一个开放性的、相互联系、相互制约、互为推衍的翻译学逻辑范畴体系，为翻译学硕、博层次人才的研究选题提供一个深入拓展的、可借鉴的理论体系以及相应的方法论。

本书的研究创新是多方面的：一是逻辑范畴体系的演绎性拓展。针对霍尔姆斯的译学研究路线图的不足与局限，本书建设性地拓展出“文本典型特征论范畴”、“文本义—意论范畴”、“价值范畴论”和“区间性规律范畴”及其一系列研究次范畴，可以是对西方译学相关研究的回应和学术对话；二是古为今用，现代转化。本书建设性地发展了荀子“以类度类、以道观尽”的思想方法，提出开放性“经验模块”（以类度类）和“理论模块”（以道观尽）和“技术理论范畴”（宏观—中观—微观的科学统一）的译学理论与方法观；三是译学研究理论模式的建构。本书在第二部分中将西方的诠释学、修辞学、语篇—认知语言学和我国的训诂学（阐释之循环）以及刘勰的“情之经”和“理之纬”的立文之本观融通起来，建构了“主题与主题倾向关联性融合”的理论模式，将其作为翻译学系统研究的辅助性理论范畴，具有理论保护带的功用；四是翻译过程研究理论框架“语境参数论”的建构。语境参数论不仅可从宏观—中观—微观贯通的多维视角解析、描写、揭示翻译过程复杂的义—意生成机制，解释译者操作过程的各种思维形式、思维形态、思维特征的运作路径，还可用于翻译批评的自证与他证性，同样具有理论保护带的功用。语境参数论可以自成一个结构庞大而完整的理论体系，由一系列子范畴和次范畴构成，并辅以一系列具体可感的知识概念。因不属于本书的中心论题，我将另辟专著系统性论述语境参数论的运作原理、结构体系、操作过程及其可阐释、可描写、可推论、可印证和可操作的方法论等研究问题。

“未来世界的竞争愈是知识的竞争，但比这更重要的是如何获得知识、运用知识和更新知识，而这又需要正确的思维方法，正确的思路”

（罗长海、肖晓燕，2003: 31）。译学理论研究者应坚持使用系统方法，即“把研究对象看成一个系统，在把它所包含的元素、层次、结构梳理清楚的基础上，还必须在错综复杂的矛盾体系中找出它的基本矛盾、主要矛盾和主要矛盾的主要方面，从整体上把握对象”（ibid.）。本书研究内容体现出我多年来寻求运用综合知识和正确的思维方法去突破传统理论研究的僵局和局限所做的努力，现代翻译学研究不是对传统理论的摒弃，我国翻译学研究的发展不应囿于照搬西方翻译理论，而应坚持在批判基础上的继承，应是一种扬弃、互补、渗透、转化、综合和创新，一种不断发现复杂的翻译问题和探究各种解决问题的理论方法的过程。在此基础上，研究者不断提炼出新知识和新思想，一点一点、一步一步、一个范畴一个范畴地、一条规律一条规律地认识翻译的本质，逐渐走向深入和全面。

本书研究内容是我多年来对译学理论问题深入思考的一些体会，也是一种阶段性总结，现将其整理成书出版也算是对我国翻译学科发展所作的一点贡献。在此，我要衷心感谢译学界的一些前辈和学术界同仁，他们对我的研究内容的肯定和鼓励是我在译学研究之路上孜孜不倦前行的动力。我曾受邀参与国内外10多次大型学术研讨会并作主旨或专题发言，我的一些译学观点和思想及研究方法在会议上作了不同程度的阐发，下面这些前辈或同仁或作了高度的点评，或会后交流时就我的研究特色与研究深度给予了赞赏或肯定。他们是：中国海洋大学杨自俭教授（前中国英汉语比较研究会会长，已故）、方梦之教授（《上海翻译》前主编）、李亚舒教授（《中国科技翻译》前副主编）、北京大学申丹教授、清华大学胡庚申教授、罗选民教授、香港浸会大学谭载喜教授、南京大学许钧教授、吕俊教授、复旦大学何刚强教授、南开大学王宏印教授、天津师范大学李运兴教授、华东师范大学邵志洪教授、上海交通大学毛荣贵教授（前《英语自学》主编）、中山大学王宾教授、王东风教授、黑龙江大学黄忠廉教授、四川外国语大学廖七一教授、国际关系学院杨晓蓉教授、中南大学贾文波教授、广东外语外贸大学莫爱屏教授。

本书在交稿付梓过程中，我的博士生罗娜、赵耀、邓薇、陈霞以及博士后刘家风副教授协助我通读书稿、校正文字和图表、整理参考文献、打印书稿。在此，我要向她们认真细致的校对工作和个别文字的审订意见表示由衷的感谢！

附：作者简介

曾利沙，广东外语外贸大学国际商务英语学院教授，应用翻译研究中心主任，广东省人文社科重点研究基地“翻译学研究中心”专职研究员，翻译学、应用翻译研究方向博士导师，商务语言研究方向博士导师。现任中国英汉语比较研究会理事、广东省外国语言学会理事、广州市外事翻译学会理事、广州市公共场所英文译名专家委员会专家。曾获“南粤教书育人优秀教师”奖、“南粤优秀教师”奖、广东外语外贸大学名师奖以及香港中文大学翻译学研究中心颁发的“宋淇翻译研究论文纪念奖”。发表学术论文90余篇（其中外语类权威和核心期刊论文50多篇）；承担或主持国家社科及省部级社科等各类课题16 项，出版专著、编著、译著6部，教材1部。